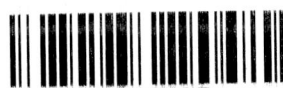

本书系国家社科基金项目《边缘地接受中心城市经济辐射研究》（项目编号：12BJL069）的最终成果。

省际边缘区接受中心城市经济辐射研究

SHENGJI BIANYUANQU JIESHOU ZHONGXIN CHENGSHI JINGJI FUSHE YANJIU

何龙斌◎著

人民出版社

目 录

前　言

自从1978年中央政府确立并实施改革开放政策以来，我国经济社会发展取得了巨大成就，已经为世界所瞩目。一个曾经饱受西方列强凌辱的人口大国，到21世纪以GDP总量跃居世界第二而成为名副其实的经济大国。根据国家统计局数据，至2017年年末，我国国内生产总值更是高达82.7万亿元，按年平均汇率折算占世界经济的比重已达15%左右，稳居世界第二位，对世界经济增长贡献率在30%左右，成为世界经济发展的重要引擎。

尽管如此，但遗憾的是，我国至今还是一个发展中国家，区域发展水平极不平衡，还存在着相当数量的贫困地区，贫困人口占世界贫困人口总数的13%，是世界上仅次于印度的贫困人口最多的国家（注：印度为33%）。而深入分析这些贫困地区，会发现一个规律——这些贫困地区都位于远离城市的边缘地区，绝大多数为省际边缘地区。根据2012年国家公布的国家级连片特困地区名单，我国14个特困连片地区，有11个处于省际边缘区。作为一名生于省际边缘区并一直在此生活、工作并长期思考区域经济发展的学者，接触到大量的贫困人口，我比任何人都渴望寻找到一条解决省际边缘区经济发展困局的可行之策，哪怕是一个新的思路。

实践证明，省际边缘地区仅仅依靠自身力量，是很难有突破发展的，要突破发展必须要借“外力”。基于上述考虑，我于2012年受法国经济学家弗郎索瓦·佩鲁（Francois Perroux）的增长极理论的启示，开始着手研究省际边缘区如何接受区域中心城市经济辐射这一外力获得发展，并非常幸运地获得国家社科规划办基金资助。通过近四年的研究，成果最终汇集成为本书。

本书内容共分九章。第一章相关理论基础。本章对需要借鉴的五个主要理论进行了简要介绍和评价。即区域发展极化理论、区域要素流动理论、产业梯度推移理论、区域空间组织理论和新经济地理学理论。第二章我国省际边缘区经济发展现状。本章首先对我国省际边缘区进行分类，然后探讨了省际边缘区的经济特征、地理特征以及发展的难点，最后选择了豫、鄂、渝、川、陕、甘交界的秦巴山区等几大典型省际边缘区进行了发展现状研究。第三章中心城市经济辐射效应与省际边缘区接受的实现条件。本章首先研究了中心城市经济辐射效应的作用与形成机理，然后从中心城市与省际边缘区之间的经济相互作用，构建了中心城市对省际边缘区的经济辐射原理模型，揭示了中心城市对省际边缘区的经济辐射原理，最后提出省际边缘区接受中心城市经济辐射的实现条件。第四章省际边缘区接受中心城市经济辐射的定量研究方法。本章通过对城市经济辐射范围和辐射力的计算方法进行评价与完善，提出了省际边缘区接受经济辐射的效应阶段判断方法，以及对省际边缘区可接受经济辐射范围的界定与辐射源的优选的方法与思路。第五章区域中心城市对外经济辐射实证研究。本章以长三角、京津冀、珠三角三大经济圈核心城市和西三角中心城市为例，对区域中心城市对外经济辐射进行了比较研究，并从我国东部、东北、中部和西部四大经济区选择了四个代表性省市，研究了区域中心城市的经济辐射效应。第六章经济辐射理论实践的国际经验借鉴。本章总结了美国、日本、意大利、印度、巴西及马来西亚等国运用经济辐射理论解决落后地区发展问题的经验与教训，并提出对我国省际边缘区发展的一些有益启示。第七章省际边缘区接受中心城市经济辐射的模式选择。本章提出了省际边缘区接受中心城市经济辐射的三种模式。即通过创造条件积极融入省会城市辐射圈的主动融入模式，通过先构建区域新经济增长极吸引辐射的自建“中心”模式，通过战略联盟打破壁垒形成经济辐射洼的地区域结盟模式。第八章省际边缘区接受中心城市经济辐射的实证研究。本章以陕甘川省际边缘区的陕南为例，探讨了陕南主动接受区域中心城市经济辐射的意义，分析了陕南接受周边中心城市经济辐射的条件，最后提出陕南接受周边中心城市经济辐射的方式与途径、对策与建议。第九章促进省际边缘区接受中心城市经济辐射的对策与建议。本章从国家、省级政府和地方政府三个层面提出了包括加大基础设施建设、加大政策支持力度、设立国家综合配套改革试验区等促进省际边缘区接受中心城市经济辐射的一些对策建议。

习近平总书记提出“到2020年确保我国现行标准下，农村贫困人口实现脱贫，贫困县全部摘帽”的宏伟目标，而省际边缘区实现永久性脱贫一直是困扰中央及各级地方政府的难题。本书试图从一个新的角度提出破解省际边缘区经济发展的思路，强调省际边缘区的主观能动性，变被动发展为主动出击。因此在选题上不仅具有一定的新颖性，更具有较强的政策导向性和现实应用性。内容上不仅系统性地提出了省际边缘区接受中心城市经济辐射的基本分析框架，还创新性地提出了省际边缘区接受中心城市经济辐射的三种典型模式和一些政策建议。提出的省际边缘区国家综合配套改革试验区的设立、区域增长极的培育、经济协作区的构建以及推动“西三角”经济区的形成等建议，均具有较强的新颖性和可操作性。特别让我感到欣慰的是，书中一些成果不仅被人大复印资料、中国社会科学引文数据库等权威机构全文转载收录，还有一些被地方政府采用、学习，最终研究成果获得国家社科规划办的“良好”项目验收等级。成果得到了社会的认可，也进一步激励我今后将这一课题更深入地持续研究下去。

本书的主要阅读对象为：（1）各研究机构学者、大学经济类相关专业师生；（2）各级政府部门的政策制定者、区域经济发展规划者；（3）对边缘地发展问题感兴趣的一般社会读者。需要向读者说明的是，由于本书系2012年度国家社科基金一般项目研究成果，书中使用的大量数据和一手资料采集于2014年以前，书中的许多结论也是基于这些数据得出。因此，为保证结论的历史客观性，在本书出版之前未做刻意更新，敬请读者理解。期望本书能起到抛砖引玉之作用，为边缘地经济发展问题感兴趣的读者提供有益启发。

本书在写作过程中，得到陕西理工大学科技处、管理学院有关领导的热心鼓励和大力支持，得到课题组所有成员的密切配合与协作。在出版过程中得到人民出版社吴炤东老师的悉心指导和大力帮助，他们对书稿提出了很多宝贵的修改意见。此外，本书完成过程中，查阅了大量的学术专著和文献资料，参考和借鉴了许多专家学者的研究成果和学术观点，不仅为本书提供了大量素材，也启发了我的研究思路。在此，一并表示最诚挚的感谢！

囿于本人学术水平和时间仓促，书中难免存在疏漏和欠妥之处，恳请读者不吝指正。

何龙斌

2018年6月于汉中

绪　论

第一节　研究背景

一、问题的提出

边缘区，也叫边缘地，是一个相对概念，通常是指远离中心城市的边远地区，这些地区往往也是欠发达地区，因此其发展问题一直是发展中国家研究的热点和难点问题，我国亦然。“促进区域协调发展，缩小区域发展差距”是党的十七大以来一直提出的重要任务，也是国家“十二五”规划要完成的主要目标。而国内外大量理论与实践证明，积极主动接受发达中心地区经济辐射，实现互动发展，是欠发达的边缘地区实现经济突破发展的重要途径。[①] 客观而言，改革开放以后我国经济发展取得了举世瞩目的巨大成就。但是，由于这一阶段回流效应大于辐射效应，欠发达地区在发展的同时，与中心发达地区的差距却没有缩小反而拉大，特别是一些条件恶劣型边缘地区长期处于“低水平陷阱”之中，已经成为我国经济、社会发展中的一大难题。

省际边缘区是边缘区的一种，是指两个及两个以上省级行政区域（包括自治区、直辖市）在交界处所构成的特定地理空间，是以省界为起点向行政区内部横向延展一定宽度、沿省界纵向延伸的窄带型边缘化区

① 何龙斌：《省际边缘区接受中心城市经济辐射研究》，《经济纵横》2013 年第 6 期。

域。[1]在我国，由于历史原因，省际行政边界的划分往往以一些大山大河等自然阻隔为界，这也导致省际边缘区基本上是一些落后地区，甚至很多是自然条件恶劣的贫困山区。如表 0.1 所示，根据 2012 年国家公布的国家级连片特困地区名单，我国 14 个特困连片地区，有 11 个处于省际边缘区。[2]

表 0.1 全国 14 个集中连片特困地区及其位置

集中连片特困地区	地理位置	集中连片特困地区	地理位置
燕山—太行山区	河北、陕西、内蒙古交界地区	滇桂黔石漠化区	广西、贵州、云南交界地区
吕梁山区	山西、陕西交界地区	乌蒙山区	四川、贵州、云南交界地区
大兴安岭南麓山区	内蒙古、吉林、黑龙江交界地区	六盘山区	陕西、甘肃、青海、宁夏交界地区
大别山区	安徽、河南、湖北交界地区	滇西边境山区	云南西部
罗霄山区	江西、湖南交界地区	西藏	西藏全区
秦巴山区	河南、湖北、四川、重庆、陕西、甘肃交界地区	四省藏区	云南、四川、甘肃、青海交界地区
武陵山区	湖北、湖南、重庆、贵州交界地区	南疆三地州	新疆境内

资料来源：根据 2011 年 12 月 6 日国务院颁布的《中国农村扶贫开发纲要（2011—2020 年）》整理。

根据 2013 年全国各地统计数据，我国各省（自治区、直辖市）人均 GDP 最低的城市和地区如表 0.2 所示，在 31 个省（自治区、直辖市）中，

① 仇方道：《省际边缘区经济发展差异时空格局及驱动机制：以淮海经济区为例》，《地理研究》2009 年第 3 期。

② 何龙斌：《省际边缘区接受省会城市经济辐射研究》，《经济问题探索》2013 年第 8 期。

有22个省（自治区、直辖市）人均GDP最低的城市和地区属于省际边缘区，占到70.97%。根据表0.2还可以计算出，全国各地中心城市与边缘地经济发展的平均差距。由于中心城市往往是各省GDP总量最大的城市，因此从这些城市人均GDP与该省最低人均GDP比值的平均值来看，2013年为4.07，远高于当年的东、西部地区人均GDP差距倍数1.84，也远高于当年我国城乡居民收入差距倍数3.32。可见，当前我国经济与社会发展最大的差距不在东西之间，也不在城乡之间，而在中心地与边缘地特别是中心城市与省际边缘区之间。经济落后与经济差距过大必然带来一系列问题。最典型的如社会稳定问题。省际边缘地区经济落后往往会带来教育投入不足而导致国民素质的长期低下，使其成为社会不稳定问题的土壤。①

表0.2　我国各省（自治区、直辖市）中心城市与人均GDP最低地区比较（2013年）②

区域	省（自治区、直辖市）	中心城市（区）	中心城市人均GDP（元）	全省人均GDP最低地区	全省人均最低GDP（元）	相差倍数	全省人均GDP最低地区位置
东部地区	北京	朝阳区	102056.76	延庆区	29082.28	3.51	京冀交界区
	天津	滨海新区	304240.00	红桥区	28404.05	10.71	津中部
	河北	唐山	79365.20	衡水	25090.42	3.16	冀南部
	上海	浦东新区	118281.00	崇明区	34642.32	3.41	沪苏交界区
	江苏	苏州	123382.09	宿迁	35562.32	3.47	苏皖交界区
	浙江	杭州	94791.18	温州	43728.88	2.17	浙闽交界区
	福建	泉州	62943.31	南平	42046.39	1.50	闽北部
	山东	青岛	90281.33	菏泽	24609.92	3.67	鲁豫交界区
	广东	广州	120104.84	河源	22601.57	5.31	粤北部

① 何龙斌:《省际边缘区"贫困陷阱"的形成与突破：以陕、鄂、川、甘省际边缘区为例》,《经济问题探索》2016年第9期。

② 根据国家统计局2011年6月13号的划分办法，将我国的经济区域划分为东部、中部、西部和东北四大地区。参见何龙斌:《省际边缘区"贫困陷阱"的形成与突破：以陕、鄂、川、甘省际边缘区为例》,《经济问题探索》2016年第9期。

续表

区域	省（自治区、直辖市）	中心城市（区）	中心城市人均GDP（元）	全省人均GDP最低地区	全省人均最低GDP（元）	相差倍数	全省人均GDP最低地区位置
东部地区	海南	三亚	51729.92	琼中	16150.75	3.20	琼中部
东北地区	辽宁	大连	114361.73	葫芦岛	29889.44	3.83	辽西部
	吉林	长春	65170.90	白城	34055.09	1.91	吉蒙黑交界区
	黑龙江	哈尔滨	48340.54	绥化	22339.56	2.16	黑中部
中部地区	山西	太原	56689.38	忻州	21351.27	2.66	晋中部
	安徽	合肥	61712.89	阜阳	13908.89	4.44	皖豫交界区
	江西	南昌	65009.55	赣州	19761.02	3.29	赣湘粤交界区
中部地区	河南	郑州	68673.46	周口	19909.39	3.45	豫皖交界区
	湖北	武汉	89439.43	恩施	16713.05	5.35	鄂渝交界区
	湖南	长沙	100091.37	邵阳	15760.67	6.35	湘中部
西部地区	内蒙古	鄂尔多斯	197380.50	赤峰	39094.60	5.05	蒙辽冀交界区
	广西	南宁	41284.38	河池	15477.09	2.67	桂贵交界区
	重庆	渝北区	69896.73	巫溪县	14898.57	4.69	渝鄂交界区
	四川	成都	64247.56	巴中	12572.93	5.11	川陕交界区
	贵州	贵阳	46108.94	毕节	15677.10	2.94	云贵交界区
	云南	昆明	52277.82	昭通	11984.52	4.36	云贵交界区
	西藏	拉萨	55774.04	那曲	15994.81	3.49	藏青交界区
	陕西	西安	57104.96	商洛	21814.77	2.62	陕豫交界区
	甘肃	兰州	49195.14	临夏	8748.15	5.62	甘青交界区
	青海	西宁	43540.54	玉树	13715.64	3.17	青川藏交界区
	宁夏	银川	61085.86	固原	14711.70	4.15	宁甘交界区
	新疆	乌鲁木齐	71641.79	和田	8141.38	8.80	新藏交界区

资料来源：根据各地2013年统计年鉴数据，经笔者计算整理。

习近平总书记指出，全面建成小康社会“一个都不能少”。显然，研究省际边缘区的经济发展问题不仅对促进欠发达地区经济发展，缩小区域经济发展差距意义重大，而且对保持我国政治稳定、社会稳定和民族团结也有重要现实意义。

而发展经济学指出，生产要素的交换是经济发展的动力和源泉，也是经济辐射的具体表现形式。边缘区经济活力的激活必须依靠与中心城市进行生产要素的交换，积极接受中心城市经济辐射。[①] 以佩鲁的“增长极”理论为代表的经济辐射理论自提出以来，就得到了许多经济学者和政府部门的认可，一度成为许多国家（特别是发展中国家）制定区域发展战略的理论依据。改革开放以来，我国的经济发展战略是以城市为核心，优先发展沿海地区大中城市和一些处于重要交通干线上的大中城市，继而带动其他地区的发展。这一发展战略正是对经济辐射理论的正确运用。时至今日，从某种程度上讲，我国经济发展总体上已经基本完成由“极化”阶段转为辐射阶段，我国的社会发展已经由农业社会完全进入工业社会的初、中期（由于东、中、西部地区经济发展水平差异，表现为工业化的不同转型阶段），根据表0.3，从辐射发展的角度来看，进入21世纪的主要任务是实现大中城市经济的对外大面积辐射，特别是中心城市对省际边缘区的辐射。本书正是在这一背景下进行的，其成果将为省际边缘区接收中心城市经济辐射提供具有操作意义的理论支持。

表0.3 不同社会转型阶段经济辐射发展的方式、目标与策略

转型阶段	农业社会—工业社会	工业化初期—中期	工业化中期—末期	工业化末期—后工业化
发展模式	极化式发展	扩散式发展	均衡式发展	高级极化式发展
战略目标	打破封闭，实现生产要素的跨区域流动，构建增长极	促进增长极的生产力优势向周边辐射	促进边缘区域经济发展	实施全体空间的国家竞争战略

① 何龙斌：《省际边缘区接受省会城市经济辐射研究》，《经济问题探索》2013年第8期。

续表

转型阶段	农业社会—工业社会	工业化初期—中期	工业化中期—末期	工业化末期—后工业化
节点构建	率先形成区域顶极	形成多节点副中心	促进低级节点成长	促进国际大都市成为全球节点
通道建设	向心状通道建设	网络状通道建设	提高通道等级和协作性	加强国际通道建设
网络建设	单节点网络	多重、多节点网络	加快非物质性网络	构建全球网络

资料来源：参见陈修颖：《区域空间结构重组理论探讨》,《地理与地理信息科学》2003 年第 2 期。

二、研究的意义

经济辐射是双向的，但省际边缘区对接受区域中心城市的经济辐射有更大的内在动力和积极性。特别是当前阶段，省际边缘区积极接受区域中心城市的经济辐射具有重要意义。

（一）对区域经济发展思路的主动突破

如前所述，在我国省际边缘区通常也是经济落后地区。这些地区的一个共同特征就是地理条件恶劣、交通不便，缺少自然资源优势，自然灾害频发而且生态制约较大，经济依靠自己内生增长非常困难。如地处我国特困连片地区之一秦巴山区的陕南地区，早在 2006 年陕西省政府就提出“陕南要突破发展”以跟上陕西其他地区发展步伐的战略，但至今陕南经济不但没有“突破”，而且与关中、陕北的差距更加拉大。2005 年，面积占陕西全省 36.9%、人口占全省 27.7% 的陕南三市，GDP 总量仅占全省 12.4%，人均 GDP 仅为全省平均水平的 53.1%，城镇居民收入为全省平均水平的 78.2%。到 2012 年，GDP 总量进一步降为全省的 10.9%，人均 GDP 为全省平均水平的 48.2%，城镇居民人均可支配收入仅为全省平均水平的 77.8%。实践证明，省际边缘地区仅仅依靠自身力量，是很难突破发展的，要突破发展必须要借“外力”。这一外力就是中心城市的经济辐射力。主动接受中心城市经济辐射，就是对区域经济传统发展思路的主动突破。

（二）对国家经济发展战略的主动适应

自改革开放以来，我国依照国外经济辐射理论制定了很多经济发展战略。从最早沿海经济特区的设立到新世纪内地一些经济区的设置与规划，无不体现对增长极和增长中心理论、点轴开发理论、网络开发理论和梯度转移理论等经济辐射理论的准确运用。根据经济辐射理论，在区域经济经济发展过程中，同时存在着生产要素从落后地区向发达地区流动的回流效应和生产要素从落后地区向发达地区流动的扩散效应，经济发展初期回流效应表现强烈，使区域经济差异不断扩大；而经过一段时间发展，扩散效应逐步增强超过回流效应，使区域发展差异得到缩小。研究表明，经过三十多年的发展，在我国很多地区已经完成建立经济增长极的阶段而进入对外扩散辐射阶段，很多中心城市回流效应逐渐减弱而扩散效应逐渐增强，如长三角地区的上海、珠三角地区的广州和深圳、京津唐地区的北京和天津等，都已经成为这些地区经济的增长极，对周边地区产生了巨大的经济辐射扩散效应，许多中西部地区也已形成或正在逐步构建区域经济增长极。因此，此时省际边缘地区主动接受中心城市经济辐射，积极融入其经济辐射圈，就是审时度势，对国家经济发展战略的主动适应。①

综上，本书从一个新的角度提出破解省际边缘区经济发展的思路，强调省际边缘区变被动发展为主动发展，变“输血”为“造血”，因此研究更具针对性和现实性。

本书的学术价值在于以省际边缘区作为考察对象，从一个新的视角研究经济辐射问题，将新的发展理念与思路和科学方法引入经济发展分

① 何龙斌：《省际边缘区接受中心城市经济辐射研究》，《经济纵横》2013 年第 6 期。

析，拓宽了研究思路，这与现有研究有明显的不同，可丰富经济辐射和经济协调发展相关理论，成为发展经济学中一个新的组成部分。本书的应用价值在于，书中内容不仅对国家制定区域经济政策起到一定的参考作用，同时对省际边缘区经济发展提供新的思路，具有一定的指导作用。书中提出的省际边缘区国家综合配套改革试验区的设立、区域增长极的培育、经济协作区的构建以及推动“西三角”经济区的形成等建议，均具有较强的实用性、新颖性和可操作性。不仅对促进欠发达地区经济发展、缩小区域发展差距意义重大，而且对保持我国政治、社会稳定也有重要现实意义。

第二节 国内外研究现状综述

一、相关概念的界定

（一）省际边缘区的含义

边缘区，是边缘性地区的简称。从生态学角度看，边缘区是指两个或两个以上具有明显差异的生态系统交叉带或过渡带（王忠锋，2012）。[①]从地理学和规划学角度看，边缘区是指处于相对于两个或多个“核心区”的中间地区或交界地区，也指相邻但自然属性（如地质、地貌）或社会属性（如用地性质、权属、活动方式等）不同的“异质地域”间一定宽度的交界过渡区。从经济学角度来看，是指远离经济较发达的中心城市，难以接受其经济辐射而经济较为落后的周边偏远地区，是一个相对概念。

省际边缘区，也称省际毗邻区、省际交界区等，指的是我国现行行政区划范围内，省与省（含直辖市、自治区）之间的接壤地带，是两个及两个以上省级行政区域在交接处所构成的特定的地理空间，它在地理区位、

① 王忠锋著：《边缘地与经济协调发展》，中国社会科学出版社 2012 年版，第 2 页。

文化背景、资源条件、产业结构、发展阶段等方面具有明显的同质性。省际边缘区是行政边缘区的一种基本类型，这一区域通常交通落后、位置偏僻，是企业投资的死区，经济发展政策的盲区，因而大多是经济欠发达地区。[①]而且因隶属不同省份，受行政边界的阻隔，各省级行政区各自为政，发展战略与政策各异，导致其空间开发无序，经济差异日趋拉大。[②]

省际边缘区是边缘地的一种，它既是省际边界区，又是边缘性地区。目前，我国共有 34 个省际行政区域，由此产生众多的省际边界地区（朱传耿，2012）。[③] 但是，省际边界地区不等于省际边缘区。我国地域广阔，尽管有相当多的边缘性地区处于省级行政区的接合部，但仍有一些省际边界地区距离中心城市较近，与中心城市能融为一体，经济水平较为发达，如苏浙沪边界地区等。因此，本书对省际边缘区的定义是远离中心城市难以接受其经济辐射的省际交界地区。可表示为图 0.1。

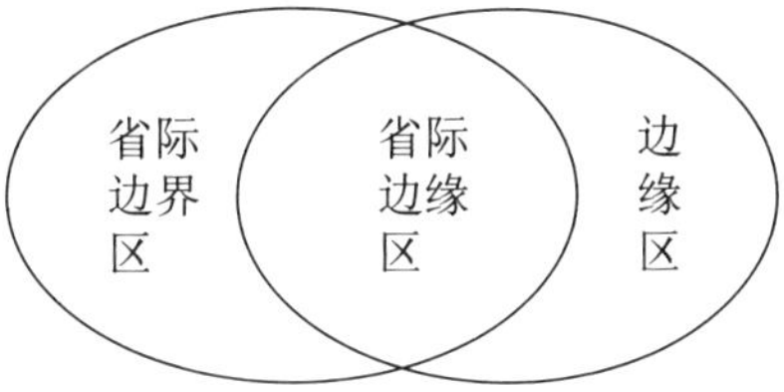

图 0.1 省际边缘区示意图

本书所研究的省际边缘区，从行政区划上讲，是省际交界或毗邻地区；从空间概念上讲，是指相对于中心城市的边缘地区；从经济发展角度上讲，是指容易被经济边缘化的落后地区。在我国，最典型的代表性区域，如豫、鄂、渝、川、陕、甘省际边界的秦巴山区，鄂、湘、渝、

① 仇方道：《省际边缘区经济发展差异时空格局及驱动机制：以淮海经济区为例》，《地理研究》2009 年第 3 期。

② 余凤鸣、张阳生、周杜辉、杜忠潮：《基于 ESDA-GIS 的省际边缘区经济空间分异：以呼包鄂榆经济区为例》，《地理科学进展》2012 年第 8 期。

③ 朱传耿、仇方道、孟召宜著：《省际边界区域协调发展研究》，科学出版社 2012 年版，第 3 页。

黔省际边界的武陵山区，皖、豫、鄂省际边界的大别山区，以及陕、甘、青、宁省际边界的六盘山区等几大典型省际边缘区。它们具有以下几大特征：

1. 发展环境的异质性

省际边缘区具有既分割区域又将区域连接在一起的双重属性。这种为相邻省份所共有而“亦此亦彼”又“非此非彼”的地域特征，决定了其发展环境的多样性和异质性。省际边缘区作为相邻省份的共同组成部分，因而具有较多的发展机会，可以便捷地获取各方共有的发展资源，促进人口、产业的集聚。

2. 行政边缘的断裂性

首先，行政边界对省际边缘区经济、社会要素的“切变”效应加剧了各省对自身利益最大化的追求，更多资源投放于省内核心区域，忽视了省际边缘区的发展。其次，以省为单位的行政治理导致省际边缘区区域整体开发规划与政策的缺失，造成了区域融合的板块性断裂，主要表现为基础设施、生产要素、专业市场、产业链条、生态保护等方面联系的“断裂”，严重制约着省际边缘区的协调发展。

3. 接受辐射的困难性

省际边缘区往往远离省会等中心城市，甚至存在山脉阻隔，交通极不便利，中心城市生产要素难以向这些地区流通，导致省际边缘区难以有效接受中心城市经济辐射。另外，省际边缘区居民思想观念的保守性、企业经济活动的封闭性也会造成难以有效接受中心城市经济辐射。

4. 区域发展的竞合性

省际边缘区分属不同的利益主体，竞争必然存在，经济全球化、市场化和开放型经济的深化，使得区域合作成为必然的趋势。由此，省际边缘区具有竞争与合作的双重性。在竞争中合作，在合作中发展，将是省际边缘区经济发展的长期特征。

5. 地理区位的动态性

省际边缘区的区位条件是不断变化的，而非一成不变，由此引起其性质、作用的改变，过去的省际边缘区可能随着发展条件的改善，虽是省际边界区但不再是省际边缘区。如随着国家对某边缘区的交通设施投资增大带来交通条件的改善，或者国家经济发展政策的大力支持带来经济发展的快速增长，都会改变或弱化其“边缘性”。

6. 区域联系的中介性

与其他地区不同，省际边缘区地处省际交界地带，也是相邻省份间人口、资源、技术、信息等经济要素流通的通道区、过境区，因此一定程度上可以方便获取异质信息，中转经济要素流，发挥重要的经济活动中介作用，使得经济活动更加有效，市场更加广阔。

（二）中心城市的含义

关于城市，迄今尚没有一个公认的定义。由于研究领域不同，学者从经济、社会、历史、地理、生态、建筑等不同角度，对城市概念作过多种定义。本书所指城市，采用经济学的定义，即具有相当面积、经济活动和住户集中，以致在私人企业和公共部门产生规模经济的连片地理区域。城市是一定地域内的经济聚集体。[①] 城市和区域相互依存，彼此推动。作为在一定的区域内的经济、金融、信息、贸易、科教和文化中心，发挥在区域经济社会发展中的引领、辐射和带动作用。

中心城市是指在一定区域内甚至在全国社会经济活动中处于重要地位、具有综合功能或多种主导功能、起着枢纽作用的大城市和特大城市，它们通常具有较高的综合经济能力、科技创新能力、国际竞争能力、辐射带动能力、交通通达能力、信息交流能力和可持续发展能力。经济学界通常把对国家或省级地区经济社会发展起主导作用的大城市称作中心城市，它们构成了全国经济活动网络的主要连接点。因此，中心城市既

① 胡钧、施九青：《中国新型城镇化与个人的全面而自由的发展》，《改革与战略》2014 年第 2 期。

包括国家中心城市，如北京、上海、天津、广州等，也包括区域中心城市，如沈阳、武汉、成都、西安等。在我国，大部分省份的中心城市也是省会城市，但也有个别省份（特别是沿海地区）存在省会城市以外的一个甚至多个中心城市，如广东的深圳市、福建的厦门市、山东的青岛市、辽宁的大连市、河北的唐山市等。

需要说明的是，本书所指中心城市与上述国家中心城市概念并不完全一致。与边缘性地区相对应，本书所指中心城市也是一个相对概念，是指相对省际边缘区的中心城市，因此这一中心城市周边必须存在上述的省际边缘区。考虑到对省际边缘区经济辐射的可能性（辐射力的强度），本书所指中心城市通常指省会城市或经济发展水平较高的一二线城市。如相对于秦巴山区的陕南而言，所指中心城市为西安、成都、重庆等。

二、国外研究现状

（一）对经济辐射的研究

国外对经济辐射理论研究较早，克里斯泰勒（W.Christaller，1933）提出的中心地理论可以被认为是最早的研究。之后，佩鲁（F.Perroux，1950）与缪尔达尔（G.Myrdal，1957）、赫尔希曼（A.O.Hirschman，1958）分别从部门和区域角度提出了极化理论。该理论一经提出即快速发展成两个重要分支，一是以布代维尔（J.R.Boudeville，1966）和拉塞（J.R.Lasuen，1973）为代表的增长极和增长中心理论，二是以弗里德曼（J.R.P.Friedmann，1972）为代表的核心—边缘模型。这些理论强调增长极和中心地的支配与主导作用，一度成为许多国家（特别是发展中国家）制定区域发展战略的理论依据。[①] 值得一提的是，国外学者还从空间组织形式角度研究了经济辐射的模式，典型的有点轴开发理论、网络开发理论和梯度转移理论等。另外，国外对经济辐射的影响还进行了定量研究，

① 何龙斌：《省际边缘区接受中心城市经济辐射研究》，《经济纵横》2013 年第 6 期。

如采用断裂点理论计算中心城市对外经济辐射的范围，利用空间计量经济方法对经济辐射效应进行实证检验等。

主流研究集中在以下几方面：一是围绕辐射源的研究。该类研究的特点是强调辐射源的形成，如法国经济学家佩鲁（F.Perroux，1950）为解决落后地区的开发问题而提出的增长极理论。二是围绕辐射流的研究。该类研究重点强调辐射路线的形成，如波兰经济家家萨伦巴和马利士最早提出的点轴开发理论，弗农（Vernon，1966）提出的经济梯度转移理论。三是关于辐射效应的研究。在20世纪50年代后期，如缪尔达斯（Myrdal，1957）等提出了经济辐射中存在回流效应和扩散效应，赫尔希曼（A.O.Hirschman，1958）则称之为渗透效应与极化效应，他们认为，历史的偶然性成就了发达地区，发达地区的回流效应，使得发达地区愈益发达，落后地区愈加落后；虽然也会产生扩散效应，但是回流效应总是远大于扩散效应，因果循环的积累会继续扩大发达地区和落后地区的差距。为缓和贫富地区两极分化，缪尔达尔明确建议政府干预。[①] 四是关于辐射能力测度的研究。1949年康弗斯（P.D.Converse）提出了著名的断裂点理论，该理论认为中心城市可以对周边地区产生影响，并且这种影响会随着两地之间距离的增大而逐渐衰减。[②]

（二）对边缘区的研究

国外学者对边缘区的研究主要集中于国家之间的边境地区，较少涉及国内行政区之间的边界地区。对这一类问题的研究主要集中于20世纪前半叶，由于这一阶段处在两次世界大战期间，大多学者从政治地理的角度出发，较偏重对边境划分和边境冲突的研究，突出了边境的消极性甚至敌对性。大多数文献主要聚焦于对边界划分起源与演变以及边境自然与社会属性的描述上，较少对边境区的经济发展进行研究。代表性成果，如森普尔（1911）将边境地区比喻为人为制造的荒废地，莱德（1915）

① 柯善咨：《扩散与回流：城市在中部崛起中的主导作用》，《管理世界》2009年第1期。
② 何龙斌：《省际边缘区接受省会城市经济辐射研究》，《经济问题探索》2013年第8期。

以及布莱姆（1919）均强调边境对经济发展的屏障作用，哈特向（1936）引入文化景观的概念研究了边境的类型划分，斯派克曼（1942）认为边境是一个国家权力关系的度量等。直到20世纪中期，随着第二次世界大战的结束，全球聚焦于战后重建，因此大量的学者开始从经济地理学的角度研究边境地区。①

在经济地理学中，对边境区的研究又分为传统的经济地理学和新经济地理学。传统经济地理理论将边境区当成经济发展的一种屏障或壁垒，代表性成果有德国经济学家廖什的区位理论，克利斯塔勒的中心地理论。廖什（1944）认为边境将一个完整的市场分割成若干部分，对自由贸易形成阻碍，导致这一地区企业盈利的下降，降低了企业投资的积极性，使这一地区被进一步边缘化。②克里斯泰勒（1968）认为，政治边境其实是一个人为制造的经济壁垒，它影响了区域经济组织结构的合理化，也阻碍了区域经济分工与合作。③受他们的影响，此后的增长极理论等也大多支持这一观点。20世纪末，随着经济全球化趋势的日益加强，以保罗·克鲁格曼为代表的新经济地理学派提出了新的观点，他们视边境为区域经济合作与经济一体化的机遇。克鲁格曼（1998）认为，经济全球化改变了生产与消费的地域结构，开放边境不仅有利于改善边境地区各个国家的资源供给结构，而且有利于形成一体化的市场，运输距离的缩短、生产费用的降低、市场规模的扩大，会吸引企业在边境地区投资、人口在边境地区集聚，并形成循环累积因果，进一步吸引企业与人口向边境地区集中。④

进入21世纪以后，受新经济地理的影响，国外出现了大量关于边境

① 冯革群、丁四保：《边境区合作理论的地理学研究》，《世界地理研究》2005年第1期。

② Losch,A., *Die Raumliehe Ordnung der Wirtschaft*, New Haven Yale University Press,1944, p.234.

③ ［德］克里斯泰勒著：《德国南部中心地原理》，常正文、王兴中等译，商务印书馆1998年版，第159页。

④ Krugman,P., “What’s New about New Economic Geography?”, *Oxford Review of Economic Policy*, No.2, 1998.

区合作发展的研究成果。一些学者以北美自由贸易区和欧盟为研究对象，研究了两大区域边境区经济合作的促进与阻碍因素，探讨了边境区经济合作的作用与意义。H. 汉森（2001）对美国和墨西哥边境城市的经济贸易进行了研究，研究认为，美墨经济一体化存在的最大的非政策性制约是交通成本，经济一体化对边境地区制造业有极大的促进作用，并提高了美国边境城市人口的就业率。[①]M. 希夫等（2002）对欧盟内部边境区经济合作进行了研究，研究发现，欧盟国家之间的信任程度、相邻国家历史状况以及双方基础设施等都会对欧盟内部边境区经济一体化产生巨大影响。[②]S. 斯蒂勒等 (2003) 以波兰和德国为研究对象，研究了欧盟内部的边境区合作问题，研究认为，波兰加入欧盟之后，波兰与德国的边界成为欧盟内部边界，边界阻碍的清除将有利于促进边界区域企业的贸易关系，进一步促进边境地区企业的集聚和人口的集中。[③]

三、国内研究现状

（一）对中心城市经济辐射的研究

改革开放以后，我国学者也开始对经济辐射问题进行了大量研究。主要体现在对西方理论的应用上。如陈田 (1987) 对全国性城市经济影响区域的空间组织进行了研究。梁斌、孙久明（1991）研究了城市经济辐射力的影响因素。朱剑峰（2004）对我国区域经济扩散的现状进行了分析。冯德显等人（2006）以郑州为例研究了城市经济辐射力的指标体系。柯善咨（2009）研究了中国城市与区域经济增长的扩散回流与市场区效应。[④]

① Hanson,G.H.U., “S-Mexico Integration and Regional Economics: Evidence from Border City Pairs”, *Journal of Urban Economics*, Vol.50,2001.

② Sehiff,M. & Winters,L., “Regional Cooperation and the Role of International Organizations and Regional Integration”, *World Bank Policy Research Working Paper*, 2002, p.287.

③ Stiller, S., “Integration in the German-Polish Border Region-Status Quo and Current Developments”, *43rd Congress of the European, Regional science Association, Peripheries, Centres and Spatial Development in the New Europe*,2003.

④ 何龙斌：《省际边缘区接受省会城市经济辐射研究》，《经济问题探索》2013 年第 8 期。

具体到对中心城市经济辐射的研究。从研究内容上，现有文献主要集中于中心城市经济辐射范围的计算、辐射力与辐射效应和辐射差异原因的研究。从研究对象上，主要集中于京津冀经济圈核心城市北京、长三角经济圈核心城市上海和珠三角经济圈核心城市广州的研究。

关于辐射范围的计算。主要通过三大模型，一是城市引力模型（Gravity Model）。作为最早的理论模型，尽管不够完善，但因使用简单而仍有一些学者使用。如徐辉（2008）运用引力模型和0—1整数规划模型对江西省各城市经济影响范围进行计算并进行经济区划。① 朱道才（2011）以引力模型的原理为依据，构建出新型引力公式，依此计算了安徽省17个城市间引力值和辐射范围，确定了安徽省城市的空间格局。② 二是断裂点模型(Model of Breakpoint)。作为引力模型的发展成果，使用这一方法的文献非常丰富。如南平（2006）应用断裂点模型，计算了甘肃省14个主要城市的断裂点和经济辐射半径。③ 熊正贤（2009）运用城市断裂点模型，定量计算了重庆涪陵区城市辐射范围，得出涪陵区的城市辐射空间。④ 雷朝阳（2010）通过构建城市经济辐射的指标体系，结合断裂点理论，计算出南昌的经济辐射范围，对南昌的经济辐射力状况进行了研判。⑤ 三是威尔逊模型(Model of Wilson)。该模型较为复杂，但又相对实证估算法精确和简单，因而也颇有应用。如王宁（2008）运用威尔逊模型，计算了西北五省省会城市之间的空间相互作用，并以西安市和兰州市两省会

① 徐辉、彭萍：《基于引力模型的江西省经济区划与协调发展研究》，《地理科学》2008年第2期。

② 朱道才、陆林等：《基于引力模型的安徽城市空间格局研究》，《地理科学》2011年第5期。

③ 南平、姚永鹏、张方明：《甘肃省城市经济辐射区及其经济协作区研究》，《人文地理》2006年第2期。

④ 熊正贤：《城市综合实力定位与辐射范围的测算：以重庆涪陵区为例》，《统计与信息论坛》2009年第1期。

⑤ 雷朝阳、徐雪琴等：《省会中心城市经济辐射力的研判：以南昌市为例》，《萍乡高等专科学校学报》2010年第10期。

城市为例，计算其影响范围，分析了它们空间相互作用的影响因素。[①]高丽娜（2006）通过设立合理的指标体系、运用主成分分析得出长三角中心城市的综合实力指标，并运用威尔逊模型及断裂点理论来度量各中心城市接轨上海的程度，计算出它们的辐射半径。[②]

关于经济辐射力和辐射效应的研究。孟可强、陆铭（2011）利用中国城市级面板数据，研究了港口城市上海、香港对长三角经济圈和珠三角经济圈的经济辐射。研究发现，长三角经济圈核心城市上海的辐射范围和集聚特性要稍强于珠三角经济圈。[③]牛华勇（2009）对北京和上海对周边经济圈经济辐射力进行了比较分析，他得出结论，北京作为中心城市的辐射能力相较上海比较低。[④]王玺（2010）对北京与上海经济辐射力进行了研究，认为北京对周边地区的拉动力不仅远远弱于上海，甚至还出现了反方向辐射，即资源由周边地区向北京流动，使得周边城市的经济发展进一步受到抑制。[⑤]朱虹等（2012）利用1997—2005年环京经济圈和环沪经济圈的县市级面板数据，在空间计量回归方法的框架下，比较北京和上海两大中心城市对周边腹地辐射模式的差异研究结果，可以发现，北京对周边地区的经济辐射以回流或极化为主，而上海对周边地区则表现为扩散效应。[⑥]但杜中明（2012）通过统计数据研究城市的三次产业结构与辐射效应强度的关系，得出了不同的结论，自1994年以来，从对周边地区的辐射效应强度看北京要大于上海，而且近年来上海的经

---

① 王宁、王录仓等:《西安与兰州空间相互作用初步研究》,《国土与自然资源研究》2008年第3期。

② 高丽娜:《泛长三角核心区中心城市经济辐射半径的界定》,《区域经济》2006年第3期。

③ 孟可强、陆铭:《中国的三大都市圈：辐射范围及差异》,《南方经济》2011年第2期。

④ 牛华勇:《中心城市对周边经济圈经济辐射力比较分析》,《广西大学学报》(哲学社会科学版)2009年第4期。

⑤ 王玺:《北京与上海经济辐射力差异的原因分析》,《北京市经济管理干部学院学报》2010年第9期。

⑥ 朱虹、徐琰超、尹恒空:《吸抑或反哺：北京和上海的经济辐射模式比较》,《世界经济》2012年第3期。

济辐射强度比以前略有下降。[⑦]

关于中心城市经济辐射差异的原因研究。孟可强、陆铭（2011）认为珠三角经济圈在向周围扩散的过程中由于存在山岭阻隔，没有长三角具有地理优势，而且长三角地区基础设施建设较好，一体化进程推进较早，对长三角地区集聚力的形成十分有利。[①] 王玺（2010）认为，北京与上海经济辐射力差异的原因是辐射发展阶段、交通状况、一体化程度、地理位置导致的辐射方式以及周边环境的差异。[②] 王辉龙（2005）认为北京与上海经济辐射力差异的原因既有两城市的历史、文化、地理位置和城市定位的原因，又有两城市所在经济圈周边环境的原因。[③] 刘崇献（2005）研究认为，北京的经济辐射能力远弱于上海的原因在于北京的经济规模明显小于上海，北京的面积要明显大于上海，北京地理位置不如上海，两地经济结构差异以及经济腹地存在明显的差别等。[④]

（二）对省际边缘区发展问题的研究

从目前国内公开出版的文献来看，国内对省际边缘区发展问题的研究，始于20世纪80年代，而且这一概念最早较多学者称之为省际毗邻地区，进入21世纪以后，越来越多的学者称之为省际边缘区。根据笔者对中国学术期刊网的检索，以“省际边缘区”“省际毗邻地区”“省际交界地区”为篇名关键词，相关期刊文献数量与发表时间如表0.4所示。可见，国内对省际边缘区问题研究的成果并不丰富，而且大多集中于2010年以后。从研究内容来看，主要集中于以下几个方面：

---

⑦ 杜中明、唐继发：《北京和上海地区的经济辐射强度比较》，《生产力研究》2012年第1期。

① 孟可强、陆铭：《中国的三大都市圈：辐射范围及差异》，《南方经济》2011年第2期。

② 王玺：《北京与上海经济辐射力差异的原因分析》，《北京市经济管理干部学院学报》2010年第9期。

③ 王辉龙：《发展经济学视角下的京沪扩散效应比较研究》，《宁波市党校学报》2006年第1期。

④ 刘崇献：《北京与上海经济辐射能力差异探析》，《北京社会科学》2005年第4期。

表 0.4　中国学术期刊网“省际边缘区”相关期刊文献统计表

篇名关键词	2000 年以前	2000—2010 年	2010—2015 年	合计
省际边缘区	0	5	16	21
省际毗邻地区	6	6	2	14
省际交界地区	0	0	2	2

资料来源：根据中国学术期刊网数据整理，表中数据截至 2015 年 12 月 31 日。

1. 省际边缘区的含义界定与类型划分

省际边缘区又称为省际毗邻区、省际边界区，由于叫法不一，定义繁多。朱传耿等（2006）将其定义为，在一定范围内省与省（或自治区、直辖市）之间在交接处所构成的特定地理空间，该空间在地理区位、文化背景、资源条件、产业结构和发展阶段等方面具有明显的同质性。① 仇方道（2009）将其定义为，两个及以上省级行政区域在交接处所构成的特定地理空间，是以省界为起点向行政区内部横向延展一定宽度，并沿省界纵向延伸的窄带型边缘化区域。② 关于类型划分，如安树伟（2004）等学者认为按照不同的标准可以将省际边缘区划分为地理边缘型、类型边缘区、N 维边界型、经济毗邻型和综合型等。③ 罗贞礼（2007）认为，边缘区的类型应该包括条件贫乏型、区位制约型、机制制约型、综合欠缺型。④ 朱传耿（2012）还建议按照是否临海将省际边缘地区分为临海型和内地型，根据地理位置分为东、中、西三种类型，根据发展水平分为发达型和欠发达型等。⑤

① 朱传耿、王振波、于涛方：《省际边缘区的就业空间结构模式及动力机制：以淮海经济区为例》，《世界地理研究》2006 年第 3 期。

② 仇方道、佟连军、朱传耿、杨如树：《省际边缘区经济发展差异时空格局及驱动机制：以淮海经济区为例》，《地理研究》2009 年第 2 期。

③ 安树伟著：《行政区边缘经济论》，中国经济出版社 2004 年版，第 88 页。

④ 罗贞礼：《边缘区域国家综合配套改革试验区建设的战略意义与发展目标》，《赣南师范学院学报》2007 年第 2 期。

⑤ 朱传耿、仇方道、孟召宜著：《省际边界区域协调发展研究》，科学出版社 2012 年版，第 15 页。

2. 省际边缘区区域发展差异研究

仇方道等（2009）采用全局与局部空间自相关分析方法，以苏鲁豫皖省际边缘区的淮海经济区为研究对象，对1996—2005年该区域经济差异的时空特征、趋势以及驱动机制进行了研究。研究认为，空间极化成为该区域空间结构的演变趋势，东西差异成为该区域经济差异的主要表征，经济动力机制、空间作用机制、省际边界阻隔机制以及边缘区发展政策等是淮海经济区经济差异变动的主要驱动机制。[①]高云虹等（2011）以湘赣闽粤省际边缘区的赣州市为例，采用因子分析和聚类分析法研究了赣州市县域经济差异与空间特征。研究认为，赣州市县域经济差异显著，总体上呈现出以章贡区为中心向四周县域经济水平逐步降低的环带状地域联系与分异规律，可划分为发达型、次发达型、中等型和滞后型4个层次区。[②]余凤鸣等（2012）以西北内蒙古自治区和陕西省交界地带的呼包鄂榆经济区为研究对象，运用因子分析和ESDA-GIS相结合的方法研究了该区域的经济空间分异。结果表明，该区域在数量上呈非均衡发展格局，趋于强者日趋极化，弱者日趋边缘化；在空间分布上呈现东—西递增、南—北递减的分异趋势。[③]

3. 省际边缘区经济协同发展研究

冷志明（2007）研究认为，区域分工与协作理论、协同理论、共生理论是我国省际边缘区经济合作与协同发展的理论基础。省际边缘区应以动力机制、组织机制、整合机制、利益共享与补偿机制为重点，建立经济合作与协同发展的理论机制。[④]尚正永（2010）运用定性与定量分析

① 仇方道、佟连军、朱传耿、杨如树：《省际边缘区经济发展差异时空格局及驱动机制：以淮海经济区为例》，《地理研究》2009年第2期。

② 高云虹、王美昌：《省际边缘区县域经济差异及其空间特征分析——以赣州市为例》，《经济地理》2011年第5期。

③ 余凤鸣、张阳生、周杜辉、杜忠潮：《基于ESDA-GIS的省际边缘区经济空间分异：以呼包鄂榆经济区为例》，《地理科学进展》2012年第8期。

④ 冷志明：《中国省际毗邻地区经济合作与协同发展的理论基础及运行机制研究》，《科学经济社会》2007年第2期。

的方法，以粤闽湘赣省际边缘区为研究对象，从资源禀赋、区域差异、经济联系、产业结构、城市发展等方面，分析了该地区协调发展的基础条件，最后从区域空间协调优化与区域产业协调发展两个角度，提出加强区际空间引导与规划协调，促进城镇群体空间集聚发展，以及明确产业发展的目标定位，促进区域产业结构的优化升级，推动产业协调发展的建议。[①] 钟高峥（2010）从主体功能区划视角，指出湘鄂渝黔省际边缘区需要共同确立生态发展战略，协调区域发展规划，合作发展生态产业，通过生态区域协同实现当地经济社会的可持续发展。[②] 朱传耿等（2012）以苏鲁豫皖省际边缘区的淮海经济区为实证研究对象，基于多维视角提出了省际边界区域协调发展分析框架，探讨了省际边缘区的产业协调、空间协调等问题，从产业联系的空间特征、城市化空间格局和经济差异空间格局等方面揭示了淮海经济区经济发展格局及驱动机制，并针对临海型省际边界区域的发展特点，提出港口—腹地经济一体化发展模式。[③]

4. 省际边缘区城市与城镇化发展研究

朱传耿（2006）从边界对基础设施、经济要素、产业扩张、市场、生态环境的“切变”效应入手，提出我国省际边缘区的“水平城市化模式”。通过对苏鲁省际边缘区的徐州和济宁两市城市化模式的初步探索，验证了水平城市化模式在省际边界区域的客观存在。[④] 冷志明（2008）研究认为，省际边缘区应打造区域中心城市，培育区域增长极，发挥省际边缘区增长极的扩散效应，促进经济发展。他同时提出了将怀化打造为湘鄂渝黔桂省际边缘区中心城市的对策建议。[⑤] 朱翔（2011）运用投影寻踪和

---

① 尚正永、白永平、张小林、钟业喜：《丘陵山地省际边界区域协调发展研究：以粤闽湘赣边界区域为例》，《山地学报》2010 年第 5 期。

② 钟高峥：《湘鄂渝黔边多省际边缘生态区域协同研究：基于主体功能区划视角》，《贵州民族研究》2010 年第 3 期。

③ 朱传耿、仇方道、孟召宜著：《省际边界区域协调发展研究》，科学出版社 2012 年版，第 250 页。

④ 朱传耿、王振波、仇方道：《省际边界区域城市化模式研究》，《人文地理》2006 年第 1 期。

⑤ 冷志明、易夫：《省际边界区域中心城市的构建：怀化个案》，《人文地理》2008 年第 3 期。

聚类分析法，结合湖南实际，选择岳阳、郴州和怀化作为湖南省际边缘区中心城市的培育对象，并提出从做大做强中心城区、优化调整产业结构、加强区域经济协作、发展现代物流和商贸流通业、加快交通设施建设等方面着手的对策建议。[①] 王印传（2014）分析了在市场和政府双重作用下的我国边界城镇状况以及两种力量未来的变化趋势，提出省际边缘区城镇发展的三个阶段以及省际边缘区城镇发展的类型，并针对不同类型的省际边缘区城镇规划提出了相关建议。[②]

5. 省际边缘区经济发展模式对策研究

刘玉亭（1999）研究认为，省际毗邻地区开发是符合区域一体化发展战略的一种有效合作模式。她将省际边缘区划分为弱弱、强弱、强强毗邻三种地区类型，并依此提出弱弱联合开发、强弱互补合作、强强互补协作等三种开发模式。[③] 贾若祥（2003）比较分析了山东省省际边缘区城市和省内城市吸引范围及竞争力差异，提出了培育边界地区的中心城市、发展区域特色经济、启动民间资金、增强区际合作、加强区域基础设施建设等对策。[④] 刘宁宁（2007）以行政边缘区经济理论为基础，分析了苏鲁豫皖省际边缘区经济活动的基本特征、存在问题及其形成原因，并提出了解放思想、通力合作、优先发展和协调环境治理等对策建议。[⑤] 何丹等（2012）以豫皖省际边缘区的边缘城市阜阳为例，从区域和市域两个层面提出了省际边缘区的发展路径，即在区域层面要建立豫皖省际边界中心城市，在市域层面要依托现有资源，从要素建设、产业引导、服务配套三个方面出发提高自身经济实力。[⑥] 省际边缘区经济协作及政府

① 朱翔、徐美：《湖南省省际边界中心城市的选择与培育》，《经济地理》2011 年第 11 期。

② 王印传、马帅、曲占波、王海乾：《省际边界城镇发展研究：首都经济圈省际边界城镇类型探讨》，《城市发展研究》2014 年第 1 期。

③ 刘玉亭、张结魁：《省际毗邻地区开发模式探讨》，《地理学与国土研究》1999 年第 4 期。

④ 贾若祥、侯晓丽：《山东省省际边界地区发展研究》，《地域研究与开发》2003 年第 2 期。

⑤ 刘宁宁、沈正平、施同兵、简晓彬：《省际边缘区经济发展问题与对策研究：以苏鲁豫皖交界地带为例》，《现代经济探讨》2007 年第 8 期。

⑥ 何丹、王梦珂、杨犇：《省际边缘城市的发展路径研究：以阜阳市为例》，《地域研究与开发》2012 年第 5 期。

协调难以真正实现，建议一方面要发挥纵向国家协调力，另一方面要发展横向主体间合作关系，既要实现省际边缘区区域协作和政府协调，同时要进行集中扶贫新模式探索。

综上，国内外对经济辐射和边缘地问题的研究成果较为丰富，对我国制定区域发展战略具有重要的指导意义，也为本书研究奠定了基础。但仍存在一些不足。一是国外经济辐射研究虽理论成熟，内容全面，但针对的多是发达国家，理论与模型多建立在成熟的市场经济基础之上，对我国的借鉴与应用有一定局限性，需要结合我国国情进行完善和创新。二是国内外经济辐射研究大多以发达地区或中心城市为研究对象，强调中心城市的主导作用，关注辐射源的强化和辐射范围的扩大，而较少考虑从边缘地区这一接受方的角度研究辐射问题，往往忽视边缘地区发展，缺少区域关怀。三是国内经济辐射研究大多关注于城市对周边地区（如郊区）的经济辐射，较少关注中心城市对较远的边缘地区的经济辐射，特别是对省际边缘区的经济辐射。换言之，对中心城市与省际边缘区二者的研究往往是分离的、孤立的。四是国内研究侧重于辐射能力的测度与辐射圈的构建等实证研究，较少涉及辐射效应、辐射模式与辐射机理。综上，以省际边缘区作为考察对象探讨接受中心城市经济辐射的研究目前国内少有涉足，为本书提供了很大的研究空间。

第三节 研究内容

一、研究思路与方法

本书以国外成熟的增长极理论、核心—边缘理论、点轴开发理论、生产要素流动理论等经济辐射理论为基础，并借鉴和吸收区域经济学、新经济地理学等学科的相关理论，通过文献梳理、案例研究、数据分析和实地调研等研究方法，对我国几大典型经济区（带）中心城市经济辐射效应形成机理和几大典型省际边缘区经济发展现状进行考察，在此基础上，重点通过定量分析方法，如采用引力分析和断裂点分析研究省际边缘地区可接受经济辐射范围与最优经济辐射源的选择，采用主成分分析、因子分析等方法研究影响边缘地接受经济辐射的因素等。最后，采用定性分析和专家意见法等方法对省际边缘区接受中心城市经济辐射的模式和对策进行探讨，并以陕甘川省际边缘区的陕南地区为例进行实证研究。研究路线如图 0.2 所示。

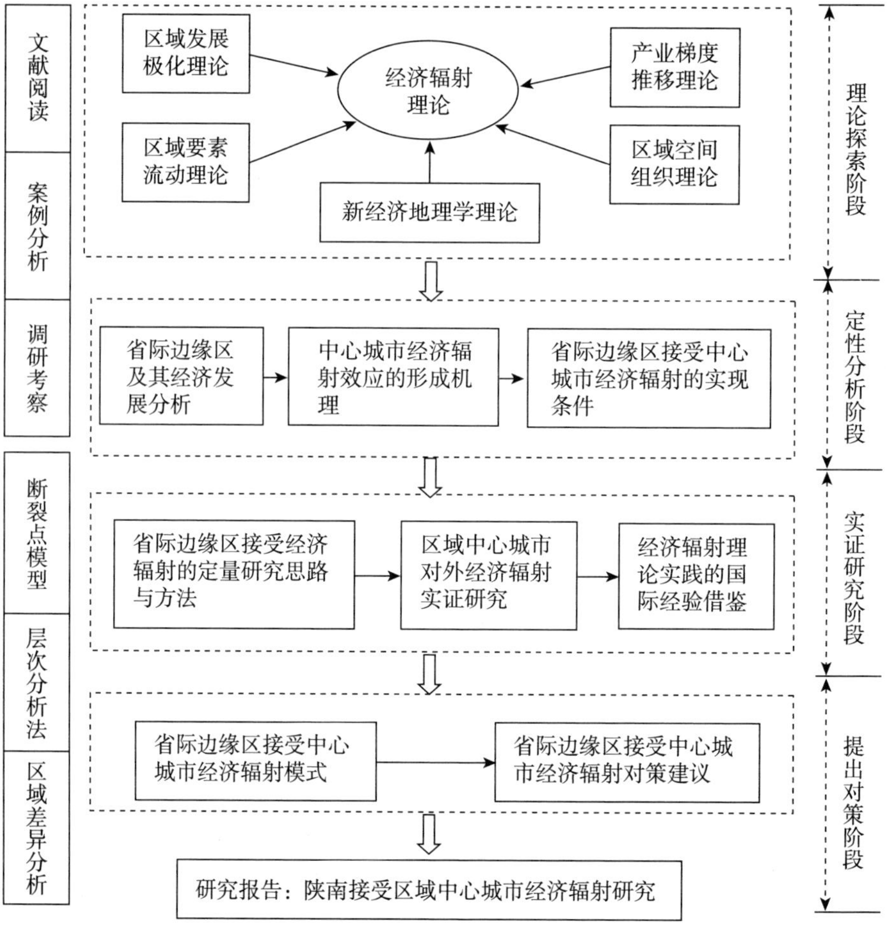

图 0.2 研究技术路线图

在研究方法上，本书有四个特点：一是注重定性分析与定量研究相结合，如既有对中心城市经济辐射效应形成机理的定性研究，也有对其经济辐射范围、效应强弱的定量研究；二是注重理论分析与实证研究相结合，如通过对经济辐射理论的梳理构建了省际边缘区接受中心城市经济辐射研究框架，同时以陕甘川省际边缘区的秦巴山区、陕南地区为例进行的实证研究；三是注重辩证分析与比较研究相结合，如对我国三大经济圈核心城市北京、上海和广州对外经济辐射的比较研究等；四是注重静态分析与动态研究相结合，如使用1978年以来的经济数据分析中心城市经济辐射效应的动态变化等。

二、创新与不足

（一）本书主要创新点

1. 构建了省际边缘区接受中心城市经济辐射研究框架

全书始终围绕两条主线展开并形成研究框架。一是从经济辐射的四要素辐射源、辐射流、辐射通道、辐射动力角度，定性分析了中心城市对外经济辐射的影响因素以及省际边缘区接受经济辐射的实现条件。研究认为，来自辐射源（中心城市）的辐射流（客流、物流、资金流、信息流、技术流）在辐射动力（如经济互动促进政策等）的作用下经过辐射通道（交通通道、信息通道等）到达辐射接收地（省际边缘区）。二是从辐射力、辐射范围、辐射效应角度，定量研究了中心城市对外经济辐射的作用与机理，以及省际边缘区接受经济辐射的效应、范围判定与辐射源选取。

2. 分析了省际边缘区接受中心城市经济辐射的实现条件

省际边缘区接受中心城市经济辐射的实现条件主要有三个方面。首先，省际边缘区接受中心城市经济辐射的前提性条件是两地之间存在较高的区域梯度和两地之存在密切的社会联系。前者包括自然梯度、经济梯度、技术梯度、人口梯度和信息梯度。后者包括政府互访、商业贸易、旅游观光以及文化传播等其他活动。其次，省际边缘区接受中心城市经济辐射的基础性条件：一是要有良好的交通条件，因为交通是基础产业和经济发展的先行行业，是国民经济的命脉。经济辐射必须要有辐射通道，而交通设施是最重要的通道，其重要性远非其他通道可比；二是要有良好的市场环境，它又包括市场软环境和市场硬环境。前者是相对于交易行为而言的，它是指保证市场交易行为顺利进行而作出的机制和体制设计。后者是相对于交易场所而言的。它是指保证市场交易行为顺利进行的硬件设施建设。第三，省际边缘区接受中心城市经济辐射的保障性条件有两个：一是应建立区域利益协调机制，包括集聚—扩散效应协调机制、区域经济一体化协调机制、区域经济竞合发展协调机制和区域合作博弈协调机制；二是应提供区域发展促进政策，包括财政倾斜政策和金融扶持政策。

3. 探讨了省际边缘区接受中心城市经济辐射的定量研究思路与方法

一是从辐射源、辐射流和辐射通道三个角度，从经济规模、经济质量、交通通道、信息通道、物流、客流、资金流 7 个层面，选取了 22 个指标构建了城市经济辐射力评价指标体系。二是根据威廉姆逊倒 U 模型，提出以中心城市的人均 GDP 与省际边缘区人均 GDP 的比值变化，来度量中心城市和省际边缘区之间的经济辐射阶段与程度。如果区域差异程度随时间的增长而增大，则可判断其为极化阶段；反之，则可判断其为扩散阶段。三是提出省际边缘区可接受中心城市经济辐射范围的界定与辐射源的优选方法和思路。即将经济辐射力作为城市实力指标，再将其与断裂点模型结合计算出辐射场强，选择辐射场强最大的中心城市作为辐射源。

4. 提出了省际边缘区接受中心城市经济辐射的三种模式

一是通过创造条件积极融入省会城市辐射圈的主动融入模式，二是通过先构建区域新经济增长极吸引辐射的自建“中心”模式，三是通过战略联盟打破壁垒形成经济辐射洼的地区域结盟模式。特别值得一提的是模式二，本书以培育陕甘川省际边缘区增长极（区域中心城市）为例进行了研究，具有极强的现实意义。研究认为，陕甘川省际边缘区是我国面积最大和人口最多的特困连片地区，也是省会城市经济辐射的盲区，有必要通过发展本区域中心城市培育经济增长极，实现对边缘区的经济拉动和辐射。并从城市经济基础和实力上，达州、汉中两城市适合作为陕甘川省际边缘区增长极城市。但结合从地理中心、与省会城市经济圈的边缘性和扶贫攻坚的效果角度对增长极城市进行了比较分析，最后选取汉中市作为陕甘川省际边缘区增长极城市，并提出培育对策。

5. 强调了研究方法的创新与集成

现有计算经济辐射范围的主要研究方法是引力模型、断裂点模型和威尔逊模型三大传统模型。但是，由于自然规律与社会规律的差异，加之模型提出者对模型前提设定有限，三大模型存在没有考虑人为因素，没有考虑通达性，没有综合考虑城市质量与流量，以及计算辐射范围适用性不足等缺陷。本书首先先从以上四方面提出对传统模型的修正方法，即引入干扰指数修正人为因素的缺失，以加权平均法修正两地距离，以综合指标评价法确定城市质量与流量，并对三大模型适用性进行了限定和补充。此外，在研究方法上，本书注重四个“结合”，具有研究方法的集成性。

6. 形成了一些具有可操作性的对策与建议

本书从三个层面提出了促进省际边缘区接受中心城市经济辐射的一些对策建议。从国家层面来讲，重点在于加大基础设施建设和提供相应政策；从省级政府层面来讲，重点在于加强区域协调与合作；对于地方政府来讲，重点在于提前规划和促进企业发展。特别是提出的省际边缘区国家综合配套改革试验区的设立、区域增长极的培育、经济协作区的构建以及推动“西三角”经济区的形成等建议，均具有较强的实用性、新颖性和可操作性。

（二）本书的不足

1. 采用地理信息系统（GIS）等空间分析技术明显不足

地理信息系统是一种具有信息系统空间专业形式的数据管理系统，

随着计算机技术的日益发展和普及，地理信息系统广泛用于空间经济学分析，对于省际边缘区地理空间结构定量分析有较大价值，但限于数据获取困难等原因，本书对地理信息系统应用非常有限。

2. 对全国省际边缘区接受中心城市经济辐射的分类研究不足

我国地域辽阔，省际边缘区数量多、种类杂，不同的省际边缘区接受中心城市经济辐射的策略存在一定的差异，但本书探讨的省际边缘区仅是其中一两种，更多限于中西部落后省份之间的边缘区。

3. 将省际边缘区接受中心城市经济辐射与国家城镇化建设结合研究不足

目前我国正处于经济转型升级的重要时期，也处于城镇化快速推进与深入发展的关键时期，城镇化对经济社会发展意义重大。省际边缘区的城镇化程度普遍偏低，有很大的发展空间，因此，将省际边缘区接受中心城市经济辐射与国家城镇化建设结合研究有很大的现实意义。但限于篇幅和时间，本书较少涉及。

此外，本书在研究陕甘川省际边缘区经济发展时多处提及“西三角”经济区这一概念，但对如何利用经济辐射理论实现“西三角”经济区的构建，使这一经济区最终成为我国经济发展中的重要一极，还需深入研究，这也是下一步拟做的一项重要工作。

期望今后有时间能弥补上述缺憾，也希望给后续研究者有一定的启发。

第一章 相关理论基础

本书研究的核心内容是省际边缘区如何通过接受中心城市经济辐射实现经济发展。因此，经济辐射理论是开展本书研究的理论基础和依据。通过对现有经济理论进行梳理，没有发现纯粹的经济辐射理论，但与经济辐射相关的理论却很多，结合本书，主要有五种理论可资借鉴：一是区域发展极化理论，包括早期极化理论、增长极理论、中心—外围理论；二是区域要素流动理论，包括劳动力要素的流动、资本要素的流动、技术要素的流动理论；三是产业梯度推移理论，包括理论主要观点以及中国特色的“梯度理论”；四是区域空间组织理论，包括空间一体化理论、点轴开发与网络开发理论；五是新经济地理学理论。本章将对这五种相关理论进行简要介绍与评价。

第一节 区域发展极化理论

一、早期极化理论

极化理论最早可追溯到20世纪50年代，当时法国著名经济学家佩鲁（F.Perrour）在他的论文中首先揭示了经济增长是由一个所谓的“推动型单位”率先推动发展，而并非遵循均衡路径。这里的推动型单位特指一个经济增长水平超过平均水平而且会影响其他部门增长的经济部门。整个经济以这种推动的方式实现增长。[1] 但是，佩鲁仅考察的是部门关系中的单位而未涉及空间单位，直到后来，以瑞典经济学家缪尔达尔（G.Myrdal）以及美国经济学家赫尔希曼（A.O.Hirschman）为代表的区域极化论的出现，极化理论才转入对区域空间单位的研究。

关于在一个区域空间单位内的经济发展过程，在 20 世纪 50 年代后期，缪尔达尔和赫尔希曼两位学者认为，在一个区域经济中，因存在规模收益、外部效应和垄断（或寡头）的市场结构，经济刺激会直接影响区域经济增长的快慢。增长刺激（如积极政策）会带来经济的快速增长，增长障碍（如消极政策）会使未来的经济放缓。借助外部性作用，通过部门之间的联系，经济刺激将扩展到区域空间单位内的其他部门。[2] 特别值得一提的是，创新作为一种积极的发展刺激工具具有重要的意义，它往往可以使一个地区超越其他地区而获得率先发展。缪尔达尔还提出了循环累积因果过程的观点，他认为，由于循环累积过程的作用，区域之间会逐步形成发展差距，而且这一差距最终很难通过区域间的相互作用得以消除。

关于两区域之间的相互作用，与佩鲁所提出的推动效应和制动效应十分相似，缪尔达尔和赫尔希曼也提出了两个相对立的概念。缪尔达尔称之为扩散效应与回流效应，而赫尔希曼则称之为渗透效应与极化效应。他们认为，在一个区域经济体系中，经济发展的最终结果取决于两种对立效应的强弱，即扩散（渗透）效应占优势，还是回流（极化）效应占优势，并导致区域经济趋向均衡还是非均衡状态。对此，二人看法不一，赫尔希曼持乐观看法，他认为从短期看可能是非均衡状态，但从长期看仍趋于均衡状态；而缪尔达尔则较为悲观，他认为极化效应将占主导作

① Perroux, F., "Economic Space: Theory and Applications", *Quarterly Review of Economics*, No.6,1950.

② Myrdal,G., *Economic Theory and Underdeveloped Region*, London: Duckworth, 1957,p.223.

用，发展自始至终是非均衡的，特别对于穷国及落后地区更是如此。[①]

缪尔达尔认为，不均衡或不平等才是发展的基本特征。因为，发展本身就不是均衡分布的，它往往只集中在少数发达地区，并通过吸收效应（也称极化效应）实现极化，同时会阻碍其他地区发展。用消极的循环累积理论来解释，区域经济欠发达的原因是自身不断作用的结果，正如有人针对发展中国家所称，“国家之所以穷就是因为穷”。在市场机制的作用下，加上外部性、垄断性的存在，区域均衡发展难以实现，甚至会加大发展差距，新古典理论追求的帕累托最优状态的目标无法实现。因此，极化理论强调经济政策干预是必要的，通过政策干预即使不能实现区域均衡发展，最起码也不会使区域之间发展差距过大。缪尔达尔建议发展中国家可以在一定时期内通过制定经济发展规划，消除循环累积的负面性，稳固积极的循环累积过程，逐步摆脱不发展状态。

极化理论强调，区域经济政策的一个主要目标就是阻止极化力量，消除区域之间的发展差距。因此，一方面，要采取一定的措施强化扩散（渗透）效应，削弱回流（极化）效应；另一方面，则要设法打破对均衡发展具有消极作用的循环累积过程。为此，一个国家或地区可以采取积极措施，如促进产业向落后地区转移，通过向落后地区投资，通过有选择性的设置贸易壁垒等。这样既强化了扩散效应削弱了吸收效应，同时也刺激了需求，使经济发展进入一个良性的积极的循环累积过程。

缪尔达尔和赫尔希曼所提出的早期的经典性的极化理论，为区域经济学和发展经济学的理论发展奠定了坚实的基础。同时，他们的思想和观点也以各种形式得到进一步发展，并与创新理论和区位理论等观点结合在一起形成了新的构想，产生了新的理论分支，其中最重要的两个分支是增长极理论和中心—外围理论。

---

① Hirschman, A.O., *The Strategy of Economic Development*, New Haven Yale University Press,1958,p.78.

二、增长极理论

受佩鲁极化理论的启发，法国和比利时的一些学者创立发展了增长极理论，因此，增长极理论也被称为区域发展理论的法国学派。早期的增长极理论也是集中考虑部门之间的关系，对于区域之间的关系较少涉及。后来，在20世纪六七十年代，法国经济学家布代维尔（J.R.Boudeville）和拉塞（J.R.Lasuen）等学者们进一步发展了增长极理论，导致了这一理论流派内部分化，并最终转为对区域和空间联系的研究。

布代维尔和拉塞的研究可以一直追溯到克里斯泰勒（W.Christaller）的中心地理论，他们率先把区位论的观点引入到增长极理论中，并从中发现增长极的形成和城市的聚集体系模式有十分密切的关系。增长极的形成取决于城市吸收生产要素的优势及城市自身的各种功能。为此，作为增长极的城市在位置上必须处于地理中心，在其周围形成一定功能的居民定居地体系。[①] 经济辐射总是由高一级的中心城市逐级向低一级城市或地区扩散，即不是在空间上无条件地持续扩散，而是根据中心地等级展开扩散。

布代维尔拓展了佩鲁的理论，对增长极的空间特征做了新的诠释。这里的空间不再是抽象的，而是一个可以看得见的具体的地理空间。经济空间不但包含地区经济现象之间存在的结构关系，还包括了一定地理范围内相关经济变量的关系。一个区域经济活动的分布情况，或者增长极空间结构的分布，在一定程度上决定了该地区的经济空间模式，而空间模式会随着经济发展变化而呈现出多样性。此外，在增长极理论中，延续了佩鲁和熊彼特（J.A.Schumpeter）将创新作为重点的传统。拉塞甚至认为，一个国家或地区经济发展很大程度上依赖创新，可以称得上是创新过程的产物。[②] 根据经济活动的特点和发展形势，在创新方面中心城

① Boudeville,J.R., *Problems of Regional Economic Planning*, Edinburgh University Press, 1966,p.127.

② Lasuen,J.R., "Urbanisation and Development, the Temporal Interaction between Geographical and Sectoral Cluster", *Urban Studies*, No.10,1973.

市比周边地区更具有优势，而创新反过来又可以为中心城市创造更多优势。

增长极作为一个区域经济发展的新力量，不仅自身形成了强大的规模经济，对其他区域的经济发展也产生了强大的支配效应、乘数效应和辐射效应，对促进区域经济增长具有重大现实意义。因此，增长极理论自问世以来，曾一度成为包括我国在内的许多发展中国家和地区制定与实施发展战略的一种理论依据。但是必须看到，总体上该理论是以发达的市场经济体制为背景的，由于在经济社会体制和发展阶段等方面各国或地区客观上存在差异，增长极理论在实践中应用的效果是不一样的。因此，在应用这一理论制定本地区发展战略和发展规划时，应充分考虑它的适宜性和限制性。

三、中心—外围理论

中心—外围理论，也称核心—边缘理论，是阿根廷经济学家普雷维什（R.Prebisch）在1949年5月首先提出的。当时的理论主要建立在对发展中国家出口的初级产品，相对于发达国家出口的制成品的价格贸易条件存在长期恶化趋势分析的基础上，因此又被称为“贸易条件恶化论”。普雷维什认为，在发达国家或者地区和欠发达国家或者地区这两者之间存在着一种称之为“中心—外围”的不平衡发展状态。而这种发展状态的存在很大程度是由于历史缘由导致而成，此外，发达地区的先进技术以及盛行的资本主义也是导致这种不平衡状态的主要因素。[①]

尽管普雷维什的中心—外围理论更多探讨的是国际贸易关系，但核心（中心）、边缘（外围）的概念以及他的分析方法启迪了后来的研究者，这些概念与方法此后被引入到区域经济学并融入了一些反映空间关系的概念，形成了解释区域经济发展关系和空间形成模式的核心—边缘理论。

① Prebisch R., “The Economic Development of Latin America and its Principal Problems”, *United Nations Economic Commission for Latin America*, No.7,1950.

其中，最具代表性的研究者当属弗里德曼（J.R.P.Friedmann）。

弗里德曼仍然是从创新的角度进行研究，但他所指的创新已经不限于技术创新，还扩大到管理创新、制度创新等。他指出，区域的发展特点具有不连续性，但其发展的内在动力则是发展中累积的创新元素。而区域发展一般都是由最初的少数“创新中心”所形成，并且借助中心的优势向四周进行扩散和传播，在这一传播过程中，依附于中心的边缘地带也得到了发展。由此可见，同极化理论一致，发展的实质就是一个极化过程。其实真正具有创新能力的只有个别城市，而发展任务也主要是由这些城市完成。弗里德曼将具有发展功能的城市称为中心（核心），而将其余地区称之为外围（边缘）。

弗里德曼认为，中心城市因为具有一定创新能力以及具备吸附外围地区依附自身的权威等要素，从而对外围地区带来影响。城市也正是因为自身具有不断再创新的能力，从而提升了自身对于周边地区的权威性。但是，他也认为，相对外围，中心的优势并非始终保持不变。随着时间推移，当中心城市所推崇的创新不能和周边地区形成一个比较和谐、均衡的状态，则容易因为政治、经济、文化上的不平衡而引发矛盾与冲突。例如，这种情形下处在周边地区的精英人士就会要求获取更多发展过程优势的要求，而这一要求基本上发生在周边地区得知本身所处的一个劣势环境中后。由于这一原因的存在，在最后的发展中就会形成在某些决策方面周边外围地区会要求掌握更多自主权。这样来看，中心—外围空间模式其实也是社会矛盾展现的另一种形式。显然，弗里德曼通过引入社会冲突，把极化理论观点发展成为一个社会转变理论。[①]

20 世纪 80 年代，弗农 (R.Vernon) 所开展的相关研究，为上述中心—外围理论提供了有力支撑。他表示，当经济还处在萌芽阶段时，由于中心地区具有比较完备的设施且生活消费比较低，资本、人口以及产业会

① Friedmann, J. R. P., *A General Theory of Polarized Development*, New York, The Free Press, 1972，p.117.

集聚在该地区；而在中期阶段，这种现象开始出现缓慢变化；到了发展后期，由于中心地区引发一系列问题如交通拥堵、地价增长以及环境破坏等，人们便开始寻求往周边地区发展，最终区域之间的发展差距得以缩小。①

第二节　区域要素流动理论

区域要素流动理论的形成源于区域分工与贸易理论。区域分工与贸易理论就区域内部的经济优势如生产要素资源以及这些要素引发的商品流通行为做了深入探讨。然而，影响区域竞争优势的因素除了自有要素资源上和自身开发技术和能力的优势，那些流进区域的要素资源同样会对其产生影响。在区域发展中，某种程度上可以说要素流动是影响其发展的重要力量。根据区域生产要素的特性，除土地以外，其他生产要素都具有流动性，其中最具代表性的流动要素是劳动力、资本和技术。

一、劳动力要素的流动

劳动力在区域之间的流动一般有两种基本形式，一是跨区域人口迁移，即人口与居住地同时变动；二是跨区域就业，即人口的工作地点变动但居住地不变。劳动力要素流动理论假设，劳动力的流动由工资水平决定，劳动力会从工资水平低的地区流向工资水平高的地区，因此，区域之间劳动力收入差别越大，劳动力的流动程度也越高。通常认为，对所在地区的工资收入越不满意，同时对不同地区劳动力收入差别了解越多，则劳动力流动的可能性越大。事实上，影响劳动力流动的因素是多方面的，研究中通常使用收入水平、生活成本、就业水平、工作岗位、公共设施、居住条件、文化教育资源以及社会地位等衡量区域之间的收

① Raymond Vernon, “International Investment and International Trade in the Product Cycle”, *The Quarterly Journal of Economics*, No.2, 1966.

益差别。但在理论研究中，大多只考虑工资水平和提供的工作岗位，认为它们是劳动力空间流动的决定因素，很少考虑经济以外的因素，甚至流动的空间障碍等。

距离被认为是影响劳动力流动的重要因素。莱文斯坦（E.G. Rawenstein）通过对20世纪中期英国的人口迁移现象进行研究表明，劳动力在两地间的流动程度与两地距离成反比，与两地人口数量成正比。[①] 洛里 (I.S.Lowry) 发展了莱文斯坦的理论，他的出发点是，劳动力是从失业率高的地区向失业率低的地区迁移，或者从工资水平低的地区向工资水平高的地区迁移。研究发现，按照新古典理论的假设，即使劳动力流动导致区域间的工资和就业差别消失并最终实现长期均衡，但人口迁移依然存在，迁移规模取决于两个因素，即劳动力市场的规模和区域间的距离。[②] 而斯托弗 (S. A. Stouffer) 研究认为，劳动力的迁移，还取决于目标区域存在的就业岗位数量和竞争者数量。[③]

理察森 (H. W. Richardson) 通过研究解释了劳动力流动问题。他认为，在区域经济增长过程中，除了作为区域内变动指标的人口自然增长率外，决定劳动力要素均衡还有三个独立变量，即聚集效应、区位条件和区域之间的工资差别。[④] 西伯特 (H. Siebert) 进一步研究了迁移的动态原因。他认为，迁移者通常还不是追求短期的迁移收益最大化，而是追求今后一生的长期迁移收益最大化。因此，在迁移决策中起关键作用的是对所在区域和日标区域未来的收入预期。[⑤]

关于劳动力流向对区域空间结构所带来的差异化影响。新古典理论认为，劳动力在由低工资区域流向高工资区域流动过程中会产生两种经

① E.G.Ravenstein, "The Law of Migration" , *Journal of the Statistical Society*, Vol.48.1885.

② I.S.Lowry, *A Model of Location*, Santa Monica Rand Corporation, 1964.

③ Stouffer,S.A., "Intervening Opportunities:A Theory Relating Mobility and Distance" , *American Sociological Review*, No.5,1940.

④ Richardson, H., *Regional and Urban Economics*, London Penguin Books,1978,p.23.

⑤ Siebert, H., *Regional Economic Growth: Theory and Policy*, International Textbook Company, 1969, p.301.

济效应，对流入区域产生扩张效应，对流出区域产生收缩效应，二者对区域经济影响程度相同。因此，在给定的条件下，劳动力要素的流动使两区域的工资水平均等化，并且在两区域间不存在薪资差距的时候，劳动力就会停止流动。事实上，劳动力的流动给两个区域带来的效应大小并不相同，区域间的工资收入也不可能实现均衡。因为劳动力的流入会在流入区形成区域的聚集效应，并发生类似内外部节约现象，此时流出区所形成的收缩效应就会小于流入区的扩张效应，这样一来就会促进流入区经济的增长，区域差距将进一步拉大，而且由于劳动力本身具有选择性，极易导致这种差距的长期固化。进一步的经验研究证明，流动的劳动者大多是年轻力强具有专业技能的劳动力，因此，流出区域会失去对资本流入的吸引，而这一类型劳动力的流入，对于流入区来说带来了更多发展潜能，对于流出区来说则损失比较大，并且可能缺乏创新人才，区域内的增长潜力将逐渐耗尽。

二、资本要素的流动

在区域经济研究中，资本要素往往被视为最重要的生产要素而占据中心位置。从资本特点来看，主要有两种存在方式：一是实物形式，如生产所需的设备以及产出的产品；二是货币形式，如用于购买产品的资金。资本的形成影响着经济的增长动力，而资本的流动和分布则又影响着劳动者岗位的供给和劳动力地区的分布。

根据经济理论一般假设，在一个开放的环境中，资本具有较强的自由流通性，对于投资者来说，利润的最大化是他们追求的最终目标，因此，区域间所形成的利润差会直接影响资本的流向。但是从现实来看，具有完全流动性的资本只是一部分，而影响资本流动性的主要是其存在形式。如土地等资本就不具备这种流动性。经验研究发现，企业的区位迁移相对来说是很少发生的，因为对于企业来说，区位迁移的成本是非常高的。[①] 一般引发企业迁移的动机不会是利润率因素，现有条件能否满足日后发展往往是影响其迁移的关键。

货币资本和新购实物资本相比较而言，虽然会受到相关限制，但是仍具有一定流动性。经验研究表明，在差别较小的区域，企业在进行投资的时候会倾向于原有区域。此外，也有国外研究者证明，区域之间的资本流动其实和企业的区位选择具有密切关联。由于存在流动障碍，尽管在其他区域有较好的机会，但只有一部分新置实物资本和货币资本流出。

关于区域之间资本流动对区域经济增长的影响作用，同劳动力流动相似，新古典模型假设区域资本流动结果使资本流出区利润率上升形成扩张效应，而流入区利润下降形成收缩效应。两种效应大小相同，从而导致两地利润率相同，实现了新的均衡。但现实是，假设企业能够在目标区建立新的优势，相应地其利润率就会上升，也会吸引更多投资，最终结果是进一步拉大区域的发展差距。

三、技术要素的流动

影响区域经济发展的除了劳动力、资本等要素以外，技术要素也相当重要。这里所强调的技术除了技术进步以外，还有技术知识。技术知识是存量，技术进步是变量，后者是建立在前者之上的。新技术知识的作用在于可以投入更低的成本生产现有的产品，或生产新的产品，或提供新的服务。技术进步的形成通常包括发明、创新和扩散这三个主要阶段，也被称为新技术知识的形成阶段、运用阶段和推广阶段。

在两区域模型中，区域的技术进步不仅与各自区域内的发明以及发明在区域之间的流动有关，而且与两个区域内新技术知识的运用和推广有关。而发明在区域间的流动又取决于现有的联络交流系统，即技术发

① ［美］保罗·克鲁格曼、茅瑞斯、奥博斯法尔德：《国际经济学》（第四版），海闻、蔡荣、郭海秋等译，中国人民大学出版社 1998 年版，第 177 页。

源地的输出程度以及目标区域的接受程度，以及相关交流渠道的支持。根据技术发明的特点，它在流动中会受到一定阻碍，并不能达到无限流动。也正是因为这样，不仅使很多发明无法实现区域间的交流合作，而且也使发明在空间的不均衡分布始终存在。①

技术要素流动的核心是创新在空间上的扩散。扩散有两种类型，一种是波浪式扩散，这种方式呈渗透式从技术发源地向周边地区逐步扩散，距离越近越有利，表现为相邻效应。另一种是等级式扩散，这种方式按照中心地等级体系呈跳跃式扩散，与距离关系不大，表现为等级效应。在现实中，创新的空间扩散究竟会采取何种形式，取决于很多因素，如创新的种类、区域发展状况、区域范围大小等。一般情况下，波浪式扩散主要发生在区域经济发展的初期，此时主要依靠人际联系，尔后随着经济的发展，两地交流体系的不断完善，会转为等级式扩散。技术创新在工业领域的扩散，如新产品或新生产方法，大多表现为等级式扩散；而在农业部门的企业创新，大多表现为波浪式扩散。从创新的信息传播角度看，地方或企业层面主要是通过人际联系表现为波浪式扩散；随着空间范围的扩大，到了中观层面和宏观层面，则表现为等级式的扩散。

关于技术要素对区域发展的作用，则与劳动和资本要素有着根本性的区别。首先，一个单位的劳动和资本要素，只能在一个空间点产生作用，但新的技术知识可以同时作用于多个空间点。其次，劳动要素和资本要素的流出使流出地区的生产潜力减小，一般会形成收缩效应；但新技术知识的流出并不会使流出地区的要素存量减少，至少短期内不会产生收缩效应，但是从长期看，由于新技术和新知识的流入提升了流入区的经济竞争力，也不排除对技术流出地区经济增长形成阻碍效应。

大量实践证明，一个生产要素存量有限的地区要想实现经济快速发展，就必须重视技术进步，即重视创造和运用新技术、新知识。而技术

---

① ［美］斯蒂格里茨：《经济学》，姚开建等译，中国人民大学出版社 1997 年版，第 268 页。

进步对一个地区经济发展的影响作用，又取决于技术进步类型和区域中重要的经济条件。

第三节 产业梯度转移理论

产业梯度转移理论，简称梯度理论。一般认为，这一理论是受区域生命周期理论和产品生命周期理论的启发而形成。在我国，由于学界对梯度理论的本义存在不同理解与认识，从而在国内引起了广泛而且激烈的争论。

一、梯度理论的主要观点

梯度理论主要有两大观点，一是客观上存在经济与技术发展的区域梯度差异。如我国东、中、西部地区在客观上不仅存在海拔由低到高的地理梯度，也存在发展水平由高到低的经济梯度与技术梯度。二是客观上存在技术与产业由高梯度地区向低梯度地区扩散与转移的趋势。如在我国存在技术与产业由沿海发达地区向内陆地区、由中心城市向边缘地区扩散与转移的趋势。

梯度理论认为，区域之间协调发展以及优化区域产业结构的客观要求是导致产业转移的重要力量。对于转出地区而言，合适的产业转移有利于促进产业结构的优化和调整。如某区域没有选择合适的时机进行产业转出，对于区域内部来说便会影响其市场发展，其所要面对的竞争会更加激烈，特别是在水、电以及土地方面上不具备优势，从而导致产业经济陷入困境。对于转入区而言，产业的转入可以带动当地经济的增长。如劳动密集型产业转移到这些相对比较落后的区域，一方面可以降低产业生产成本，另一方面可以解决当地的就业问题，从而推动当地经济水平的提升。从宏观角度来看，产业转移有利于国家或地区实现产业结构优化。但是实施产业转移时还需要考虑转出区和转入区的经济发展现状，否则难以实现转移。所以，这也就需要政府制定适当的政策，从而推动产业顺利转移，促进产业结构的优化。[①]

区域产业梯度转移的力度受两种力量的影响，即扩散效应和极化效应。前者对于产业向低梯度区域转移具有促进作用，使低梯度地区得到发展，缩小梯度差。而后者会促使生产要素往高梯度区域聚集，进一步拉大梯度差。

二、中国的“梯度理论”之争

在中国，一些学者结合中国的实际情况，提出了不同观点的梯度理论，也被称为中国的“梯度理论”之争。一种理论认为，任何一个国家或地区在经济发展的初期，因财力所限，应优先发展具有一定发展条件和潜力的地区，把有限的资源优先配置到最有效率的地区，通过“极化效应”使其变成区域增长极，与其他地区经济差距拉大。当这些增长极达到较高经济发展水平时，就会产生扩散效应，生产力布局就会趋于分散，并使区际之间的经济差距逐渐缩小，实现相对均衡发展。按照这一理论，由于中国客观上存在发展水平不同的东、中、西三大经济地带，因此应将投资重点优先放在发展较快的东部地带，让东部地区首先引进并掌握世界先进技术，然后逐步向中、西部这些“中间技术地带”和“传统技术地带”转移，最终通过产业转移促进经济发展，逐步缩小三大地带之间的经济梯度差。根据这种观点，我国在区域经济结构调整过程中，要充分利用梯度差的经济功能，因势利导，按照先东部、再中部、后西部的顺序安排投资和建设项目；在制定区域发展政策方面，主张鼓励经济发达的东部地区要让出国内市场走向国际市场，重点发展技术和资本密集型产业。中部地区作为中间地带，具有“承东启西”的作用，要积极承接东部地区的产业转移，填补东部让出的国内市场，重点发展能源

① 郝寿义等著：《区域经济学》，经济科学出版社2004年版，第199页。

与原材料资源型产业。西部地区要以资源型开发为主，重点开发本地优势资源，并做好承接中部地区的产业转移的准备。

上述“梯度理论”提出后，在国内曾引起了广泛而且激烈的争论，一些学者针对这一理论存在的缺陷，提出了“反梯度理论”。他们认为，产业和技术向自然资源比较丰富的区域转移是现代科学技术的基本走向之一，新技术革命为落后国家和地区提供了跨越式发展的机会，同样也为中国落后地区的经济起飞和跨越式发展创造了外部条件。在我国，广大西部地区虽然经济落后，但拥有丰富的自然资源，可以利用后发优势，直接从国内外引入大量资金、技术和人才，实现经济突破发展或跨越发展，而不必按东、中、西的顺序接受国内产业和技术转移。双方争论的焦点最后集中到中西部地区该不该成为经济重心区以及中央政府应采取的投资政策上。按照这一理论，自然资源丰富的欠发达地区，可以利用资源优势，直接从国内外引进资金与技术，实现“跨越式”发展，不必等待或依赖国内高梯度区域依序转移来的产业和技术。一句话，欠发达地区完全可以跃过发达地区进行开发。[①]

客观地讲，梯度理论本身是科学的，不管是纯梯度发展理论还是反梯度发展理论都是不全面的，也并非梯度理论的本义。梯度理论主要总结了产业转移的客观规律并无政策倾向，中国学者之间的“梯度理论”与“反梯度理论”之争的根源在于对梯度理论的片面理解，双方都以各自所代表的区域利益为出发点，将梯度理论上升为一种政策选择，导致双方在政策重点区域的选择上往往不考虑全局利益而仅仅关注地方利益，因而在一定程度上助长了地区间的冲突。[②]梯度理论只揭示了产业转移与技术扩散的一般规律以及对不同地区的影响及作用，并未提出重视何类地区的政策建议。具体的政策选择或行动方案受制于特定时期的发展环

① 周起业、刘再兴、祝诚、张可云等编著：《区域经济学》，中国人民大学出版社 1989 年版，第 152 页。

② 张可云著：《区域大战与区域经济关系》，民主与建设出版社 2001 年版，第 211 页。

境，而不是由梯度理论所规定。因此，我国学者不必围绕这一问题再做片面化、简单化地争论。

第四节　区域空间组织理论

一、空间一体化理论

所谓空间一体化，即经济发展到一定程度就会在空间上达到一致水平的阶段。这是因为在区域经济发展的阶段中，空间范围内的相关系统会发生重组，相应地其边界就会有所改变。在这个过程中，经济发展会根据相应的规则实现区域乃至全国范围内的一体化格局。在20世纪60年代，著名学者弗里德曼就空间一体化发展过程做了详细阐述，并且将这一过程划分为四个阶段。

第一阶段：建立平等、独立的多个地方中心。这一阶段主要保留了前工业化时期的典型空间格局。即这些城市多分布在一些面积较小的地区中央，每个城市的经济实力都不强，而且增长潜力相对比较弱，经济发展周期比较短，容易发生经济萎靡。

第二阶段：建立单一的大中心城市，周围出现大量边缘区。这是工业化初期所具有的典型结构。因为大批高素质人才和劳动力往较大的中心地区迁移，从而使得城市周边地区由于人口流失而导致经济停滞。在这一阶段往往只靠一个单一大城市作为一个区域的发展支撑，其经济发展势必会有所限制，而且也不利于周边地区的经济与社会发展。

第三阶段：建立全国性的中心城市和边缘地区中心城市。这种模式一般多产生于工业化成熟早期阶段。通过加大对边缘地区次级城市的开发，可以有效缩小中心城市边缘地区范围。这种模式下的边缘区域更利于管理，而且通过和边缘城市的交流合作也能推动其经济的发展。但是，在这一阶段虽然国家经济增长潜力得以提升，大城市和边缘城市间仍然存在着较大的经济与文化差距。

第四阶段：建立功能互补的城市结构体系。这一阶段的城市结构体系已经完成，交通网络结构也有一定体系，边缘化区域基本不存在，是工业化成熟发展阶段的最终形态。该阶段内基本可以达到全国一体化，实现经济结构优化以及经济发展潜能最大化等，从而使区域之间的差异也达到最小。

如果每个阶段对应一种模式，那么第一种模式带有前工业化社会的特点，形态也相当稳定。但在前工业化社会区域间交往非常少，因此具有一个明显的特点，即存在着许多彼此相互隔离、自给自足的经济。显然与第一种模式相反，第二种模式具有内在的不稳定性，它是前工业化社会维持的空间均衡瓦解后的结果。在这一模式中，空间经济由一个唯一的城市区域主宰，此时存在发达地区也存在不发达地区。第三种模式是第四种模式的过渡。简单的中心—边缘关系转变为多极关系，投资分布在许多具有战略地位的次中心城市。国家边缘区成为城市边缘区，由于其政治势力不强，比较容易管理，边缘区对整体空间体系的稳定没有多少威胁。不过，若能一直保持经济发展动力，那么会促使空间体系进一步变迁，进入第四种模式。①

二、点轴开发理论

点轴开发理论是在增长极理论、空间一体化理论等的基础上发展形成的。从区域空间一体化的演变过程来说，点轴开发对于其前期阶段会产生一定影响，并最终形成网络开发的格局。从研究内容上来看，其主要研究的是实现空间一体化的具体策略，可以认为点轴开发理论把空间一体化理论变得更具操作性。

点轴开发，就是把区域发展重点放在区域内形成的点和轴这样一个有机组合结构上，这一理论通常也被叫作“增长极轴理论”。所谓“点”，

① 杨开忠著：《迈向空间一体化》，四川人民出版社1993年版，第12页。

特指位于某地域的城市或城镇；“轴”则是用于连接各个区域的“点”的交通干线。对于这些“点”来说，应当具备以下特征：（1）拥有主导产业，并和周边相关产业建立了产业综合体；（2）科技相对先进，创新能力高；（3）基础设施完善，有完整的资源供应体系；（4）自身具有突出的区域竞争优势。轴本质上是用于联系各区域之间的产业带，它的特点主要有：一是区域间生产要素流通形成的经济带状分布，而这些生产要素的种类与档次呈现出多样性；二是轴的分布主要依赖于水、陆、空这三种交通干线，具有高度发达的运输网，可以减少区域与区域间运输所需的时间和成本。

在区域发展中，点轴开发战略表现为三个步骤：首先，选择具有区位优势的重要交通干线作为发展轴；其次，根据轴进一步确定位于轴上的中心城市作为点；最后，确定这些点和轴构建而成的网络结构和等级体系。从我国国内来看，“点轴开发”多指在全国或某一地区，确定一些具有重要运输功能的交通通道，如长江水运通道、京九铁路等作为发展轴线，并将处于这些轴线上的城市（点）作为重点发展对象。而当这些“点轴”（城市）的经济得到发展和强大后，其经济中心会慢慢被转移至经济发展程度相对较低的城市，经济辐射沿着这些轴线会慢慢扩散到一些落后地区。①

按照空间一体化理论，当某一区域点轴体系达到成熟阶段，那么点轴和相关腹地之间的综合网应当作为下一阶段开发的重点对象，从而推动当地经济一体化或城乡一体化。② 这里的综合网，是指由产品、信息、技术、劳动力和资金等相关生产流动要素以及交通、通信设施等所建立而成的网络系统。通过综合网向外延伸从而给欠发达地区带来更多发展机会和动力，也促进了经济的发展。对于一个区域来说，经济网络化标志着其经济发展达到了一个成熟阶段，进一步发展就可以实现空间一体

① 曾菊新著：《现代城乡网络化发展模式》，科学出版社2001年版，第137页。
② 魏后凯著：《区域经济发展的新格局》，云南人民出版社1998年版，第97页。

化和区域空间结构的现代化。

第五节 新经济地理学理论

1991 年，克鲁格曼（P.Krugman）在他发表的《收益递增和经济地理》一文中提出了著名的核心—边缘模型（Core-Periphery Model），也称中心—外围模型，简称 CP 模型，文章被学界认为具有里程碑式的意义，为新经济地理学的发展奠定了基础，是新经济地理学出现的标志。[①] 新经济地理学更强调内生力量对经济系统的影响，并从这一角度探讨经济活动空间形成的根源，研究取得了丰硕成果，解释了此前很多学界无法解释的空间集聚或"块状"经济现象，也因此展示了新经济地理学理论的强大生命力和广阔的发展空间。由于新经济地理学使用了主流的建模和一般均衡分析方法，在融入经济学主流的同时，也为主流经济学引入了空间维度。因此，它的兴起使空间经济学一下成为当代最激动人心的研究领域之一。

新经济地理学依靠相关模型作为研究工具，以不存在外部差异作为前提，先把经济空间高度抽象为同质性的平面，对经济所带来的空间上的变化进行演化研究，然而这并非就否定了外部差异的存在。换言之，新经济地理学认为，经济空间最终形成分异是一种必然趋势，即使不存在外部差异因素。由此可见，在本身就存在诸如偶然的历史事件等外部差异因素的现实世界中，经济空间发生相关变化也是情理之中的事情。

克鲁格曼认为，假定两个区域具有几乎一样的发展条件，即便没有外部作用对其产生影响，这两个区域内在的经济力量同样具备促使内部发生分异的作用，并且推动产业由一个区域向另一区域集聚，使两区域

① Krugman, P., *Geography and Trade*, *Cambridge*, MIT Press,1991,p.78.

形成核心—边缘结构。核心区区域功能相对完善，而且具有较大的市场需求，往往会吸引更多人口和产业向此集聚，从而促进当地资本积累和技术创新。此外，核心区还拥有生产投入品和生活消费品成本低的优势，也能吸引部分人口和产业集聚。从市场需求和生活成本这两方面来看，核心区具有很大的优势，这两大优势既各自自我加强，同时又相互加强，使核心区的集聚力不断加强，且形成自我强化的循环累积因果。核心区早期的优势可能源于优越的先天自然条件，也可能产生于偶然的历史事件或其他随机的扰动因素，巨大优势往往由这些最微弱的优势在演化中不断累积而成，由于这种循环累积因果机制的存在，累积过程甚至不需要借助外力就可以一直进行下去。

然而，集聚力并不是在经济空间存在的唯一力量，事实上还存在分散力，从全球范围内存在众多的大城市而不是唯一一个大城市，也印证了这一点。从实际情况来看，一方面，由于土地等资源具有不可移动性，以及一些生产要素具有部分流动性的特征；另一方面，由于运输距离和成本、贸易壁垒以及成本等带来的不良影响会促使产业之间形成分散。所以，在区域的集聚和分散作用下，就促成了现实世界经济空间多样性的产生。但这两种力量的存在具有一个此消彼长的特征，而经济空间格局的分布也受这两种力量的影响。在经济空间形成多样分布的过程中，贸易自由是其中变化的一个关键因素。在贸易自由度普遍偏低的时候，产业和人口的分布相对比较分散；当贸易自由度达到了某一个水平的时候，人口和产业结构相对比较集聚；当贸易自由度达到比较高的水平时，产业和人口分布又相对趋于分散。因此，可以看出集聚和分散会因为条件不同而发生变化。[①]

总而言之，新经济地理学借助模型揭示了要素流动、规模经济以及贸易自由度等的相互作用，以及如何引起经济空间格局的演化；而且在

① Krugman, P., *Development, Geography and Economic Theory*, Cambridge, MIT Press, 1995,p.152.

演化的过程中，几乎都会伴随需求规模、消费偏好、市场关联以及外生差异等因素；虽然这些因素之间的作用相对比较复杂，但是具有一定的内在统一性。需要注意的是，影响经济发生集聚的关键在于循环累积因果机制，而这一机制同时又受到贸易自由度的影响。

第六节 相关理论评价

区域发展极化理论包括早期极化理论、增长极理论和中心—外围理论。早期极化理论的核心观点是，发展本身就不是均衡分布的，它往往只集中在少数地区，并通过吸收效应实现极化，同时阻碍其他地区发展。理论通过提出两种效应，扩散（渗透）效应、回流（吸收）效应，解释了区域发展极化的机制，为其他极化理论奠定了基础。但理论过分强调极化的负面作用，忽视了其存在的合理性。对于本书的价值在于，有利于正确认识省际边缘区在早期阶段存在较强的回流效应的必然性。增长极理论的核心观点是，一个国家或地区的经济发展不可能同时匀质展开，经济发展通常是从一个或数个“增长中心”率先开始，然后逐步向其他地区扩散。因此，应选择某一特定区域作为增长极优先发展，最终带动整个区域经济发展。这一理论的优点是强调了增长极的示范作用和规模效应，重视创新和推进型企业的作用，符合区域经济发展现实，简单明了，有说服力，易于理解和操作。但不足在于，关注增长极对其自身和其他地区发展的积极作用，而忽视了消极影响，如极化效应加剧了区域发展差距。对本书而言，可用该理论分析中心城市如何克服作为增长极对省际边缘区的消极影响，以及探讨在省际边缘区如何培育、建立增长极。中心—外围理论认为，任何区域单元的空间系统都可以看作是由中心与外围两个空间子系统所组成。在经济发展过程中，区域经济空间会经历从单核结构向多核结构演变，最终随着政策的干预，中心与外围的界限消失。这一理论解释了一个区域如何由不平衡发展变为平衡发展，提出了区域空间结构的阶段性演变规律。对区域规划和制定政策具有指导意义。不足在于过于强调核心区在空间系统中居支配地位，忽视了边缘区的主观能动性。对本书而言，可利用该理论分析中心城市作为核心区如何对省际边缘区产生影响，并最终消除二者之间的界限实现均衡发展；也可利用理论研究当前我国中心城市与省际边缘区空间结构所处的演变阶段。

区域要素流动理论包括劳动力要素的流动理论、资本要素的流动理论和技术要素的流动理论。劳动力要素的流动理论揭示了影响劳动力迁移的主要因素，有劳动力市场的规模、区域间的距离；也有流入区的聚集效应、区位条件和区域之间的工资差别。同时揭示了劳动力流动对区域空间的影响是，流入区域经济增长率提高，区域间收入差别进一步拉大。资本要素的流动理论揭示了资本流动的规律，现实中并不是所有资本都是完全可流动的，其流动性大小与它的存在形式有关。与土地有关的实物资本根本就不具有流动性。新置实物资本和货币资本在区域间具有一定的流动性，但会受到一些因素的限制，即流动性障碍。而资本流动对区域经济增长的影响作用同劳动力流动相似，提高了流入区域的投资吸引力，进一步加大了区域的发展差距。技术要素的流动理论揭示了技术的流动规律，技术发明在区域间的流动取决于现有的联络交流系统，以及渠道的信息提供能力。而且技术要素的流动性也是有限的，其流动表现为两种类型的空间扩散，一种是波浪式扩散，另一种是等级式扩散。技术要素对区域发展的作用，则与劳动和资本要素具有根本上的区别，它的流出并不改变流出地区的要素存量，至少短期内不会产生收缩效应。相反，因转让生产许可证获得的收入还会产生积极作用。对本书而言，可利用该理论认识省际边缘区与中心城市之间劳动力、资本、技术等生产要素的流动规律，从而制定促进中心城市经济辐射的对策。

产业梯度转移理论的核心观点是，生产力布局要从区域梯度的实际情况出发，首先让有条件的高梯度地区引进、掌握先进生产技术，优先发展，然后产业逐步向处于低级梯度的地区转移。通过产业转移逐步缩小区域差距，实现经济的相对均衡。这一理论提出了产业会遵循先在高梯度地区发展、再逐次转移到低梯度和更低梯度地区去发展的内在规律。针对这一理论，我国学者又提出了“反梯度”转移的观点，本质上讲，与梯度理论并非你对我错的对立关系，而是相互补充的关系。这些理论对区域实施产业转移均有较强的指导意义。对本书而言，可用这些理论研究省际边缘区如何以产业转移模式接受中心城市经济辐射，是按梯度或分时序承接，还是反梯度承接中心城市的产业转移。

区域空间组织理论包括空间一体化理论和点轴开发与网络开发理论。空间一体化理论重点强调，由于在区域经济持续增长的过程中，空间子系统会重组，其边界会发生变化，最终结果是全国各区域经济全面一体化。该理论用四个阶段解释了区域一体化的演变过程，为处于不同发展时期的地区追求实现一体化提供了一种参考。对本书而言，可用该理论指导通过一体化实现经济辐射，包括省际边缘区内部实现经济一体化以及与周边中心城市实现经济一体化。点轴开发与网络开发理论的核心观点是，在国家和区域经济发展过程中，大部分生产要素会在主要城市形成的“点”上集聚，而且不同的“点”又会由线形的交通干道连接成“轴”甚至网络；它们对周边地区有很强的空间扩散作用，扩散效应与区域生产要素相结合，形成新的经济集聚带。该理论揭示了经济发展在空间上集聚成点，并沿轴线渐进扩展的客观规律，为实现经济辐射提供了具体方案。对本书而言，该理论具有重要的现实指导作用，可用该理论研究中心城市与省际边缘区之间如何建立点—轴开发体系实现经济辐射。

新经济地理学理论的核心观点是因存在循环累积因果机制，两个区域即使不存在外力作用，区域经济系统的内生力量也将使区域演化产生分异，使产业集聚现象发生，形成核心—边缘结构。该理论从一个新的视角揭示了一个区域经济空间格局的演化机理与过程，解释了经济活动空间集聚的特征或不均等分布的根源。对本书而言，可用该理论解释省际边缘区经济发展落后的原因，以及从新的角度寻求接受中心城市经济辐射的模式与路径。

第二章　我国省际边缘区经济发展现状

省际边缘区是我国最基本的一种行政边缘区，也是国土面积最大、人口最多，对我国经济均衡发展影响最大最直接的区域。作为本书的研究对象，有必要对我国的省际边缘区总体情况进行分析。本章首先对我国省际边缘区进行分类，然后探讨了省际边缘区的经济特征、地理特征以及发展的难点，最后选择了豫、鄂、渝、川、陕、甘边界地区的秦巴山区，鄂、湘、渝、黔边界地区的武陵山区，皖、豫、鄂边界地区的大别山区，以及陕、甘、青、宁边界地区的六盘山区等四大典型省际边缘区进行了研究。

第一节　我国的省际边缘区

一、我国的省际边缘区分类

学者对我国的省际边缘区有多种分类方法。安树伟（2004）等学者按省际边缘区的地理地貌和自然特征，把省际边缘区分为山区型边缘地带、平地型边缘地带和流域型边缘地带。[①] 郭荣朝（2006）根据边缘区的主导作用内容不同，把省际边缘区分为经济作用型边缘区、环境资源型边缘区、社会职能型边缘区、空间限定型边缘区和复合型边缘区。[②] 郭荣星（1995）等认为省级行政区划对经济发展的有一定的刚性约束作用，

① 安树伟著：《行政区边缘经济论》，中国经济出版社 2004 年版，第 23 页。

② 郭荣朝著：《省际边缘区城镇化研究》，中国经济出版社 2006 年版，第 158 页。

他根据边缘区涉及的省级行政区（含自治区、直辖市）个数，把省际边缘区分为二维省际边缘区（川陕省际边缘区）、三维省际边缘区（如皖豫鄂省际边缘区）、四维省际边缘区（如鄂湘豫黔省际边缘区）等。[①] 罗贞礼（2007）认为，不同的发展条件对省际边缘区的发展影响很大，他根据省际边缘区不同的发展条件，把省际边缘区划分为条件贫乏型、区位制约型、机制制约型、综合欠缺型等四种类型。[②] 刘玉亭（1999）认为，我国客观上存在着发达的省级行政区与落后的省级行政区，处于这种经济发展水平不同的省级行政区之间的边缘区是大不相同的，具有不同的区域特征，他据此将省际边缘区分为弱弱毗邻省际边缘区、强弱毗邻省际边缘区、强强毗邻省际边缘区。强指的是经济发达省份，弱指的是经济落后省份。[③] 朱传耿（2012）还建议按照是否临海将省际边缘地区分为临海型和内地型，根据地理位置分为东、中、西三种类型，根据发展水平分为发达型和欠发达型等。[④]

不同类型的省际边缘区有不同的发展特征、发展方向、发展模式，对省际边缘区进行准确分类是研究其经济发展问题的基础。综合上述各种分类方法，本书研究的对象主要属于中西部经济欠发达的内地山区型、条件贫乏型、区位制约型、弱弱毗邻省际边缘区。其典型代表为豫、鄂、渝、川、陕、甘省际边缘区——秦巴山区，鄂、湘、渝、黔省际边缘区——武陵山区，皖、豫、鄂省际边缘区——大别山区，陕、甘、青、宁省际边缘区——六盘山区等。

---

① 郭荣星：《省际边界对中国经济发展的影响：N维空间经济模型的应用》，《系统工程理论与实践》1995年第4期。

② 罗贞礼：《边缘区域国家综合配套改革试验区建设的战略意义与发展目标》，《赣南师范学院学报》2007年第2期。

③ 刘玉亭、张结魁：《省际毗邻地区开发模式探讨》，《地理学与国土研究》1999年第4期。

④ 朱传耿、仇方道、孟召宜等：《省际边界区域协调发展研究》，科学出版社2012年版，第15页。

二、我国省际边缘区经济特征

（一）经济水平的欠发达性

根据对我国31个省（自治区、直辖市）人均GDP最低的城市和地区进行统计显示，在31个省（自治区、直辖市）中，有22个省（自治区、直辖市）人均GDP最低的地区属于省际边缘区，占到70.96%，与本省经济最发达的城市人均GDP最高相差2—9倍。以地处豫、鄂、渝、川、陕边界地区的秦巴山区陕南三市为例，2013年，汉中、安康、商洛三市人均GDP只有25796元、22967元、21814元，仅相当于省会城市西安（人均GDP为57104元）的45.17%、40.22%和38.20%，仅相当于当年全国人均GDP的61.70%、54.94%和52.18%，三市全部县区均属于国家集中连片贫困地区。[①]根据2012年国务院公布的国家级连片特困地区名单，我国共有14个特困连片地区，其中11个处于省际边缘区。

（二）产业结构的低端性

我国省际边缘区的产业结构基本处于产业链的低端，附加值低。从三大产业来看，农业产业的比重仍然较大，第三产业比重过小。如秦巴山区，2010年，一二三次产业比例为21 ∶ 46 ∶ 33，第一产业远高于我国第一产业10%的平均水平，而第三产业远低于我国第三产业43%的平均水平。从各省际边缘区的主导产业来看，缺少技术含量高、产业链长、带动性强的高附加值产业。在秦巴山区，除十堰和汉中有汽车和装备制造业外，大多城市主导产业为冶金、化工与新型建材产业，以及农业、生物和旅游业。[②]综上可见，由于产业结构的低端性，对经济发展也带来了一定的制约。

（三）经济活动的封闭性

根据区域经济学相关理论，区域之间要根据各地的优势进行科学、

---

① 何龙斌：《省际边缘区接受中心城市经济辐射研究》，《经济纵横》2013年第6期。

② 何龙斌：《省际边缘区接受省会城市经济辐射研究》，《经济问题探索》2013年第8期。

合理的劳动分工，通过分工形成专业化生产，这样才能使生产效率得以提高，进一步促进经济的发展。但遗憾的是，在我国省际边缘区，由于存在行政分割，隶属于不同省级行政区的边缘区各自为政，甚至“以邻为壑”，严重影响了资源的优化组合，制约了区域整体经济效益的发挥。本来有些资源、项目在省际边缘区的各省区之间通过优势互补产生集聚效应，但行政分割阻碍了产业聚集。一些省际边缘区政府口头上承诺拆围墙、求联合，但实际上并没有实质性进展。[①] 以省际边缘区的高速公路建设为例，连接陕南和湖北、甘肃的十天（十堰—天水）高速陕西段在2010年就已经通车，但从陕西安康到湖北十堰、陕西汉中到甘肃天水的高速路段到2015年才相继通车。

（四）经济发展的局限性

据统计，我国省际边缘区，特别是中西部省际边缘区大多生态环境脆弱，承载能力有限，对经济发展形成一定制约。如地处豫、鄂、渝、川、陕边界地区的秦巴山区，是我国重要的生态安全屏障，不仅承担着生物多样性保护以及水土保持等重大任务，而且还是我国南水北调中线工程的水源保护与涵养地，国土区域将近90%是限制和禁止开发区域。再如地处陕、甘、青、宁边界地区的六盘山区，有77.7%的国土有水土流失现象，有90%的县属于全国严重水土流失县，是我国水土流失最为严重的地区之一，生态环境十分脆弱。[②] 显然，生态建设与经济发展难以兼顾，环境保护与资源开发矛盾突出。

三、我国省际边缘区经济的经济地理特征

以“重塑世界经济地理”为主题的《2009年世界发展报告》，根据发展在空间上的非均衡性，从市场准入的角度，首次提出经济发展在空间

① 杨杰：《湘鄂渝黔交界地区边缘经济形成的原因、特征及其对策探析》，《安徽农业科学》2009年第7期。

② 何龙斌：《省际边缘区增长极城市培育研究：以陕西省汉中市为例》，《陕西理工学院学报》（社会科学版）2014年第3期。

上可以用密度（Density）、距离（Distance）和分割（Division）这三个特征来界定与分析，[①]即3D特征分析法。此后，学界普遍认为，3D特征分析法为研究区域空间结构提供了一个科学框架。基于此，本书根据这一框架以陕、鄂、川、甘省际边缘区为例，对省际边缘区的经济地理特征和空间结构进行分析。

（一）密度

密度反映了一个地区单位陆地面积上经济活动的强度，一般经济越集中的地方越富裕，通常用单位陆地面积上的地区生产总值、人口或市场零售总额等来测度。[②]本书计算了2014年陕、鄂、川、甘省际边缘区主要城市与所在省及全国经济密度，见表2.1。可以看出陕、鄂、川、甘省际边缘区经济密度都低于本省和全国平均水平，除广元、巴中、十堰人口密度高于全国水平，其余地区也低于全国水平。郑长德（2014）将2010年我国各地经济密度和人均地区生产总值相拟合，发现二者间具有显著的正向拟合关系。[③]由此可见，陕、鄂、川、甘省际边缘区经济密度小，经济活动的集聚程度明显偏低，对经济发展有很大的制约作用。

表2.1 2014年陕、鄂、川、甘省际边缘区主要城市经济密度

地区	人口（万人）	GDP（亿元）	人均GDP（元）	面积（万平方公里）	人口密度（人/平方公里）	经济密度（万元/平方公里）
汉中	342.5	991.05	28935.77	2.71	126.38	365.70
安康	263.36	689.44	26178.61	2.35	112.07	293.38
商洛	234.61	576.27	24562.89	1.96	119.70	294.02
陕西	3763.7	17689.94	47001.46	20.56	183.06	860.41
广元	254.50	566.19	22247.15	1.63	156.13	347.36
巴中	331.72	456.66	13766.43	1.23	269.69	371.27

② 世界银行：《2009年世界发展报告：重塑世界经济地理》，清华大学出版社2009年版，第49页。

③ 郑长德：《中国少数民族地区空间结构的非经济性与优化对策研究》，《第十一届全国区域经济学学科建设年会暨生态文明与区域经济发展学术研讨会论文集》，2012年10月。

续表

地区	人口（万人）	GDP（亿元）	人均 GDP（元）	面积（万平方公里）	人口密度（人/平方公里）	经济密度（万元/平方公里）
四川	8107.00	28536.70	35200.07	48.14	168.40	592.79
十堰	336.70	1200.80	35663.80	2.37	142.07	506.67
湖北	5799.00	27367.04	47192.69	18.59	311.94	1472.14
陇南	257.52	262.50	10193.38	2.79	92.30	94.09
甘肃	2584.98	6835.27	26442.25	45.44	56.89	150.42
全国	136782.00	636138.70	46507.49	963.41	141.98	660.30

资料来源：根据 2014 年《中国城市统计年鉴》及各地统计年鉴计算整理。

（二）距离

距离是指商品、服务、资本、信息和观念穿越空间的难易程度，因此落后地区应重新定义为相对于经济聚集区的偏远地区，这不单指空间距离，更重要的是由于基础设施落后和制度障碍造成的经济距离，包括时间距离、交易成本等；交通运输基础设施的位置和质量、运输的可得性可以极大地影响任何两个地区的经济距离，而经济距离影响着商品、服务、信息、知识和人口的地区流动。[①] 对于省际边缘区与发达地区的经济距离，主要考察陕、鄂、川、甘省际边缘区与周边中心城市和大市场的区位关系，用该地区主要城市距离周边中心城市（500 公里以内）的直线距离来测度，见表 2.2。由于对省际边缘区经济产生经济影响最大的通常是其省会城市，因此，本书同时给出陕、鄂、川、甘省际边缘区主要城市与省会城市间的各种交通方式及其交通距离，见表 2.3，可以发现截至 2013 年年末七个城市全部没有到达省会城市的高铁，大多没有机场，仅有汉中开通至省会城市的班机。显然，从国内宏观区域经济关系看，陕、鄂、川、甘省际边缘区距离经济核心区较远，结合其经济发展水平，可

① 世界银行:《2009 年世界发展报告：重塑世界经济地理》，清华大学出版社 2009 年版，第 75 页。

以说陕、鄂、川、甘省际边缘区处于经济的核心—边缘结构中的边缘区。

表 2.2 陕、鄂、川、甘省际边缘区主要城市距离周边中心城市（500 公里以内）的直线距离

城市	第一中心城市	第二中心城市	第三中心城市	第四中心城市
汉中	西安 225	重庆 392	成都 394	兰州 442
安康	西安 185	重庆 419	郑州 483	无
商洛	西安 104	郑州 348	太原 498	无
十堰	西安 257	郑州 350	武汉 401	无
广元	成都 269	重庆 329	西安 352	兰州 444
巴中	重庆 256	成都 294	西安 341	无
陇南	兰州 312	成都 326	西安 384	重庆 454

资料来源：根据百度地图数据经电脑测距得出，均为直线距离。

表 2.3 陕、鄂、川、甘省际边缘区主要城市与省会城市间的各种交通方式及其交通距离

单位：公里

城市	铁路	高铁	等级公路	高速公路	航空
汉中	499	无	347	274	240
安康	259	无	352	220	无
商洛	180	无	123	128	无
十堰	500	无	519	441	无
广元	319	无	352	302	无
巴中	481	无	425	344	无
陇南	无	无	439	无	无

资料来源：根据各城市 2013 年国民经济和社会发展公报以及相关规划整理。

（三）分割

分割指地区之间商品、服务、资本、人口等流动的限制因素，它与行政边界、地形地貌有关，也与区域经济一体化过程中的各种障碍有关。①

① 世界银行：《2009 年世界发展报告：重塑世界经济地理》，清华大学出版社 2009 年版，第 97 页。

省际边缘区的分割首先来自其自然地理环境的复杂和破碎。从地表起伏看，陕、鄂、川、甘省际边缘区地形复杂多样，总体上以山地、丘陵为主体，平坝平均占比只有4.56%，丘陵平均占比10.04%，而山地平均占比高达85.40%，除汉中、十堰平地面积占比10%左右，其余各市占比均不足4%，其中安康只有1.8%。根据对陕、鄂、川、甘省际边缘区的地表起伏度进行计算，汉中为0.2693，安康为0.2993，商洛为0.2799，十堰为0.2676，广元为0.3775，巴中为0.2443，陇南为0.3899，远高于长三角、珠三角和京津冀三大经济圈地区0.1的水平，见表2.4。这样的地表结构，不仅限制了区域内部和区域之间的经济活动，将区域经济活动分割化、破碎化，难以实现集聚带来的规模经济效应，而且使陕、鄂、川、甘省际边缘区的"区域开发成本"很高。[①] 另外，除了上述分析的地理分割外，陕、鄂、川、甘省际边缘区各市由于分属不同的省份，各个地方政府通常基于政绩和财政收入的考量，实行地方保护主义，对经济活动采取行政手段强烈干预，从而导致地方企业跨区域发展受到严重限制。因此，这一区域还存在明显的省际之间的行政分割。[②]

表2.4　陕、鄂、川、甘省际边缘区主要城市地理结构

城市	平地占比	丘陵占比	山地占比	平地面积	最高海拔	最低海拔	地表起伏度
汉中	10.2	14.6	75.2	0.28	3071	371	0.2693
安康	1.8	5.7	92.5	0.04	2912	168	0.2993
商洛	2.6	7.2	90.2	0.05	2802	215	0.2799
十堰	9.2	17.2	73.6	0.04	2740	87	0.2676
广元	2.5	12.5	85	0.03	3837	352	0.3775
巴中	2.1	7.9	90	0.22	2513	267	0.2443
陇南	3.5	5.2	91.3	0.10	4187	550	0.3899

资料来源：根据表中各地政府网站公布资料计算整理。

① 何龙斌:《省际边缘区"贫困陷阱"的形成与突破：以陕、鄂、川、甘省际边缘区为例》,《经济问题探索》2016年第9期。

② 何龙斌:《省际边缘区经济地理特征与经济景观重塑》,《陕西理工学院学报》(社会科学版)2016年第4期。

四、我国省际边缘区经济发展的难点

（一）客观原因

1. 地理位置偏远

我国省级行政区陆地边界线共 66 条，总长 5.2 万公里，分布了 849 个县级行政区，但由于省区版图极不规则，省会城市多数也未居地理中心（很多省份也难以找到中心位置），因此多数省际边缘区远离省会城市（包括邻省省会城市）。如表 2.5 所示，我国一些落后的三省省际边缘区交接点距离省会城市距离，最近 200 公里左右，最远超过 500 公里。如陕川渝边缘区，以三省市交接点为起点，距离省会城市 1（西安）中心的直线距离为 238 公里，距离省会城市 2（成都）中心的直线距离为 435 公里，距离省会城市三（重庆）中心的直线距离为 336 公里。如果考虑到地形条件，其实际物理距离远大于上述数字。由于经济辐射的大小与距离成反比，因此可见，地理位置偏僻是妨碍省际边缘地接受省会城市经济辐射的难点之一。

表 2.5　我国部分三省省际边缘区交接点距离省会城市中心直线距离

单位：公里

边缘区交界点	距省会城市 1 距离	距省会城市 2 距离	距省会城市 3 距离	与省会城市平均距离
陕川渝	238	435	336	336.33
渝湘鄂	280	374	513	389.00
湘黔桂	413	297	373	361.00
鲁苏徽	221	362	318	300.33
赣闽浙	238	263	269	256.67
粤湘桂	228	410	431	356.33
云黔桂	202	310	437	316.33

资料来源：表中距离为根据百度地图使用电脑测绘的直线距离，省会城市 1、2、3 与边缘区交界点名称中出现的省市顺序对应。

2. 自然条件恶劣

除了华东、东北及中部部分地区外，我国的省际边缘区大多数自然条件恶劣。根据 2012 年国家公布的国家级连片特困地区名单，我国 14 个特困连片地区，有 10 个处于省际边缘区。这些地区自然条件主要表现以下特征：一是地理条件差。大部分都分布在山区、丘陵区和高原区，地形地貌复杂。如乌蒙山区、横断山区、秦巴山区、武陵山区、太行山区、三江源地区及西部大部分省际边缘地区都是地理条件恶劣的省际边缘区。二是自然灾害多。这些地区泥石流、滑坡、石漠化、涝灾、旱灾、冻灾等自然灾害频发，危害大，很多地方不适合人类居住。三是生态条件弱。这些地区很多是我国重要的森林生态功能区、草原湿地保护区、沙漠化治理区、石漠化治理区、生物多样性保护区、水源涵养区等各类生态功能区，也属于限制开发区。[①] 显然，此类区域由于生产生活条件恶劣，农、林、牧业的生产效益非常低下，以及部分工业的限制，地区经济难以内生发展。

（二）主观原因

1. 行政壁垒化

行政区划是国家或地区根据政权建设、经济建设和行政管理的需要而实施的一种行政管理手段。我国的行政区划由来已久，不仅具有历史继承性和相对稳定性，同时影响到国家政权的巩固，具有较强的政治性和政策性。正是由于行政区划对省际边缘区的刚性约束，造成了这一区域经济严重分割现象。不仅阻碍了地区间生产要素自由流动以及经济主体的自由竞争，导致无法产生规模经济效应，还形成了企业之间无形的“交易成本”，使资源难以实现最优配置。此外，由于行政分割的原因，一些隶属不同省份的省际边缘区尽管距离较近，但基本“老死不相往来”，相互之间经济联系很少，这也决定了省际边缘区很难接受省外中心城市

① 何龙斌：《省际边缘区接受中心城市经济辐射研究》，《经济纵横》2013 年第 6 期。

的经济辐射。可见，行政区划壁垒严重制约了省际边缘区的经济发展。[①]刘君德(1996)研究认为，行政区划是一堵“看不见的墙”，它与区域经济一体化相悖。本质上是地方政府的“地区本位”“地方保护”主义造成的，他们为了地方经济利益，会不惜通过行政手段干预区域经济的正常运行，限制企业跨区域发展。[②]

2. 行政边缘化

省际边缘区由于远离省会城市，容易被“边缘化”而成为发展政策“盲区”，难以分享政策“红利”。从我国当前区域经济发展的总体来看，东部沿海地区以及部分内地中心城市通常是国家各种政策的聚焦之地，但中西部很多落后地区，特别是省际边缘区却是各种政策难以惠及之地。以位于豫、鄂、渝、川、陕、甘边界地区的秦巴山区为例，2009 年 6 月 10 日，国家正式批准《关中—天水经济区发展规划》，2011 年 5 月 5 日，国家又批准实施《成渝经济区区域规划》，在两大规划中国家均提供了非常优惠的发展政策。但遗憾的是，上述规划均未将秦巴山区列入规划范围，使秦巴山区成为西部区域规划的“真空地带”。秦巴山区仍然既无政策扶持，也享受不到周边中心城市的辐射。对此，安树伟（2004）在实证研究的基础上提出了“行政区边缘经济论”。他认为，客观上省级政府会选择以本省（自治区或直辖市）中心城市及其周边地区为发展重点，给予特殊政策支持，由于省际边缘区远离本省经济核心地区，因此很难得到应有的重视，而这又进一步导致省际边缘区难以接受中心城市的辐射，最终被边缘化。[③]

① 何龙斌：《省际边缘区增长极城市培育研究：以陕西省汉中市为例》，《陕西理工学院学报》（社会科学版）2014 年第 3 期。

② 刘君德、舒庆：《中国区域经济的新视角：行政区经济》，《改革与战略》1996 年第 5 期。

③ 何龙斌：《省际边缘区接受省会城市经济辐射研究》，《经济问题探索》2013 年第 8 期。

第二节　我国四大典型条件恶劣型省际边缘区经济发展现状

如前所述，我国的14个连片贫困地区除西藏、新疆南疆三地州、滇西边境山区外，其余均处于省际边缘区。本节从国家公布的11个省际边缘连片特困区中，选择了具有代表性的秦巴山区（豫、鄂、渝、川、陕、甘边界地区）、武陵山区（鄂、湘、渝、黔边界地区）、大别山区（皖、豫、鄂边界地区）和六盘山区（陕、甘、青、宁边界地区）四大条件恶劣型地区，对其经济现状进行了研究。

一、豫、鄂、渝、川、陕、甘边界地区：秦巴山区

（一）区域范围与自然条件概况

根据《秦巴山片区区域发展与扶贫攻坚规划》（2011—2020年），秦巴山区是指位于我国中西部的秦岭、大巴山及其毗邻地区，地跨西部地区的甘肃、四川、陕西、重庆四省市和中部的河南、湖北两省，其主体位于陕南和川北地区。从国家扶贫规划角度，秦巴山区范围包括六省市的80个县（区），见表2.6。国土总面积为22.5万平方公里。到2010年年末，片区总人口为3765万人，其中，城镇人口为713.4万人，乡村人口为3051.6万人，少数民族人口为56.3万人。

秦巴山区西起青藏高原东缘，东至华北平原西南部，跨秦岭、大巴山，地貌类型以山地丘陵为主，间有汉中、安康、商丹和徽成等盆地。秦岭是我国的南北分界线，秦巴山区气候类型多样，垂直变化显著，亚热带海洋性气候与暖温带大陆性季风气候兼有，年均降水量为450—1300毫米。秦巴山区是长江上游地区一个重要的生态屏障，森林覆盖率达53%，是我国重要的生物多样性保护区和水源涵养生态功能区。总体上看，该地区气候温和，土地肥沃，水资源较丰富，具有一定的农业发展

条件，矿产资源和旅游资源相对丰富，工业和旅游业有一定的开发潜力。[①]

表 2.6 秦巴山片区行政区域范围

省（直辖市）	市	县（市、区）
河南省	洛阳市	嵩县、汝阳县、洛宁县、栾川县
	平顶山市	鲁山县
	三门峡市	卢氏县
	南阳市	南召县、内乡县、镇平县、淅川县、西峡县
湖北省	十堰市	丹江口市、郧县、郧西县、房县、竹山县、竹溪县，张湾区、茅箭区
	襄阳市	保康县
重庆市		城口县、云阳县、奉节县、巫山县、巫溪县
四川省	绵阳市	北川县、平武县
	广元市	朝天区、元坝区、剑阁县、旺苍县、青川县、苍溪县、利州县
	南充市	仪陇县
	达州市	宣汉县、万源市
	巴中市	巴州区、通江县、平昌县、南江县
陕西省	西安市	周至县
	宝鸡市	太白县
	汉中市	南郑县、城固县、洋县、西乡县、勉县、宁强县、略阳县、镇巴县、留坝县、佛坪县，汉台区
	安康市	汉滨区、汉阴县、石泉县、宁陕县、紫阳县、岚皋县、平利县、镇坪县、旬阳县、白河县
	商洛市	商州区、洛南县、丹凤县、商南县、山阳县、镇安县、柞水县
甘肃市	陇南市	武都区、文县、康县、宕昌县、礼县、西和县、成县、徽县、两当县

资料来源：2013 年国务院扶贫办、国家发改委制定的《秦巴山片区区域发展与扶贫攻坚规划》(2011—2020 年)。

① 国务院扶贫办、国家发改委:《秦巴山片区区域发展与扶贫攻坚规划（2011 年—2020 年）》。

（二）区域经济发展状况

根据《秦巴山片区区域发展与扶贫攻坚规划》（2011—2020 年），从 2001 年到 2010 年，10 年间，秦巴山区人均地区生产总值增长了 2.8 倍，达到 11694 元，人均地方财政收入一般预算增长了 3.4 倍，达到 455.2 元；城镇居民人均可支配收入和农村居民人均纯收入分别增长 2.3 倍和 1.8 倍，分别达到 13155 元和 3978 元。一二三产业结构到 2010 年调整为 21∶46∶33，较 10 年前第一产业下降 9 个百分点，第二产业上升 11 个百分点。到 2010 年城镇化率比十年前增长了 13.7%，达到 30.4%。基础设施建设成效显著，襄渝、宝成、西康、宁西等铁路和沪陕、福银、京昆、二广、沪蓉等高等级公路初步构筑起区内外交通运输骨干网络。[①]

近年来，秦巴山片虽然经济发展水平有所提高，但与省会等中心城市和全国的经济发展相比较，仍有较大差距。如表 2.7 所示，2013 年秦巴山区主要城市人均 GDP 远低于其所在省省会城市人均 GDP，也低于其所在省人均 GDP 和全国人均 GDP。其中，发展水平最低的甘肃省陇南市人均 GDP 仅占本省省会兰州市人均 GDP 的 19.97%，仅占甘肃省人均 GDP 的 39.78%，仅占全国人均 GDP 的 23.48%。[②]

表 2.7 2013 年秦巴山区主要城市人均 GDP 及其比较

地区	湖北	河南	陕西			四川		甘肃
比较内容	十堰	南阳	汉中	安康	商洛	广元	巴中	陇南
城市人均 GDP（元）	32173	24359	25796	22967	21814	20505	12572	9814
所在省省会城市人均 GDP（元）	88932	70022	57104	57104	57104	64247	64247	49195
所在省人均 GDP（元）	42686	34226	42752	42752	42752	32516	32516	24668

① 国务院扶贫办、国家发改委：《秦巴山片区区域发展与扶贫攻坚规划（2011 年—2020 年）》。

② 何龙斌：《省际边缘区增长极城市培育研究：以陕西省汉中市为例》，《陕西理工学院学报》（社会科学版）2014 年第 3 期。

续表

比较内容 \ 地区	湖北	河南	陕西			四川		甘肃
	十堰	南阳	汉中	安康	商洛	广元	巴中	陇南
与本省省会人均 GDP 占比（%）	36.17	34.78	45.17	40.22	38.20	31.91	19.57	19.97
与所在省人均 GDP 占比（%）	75.37	71.17	60.34	53.72	51.02	63.06	38.66	39.78
与全国人均 GDP 占比（%）	76.97	58.26	61.70	54.94	52.18	49.05	30.07	23.48

资料来源：表中数据根据 2014 年《中国统计年鉴》、各地统计年鉴计算整理。2013 年全国人均 GDP 为 41804 元。

（三）经济落后的原因

1. 交通设施薄弱

秦巴山区 8 个主要城市全部没有到达省会城市的高铁，7 个城市没有机场，仅有汉中到 2015 年才开通至个别中心城市的班机，现代立体交通网络还远未形成。省际、县际断头路多，存在一些县区不通铁路和高速公路，高等级公路少，有 4.5%的乡镇和 50.6%的建制村路面未硬化。交通基础建设滞后，交通设施薄弱，影响了生产要素的流动，严重制约了当地经济的发展。

2. 地理位置偏僻

秦巴山区主要城市远离区域经济中心，从与周边中心城市的直线距离来看，除了商洛、安康两市外，其余均距第一中心城市 200 公里以上，在“两小时经济圈”之外。从国家经济区发展规划看，迄今为止，尽管与区域 6 省市相关的经济区规划有成渝经济区、关中—天水经济区、武汉城市圈、长江经济带等，但除商洛市被关中—天水经济区纳入以外，其余城市均在规划区之外，难以享受一些经济发展政策。

3. 自然条件恶劣

秦巴山区岩石岩性松散，加上山体陡峻，具备地质灾害形成的岩性、结构和势能条件，在强降雨等诱发因子作用下，极易发生地质灾害，是我国六大泥石流高发区之一。[①] 片区内洪涝、干旱、山体滑坡等自然灾害易发多发，属于地质灾害高发区。2008 年的汶川大地震造成的极重灾县和重灾县 51 个，其中有 20 个在秦巴山区。在 2010 年发生的百年一遇的洪灾中，陕西 11 个重灾区全在陕南。由于自然条件恶劣，陕西省从 2011 年开始对陕南约 240 万人口实施了移民搬迁工程。

4. 生态制约突出

秦巴山区有 55 个县属于国家限制开发的重点生态功能区，有 85 处禁止开发区域，是国家南水北调中线工程水源涵养区，承担着生态保护、水土保持、水源涵养和生态建设等重大任务。由于该片区生态建设地域广、要求高，“三废”排放要求严，节能减排任务重，资源开发与环境保护的矛盾大，对当地经济发展形成极大制约。[②]

5. 产业基础薄弱

从农业来看，秦巴山区片区山多地少，农业现代化水平低，导致农业生产水平不高，农业产业难以形成规模。从工业来看，秦巴山区片区交通不便，人口居住较为分散，人口密度较低，小城镇发展缓慢且规模较小，工业集聚功能差，缺少大型骨干企业，中小企业数量少、实力弱。除十堰、汉中有因三线建设形成的国有大企业外，其余城市几乎没有较大规模的工业企业。

二、鄂、湘、渝、黔边界地区：武陵山区

（一）区域范围与自然条件概况

武陵山区指武陵山及其余脉所在的区域，位于中国华中腹地，山脉贯穿黔东、湘西、鄂西、渝东南地区，是中国各民族南来北往频繁之地。

① 彭洁、冯明放：《陕南移民搬迁安置点选择的影响因素分析》，《安徽农业科学》2011 年第 36 期。

② 刘牧、韩广富：《集中连片特殊困难地区扶贫攻坚面临的问题及对策》，《理论月刊》2014 年第 12 期。

根据《武陵山片区区域发展与扶贫攻坚规划》(2011—2020年),武陵山区包括湖北、湖南、重庆、贵州四省市交界地区的71个县(市、区),见表2.8。片区国土总面积为17.18万平方公里。到2010年年末,总人口为3645万人,其中城镇人口为853万人,乡村人口为2792万人,少数民族人口为1100多万人。

武陵山区是我国三大地形阶梯中的第一级阶梯向第二级阶梯的过渡带,是云贵高原的东部延伸地带,平均海拔高度在1000米左右,海拔在800米以上的地方占全境约70%。该地区气候属亚热带向暖温带过渡类型,平均温度在13℃—16℃,降水量在1100—1600毫米,无霜期在280天左右。[①] 区内森林覆盖率达53%,生物物种多样,素有“华中动植物基因库”之称。矿产资源品种丰富,锰、锑、汞、石膏、铝等矿产储量居全国前列,有较大的开采价值。旅游资源优势突出,境内有湖南张家界、重庆酉阳桃花源等著名景区,自然景观独特,极具开发潜力。

表2.8 武陵山区片区行政区域范围

省(市)	地(市、州)	县(市、区)
湖北省	宜昌市	秭归县、长阳县、五峰县
	恩施土家族苗族自治州	恩施市、利川市、建始县、巴东县、宣恩县、咸丰县、来凤县、鹤峰县
湖南省	邵阳市	新邵县、邵阳县、隆回县、洞口县、绥宁县、新宁县、城步县、武冈市
	常德市	石门县
	张家界市	慈利县、桑植县、武陵源区、永定区
	益阳市	安化县
	怀化市	中方县、沅陵县、辰溪县、溆浦县、会同县、麻阳县、新晃县、芷江县、靖州县、通道县、鹤城区、洪江市
	娄底市	新化县、涟源市、冷水江市

① 孙庆龄、冯险峰、肖潇:《武陵山区植被净第一性生产力的时空格局及其与地形因子的关系》,《地球信息科学学报》2014年第6期。

续表

省（市）	地（市、州）	县（市、区）
湖南省	湘西土家族苗族自治州	泸溪县、凤凰县、保靖县、古丈县、永顺县、龙山县、花垣县、吉首市
重庆市		丰都县、石柱县、秀山县、酉阳县、彭水县、黔江区、武隆县
贵州省	遵义市	正安县、道真县、务川县、凤冈县、湄潭县、余庆县
	铜仁地区	铜仁市、江口县、玉屏县、石阡县、思南县、印江县、德江县、沿河县、松桃县、万山特区

资料来源：2013 年国务院扶贫办、国家发改委制定的《武陵山片区区域发展与扶贫攻坚规划》（2011—2020 年）。

（二）经济发展状况

根据《武陵山片区区域发展与扶贫攻坚规划》（2011—2020 年），2001 年到 2010 年，武陵山区地区经济发展速度较快。10 年间，生产总值增长了 3.57 倍，人均生产总值达到 9163 元，城镇和农村居民收入分别增长了 2.34 倍和 2.36 倍，其中农民人均纯收入达到 3499 元。产业结构更加合理，一二三产业结构到 2010 年调整为 22∶37∶41，较 10 年前第一产业下降 13 个百分点，第二产业上升 7 个百分点，第三产业上升 6 个百分点。到 2010 年城镇化率比 10 年前增长了 12%，达到 28%。区内已经建成渝怀、枝柳等铁路，沪昆、渝黔、渝湘等高速公路，以及张家界、黔江、铜仁等机场，初步构筑对外立体交通大通道，具备了一定发展基础和条件。[①]

近年来，虽然经济发展水平有所提高，但与中心城市和全国的经济发展相比较，仍有较大差距。如表 2.9 所示，2013 年武陵山区主要城市人均 GDP 远低于与所在省省会城市人均 GDP，选取的 6 个城市中有 3 个城市人均 GDP 不足所在省省会城市人均 GDP 的 20%，2 个不足 30%，也

① 国务院扶贫办、国家发改委：《武陵山片区区域发展与扶贫攻坚规划（2011 年—2020 年）》。

低于所在省人均 GDP 和全国人均 GDP。经济发展水平最低的湖南邵阳市人均 GDP 仅占本省省会长沙市人均 GDP 的 15.69%，仅占湖南省人均 GDP 的 42.70%，仅占全国人均 GDP 的 37.69%。

表 2.9 2013 年武陵山区主要城市人均 GDP 及其比较

比较内容 \ 地区	湖北	湖南				贵州
	恩施	邵阳	张家界	怀化	湘西	铜仁
城市人均 GDP（元）	16334	15760	24342	23257	16230	17271
所在省省会城市人均 GDP（元）	88932	100091	100091	100091	100091	48212
所在省人均 GDP（元）	42686	36906	36906	36906	36906	22981
与本省省会人均 GDP 占比（%）	18.36	15.69	24.32	23.23	16.21	35.82
与所在省人均 GDP 占比（%）	38.26	42.70	65.98	63.02	43.97	75.15
与全国人均 GDP 占比（%）	39.07	37.69	58.22	55.63	38.82	41.31

资料来源：表中数据根据 2014 年《中国统计年鉴》、各地统计年鉴计算整理。2013 年全国人均 GDP 为 41804 元。

（三）经济落后的原因

1. 地理位置偏僻

武陵山区主要城市远离区域经济中心，从与周边中心城市的直线距离来看，恩施距离省会城市武汉 460 公里，距离重庆 293 公里；邵阳、张家界、怀化、湘西分别距离省会城市长沙 181 公里、259 公里、296 公里、321 公里，铜仁距离省会城市贵阳 276 公里。6 个主要城市均处于省会城市的两小时经济圈之外，难以接收中心城市经济辐射。

2. 基础设施薄弱

武陵山区基础设施薄弱，城镇化率明显低于全国平均水平。交通主干道网络尚未形成，公路、水利、电力和通讯设施落后。据统计，到 2010 年年末，尚有 3.41% 的乡镇、40.25% 的行政村不通沥青或水泥路；区内物流基础设施差，市场开放程度低，商品交易成本高。尽管有张家界、铜仁等机场，但现代立体快速交通体系仍未建立，一些少数民族居住地区不通车现象仍然存在。

3. 土地资源匮乏

武陵山区地貌类型以山地为主，平坝较少，占全区面积不足 30%。区内山体高大，山谷相间，山峦连绵，地貌复杂，土壤瘠薄。区内人均耕地面积为 0.81 亩，是全国平均水平的 60%，人多地少矛盾突出。[①]

4. 生态环境脆弱

武陵山区平均海拔高，气候恶劣，旱涝灾害并存，泥石流、风灾、雨雪、冰冻等自然灾害易发，部分地区水土流失现象和石漠化现象严重，其中水土流失面积约占全区面积的 30%。显然，经济发展与生态保护难以兼顾，产业发展受生态环境制约较大。

5. 工业产业落后

2010 年，武陵山区第一产业比例过高（比全国平均水平高出 12 个百分点），而第二产业过低（低于全国平均水平 10 个百分点），农业产业比重过大，工业产业落后，整个地区缺乏具有明显地域特色的大企业，缺乏具有经济拉动作用的支柱产业。

三、皖、豫、鄂边界地区：大别山区

（一）区域范围与自然条件概况

大别山区指位于中国湖北省、安徽省、河南省三省交界处的大别山及其余脉所在的区域。根据《大别山片区区域发展与扶贫攻坚规划》（2011—2020 年），大别山区区域范围包括安徽、河南、湖北三省的 36 个县（市），其中有 27 个革命老区县、29 个国家扶贫开发工作重点县和 23 个国家粮食生产核心区重点县。见表 2.10。片区国土总面积为 6.7 万平方公里，2010 年年末，片区总人口为 3657.3 万人，其中乡村人口为 3128 万人。

大别山区北抵黄河，南临长江，淮河横穿其中。片区南北过渡性气

① 李碧宏：《基于“钻石”理论的武陵山区农业产业集群发展研究》，《重庆师范大学学报》（哲学社会科学版）2012 年第 5 期。

候特征明显，南部以大别山区为主体，属北亚热带湿润季风气候，年均降水量在1115—1563毫米；北部属黄淮平原，为暖温带半湿润季风气候，年均降水量在623—975毫米。片区河流众多，以淮河为主体的水系发达，径流资源丰富，是长江中下游的重要水源补给区。生物物种多样，森林覆盖率为31.9%，旅游资源较丰富，开发潜力较大。①

表2.10 大别山片区行政区域范围

省（市）	地（市、州）	县（市、区）
安徽省	亳州市	利辛县
	阜阳市	临泉县、阜南县、颍上县
	六安市	金寨县、寿县、霍邱县
	安庆市	太湖县、宿松县、潜山县、岳西县、望江县
河南省	开封市	兰考县
	商丘市	民权县、宁陵县、柘城县
	信阳市	潢川县、固始县、淮滨县、光山县、新县、商城县
	周口市	商水县、沈丘县、郸城县、淮阳县、太康县
	驻马店市	新蔡县
湖北省	黄冈市	团风县、红安县、麻城市、罗田县、英山县、蕲春县
	孝感市	大悟县、孝昌县

资料来源：2013年国务院扶贫办、国家发改委制定的《大别山片区区域发展与扶贫攻坚规划》(2011—2020年)。

（二）经济发展状况

根据《大别山片区区域发展与扶贫攻坚规划》(2011—2020年)，从2001年到2010年，10年间，大别山区人均地区生产总值增长了2倍，达到9056.3元，人均地方财政收入一般预算增长了1.5倍，达到279.6元；城镇居民人均可支配收入和农村居民人均纯收入均增长了1.6倍，分别达到12316.5元和4275.9元。一二三产业结构到2010年调整为32∶39∶29，较10年前第一产业下降5个百分点，第二产业上升9个

① 国务院扶贫办、国家发改委：《大别山片区区域发展与扶贫攻坚规划（2011年—2020年）》。

百分点。城镇化率比10年前增长了14.4%，达到30.5%。片区产业结构不断优化，已逐渐形成农产品加工、纺织服装、机械制造、生物医药等产业优势。

近年来，虽然大别山区经济发展水平有所提高，但与中心城市和全国的经济发展相比较，差距依然很大。如表2.11所示，2013年，与所在省省会城市比较，所选取的7个城市除安庆、信阳外，其余5个主要城市人均GDP均不足省会城市人均GDP的30%；与所在省人均GDP和全国人均GDP相比较，也大多不足60%。

表2.11　2013年大别山区主要城市人均GDP及其比较

地区 比较内容	安徽			河南			湖北
	阜阳	六安	安庆	商丘	信阳	周口	黄冈
城市人均GDP（元）	13980	18002	26703	20369	25132	19586	21382
所在省省会城市人均GDP（元）	61732	61712	61712	70022	70022	70022	88932
所在省人均GDP（元）	31795	31795	31795	34226	34226	34226	42686
占本省省会人均GDP比例（%）	22.65	29.17	43.27	29.08	35.89	27.97	24.04
占所在省人均GDP比例（%）	43.97	56.61	83.98	59.51	73.43	57.22	50.09
占全国人均GDP比例（%）	33.44	43.06	63.87	48.57	60.11	46.85	51.15

资料来源：表中数据根据2014年《中国统计年鉴》、各地统计年鉴计算整理。2013年全国人均GDP为41804元。

（三）经济落后的原因

1. 自然资源匮乏

大别山区每平方公里有户籍人口548人，是我国14个集中连片特困地区中人口密度最大的片区，但土地资源不足，人均耕地仅为全国平均水平的79.6%，农业就业容量小，农村劳动力转移就业压力大，经济发展受土地制约明显。虽然有一定的矿产资源分布，但种类少、数量小、品位低，开发潜力有限。

2. 自然灾害频发

大别山区处于我国地势第一级阶梯向第二级阶梯的过渡区，区域内山高坡陡、深度切割、岩石破碎，大部分山地较贫瘠，造林难度大。特殊的地质地貌极易诱发水土流失、滑坡、泥石流等地质灾害，而且，洪涝、干旱等自然灾害发生频度高，破坏力大，是我国洪涝灾害最为严重的地区之一。

3. 内部交通条件差

大别山区周边分布着我国的交通大动脉，北边有合叶高速公路和312国道，东南有合九铁路和206国道，西南有京九铁路和黄冈至黄梅公路。以大别山的天堂寨为起点，距离这些交通干线的直线距离都不超过100公里。但由于大别山山区交通建设成本高，区内铁路、高等级公路过境里程较短，内部交通条件差。

4. 工业基础薄弱

大别山区在历史上都是靠山吃山、发展小农业为主的地区，大山的天然屏障导致区内交通条件很差，制约了工商产业的发展，大中型企业数量少，市场经济程度不高；加上生态环境保护政策的影响，工业资源开发和项目布局受到很大限制。

5. 公共服务水平低

2010年，大别山区人城镇化率比全国平均水平低19.2个百分点，城镇基础设施建设滞后，服务功能不完善，辐射带动能力弱。此外，部分农村地区教育、卫生服务能力不足，居民文化、保健水平低。

四、陕、甘、青、宁边界地区：六盘山区

（一）区域范围与自然条件概况

根据《六盘山片区区域发展与扶贫攻坚规划》（2011—2020年），六盘山区包括陕西、甘肃、青海、宁夏四省区的69个县、区。其中，国家

扶贫开发工作重点县 49 个，革命老区县 12 个，民族自治地方县 20 个，见表 2.12。规划区域国土总面积为 16.6 万平方公里，2010 年年末，总人口为 2356.1 万人，其中乡村人口为 1968.1 万人，少数民族人口为 390.1 万人。

表 2.12　六盘山片区行政区域范围

省（市）	地（市、州）	县（市、区）
陕西省	宝鸡市	扶风县、陇县、千阳县、麟游县
	咸阳市	永寿县、长武县、淳化县、彬县
甘肃省	兰州市	永登县、榆中县、皋兰县
	白银市	靖远县、会宁县、景泰县、白银区、平川区
	天水市	麦积区、清水县、秦安县、甘谷县、武山县、张家川县，秦州区
	武威市	古浪县
	平凉市	崆峒区、泾川县、灵台县、庄浪县、静宁县、崇信县、华亭县
	庆阳市	庆城县、环县、华池县、合水县、正宁县、宁县、镇原县、西峰区
	定西市	安定区、通渭县、陇西县、渭源县、临洮县、漳县、岷县
	临夏回族自治州	临夏市、临夏县、康乐县、永靖县、广河县、和政县、东乡县、积石山县
青海省	西宁市	湟中县、湟源县
	海东地区	民和县、乐都县、互助县、化隆县、循化县、平安县
宁夏回族自治区	固原市	原州区、西吉县、隆德县、泾源县、彭阳县
	吴忠市	同心县
	中卫市	海原县

资料来源：2013 年国务院扶贫办、国家发改委制定的《六盘山片区区域发展与扶贫攻坚规划》(2011—2020 年)。

六盘山区地处黄土高原中西部及其与青藏高原过渡地带，地形破碎，沟壑纵横，山、川、塬并存，沟、峁、梁相间。气候类型主要为温带大陆性干旱半干旱气候，无霜期短，昼夜温差大，年均降水量较少，只有

176—667毫米。该区域位于黄河流域，境内有黄河及其支流湟水、洮河、渭河、泾河等。植被稀疏，森林覆盖率只有18.8%。区内能源资源丰富，煤炭、石油、天然气储量大，风能、太阳能等新能源也有一定开发潜力。

（二）经济发展状况

根据《六盘山片区区域发展与扶贫攻坚规划》（2011—2020年），从2001年到2010年，10年间，六盘山区人均地区生产总值增长了2.7倍，达到9621.8元；人均地方财政一般预算收入增长了2.2倍，达到328.9元；城镇居民人均可支配收入增长了1.9倍，达到12432元；农村居民人均纯收入增长了1.6倍，达到3255元。一二三产业结构到2010年调整为21∶45∶34，较10年前第一产业下降6个百分点，第二产业上升8个百分点。城镇化率比10年前增长了7.8%，达到25.5%。片区内已有陇海、兰新、兰青、包兰、宝中等铁路，以及京藏、连霍、福银、青兰等国家高速公路等构成的交通运输骨干网络。[①]

近年来，虽然经济发展水平有所提高，但与中心城市和全国的经济发展相比较，除陕西宝鸡和甘肃庆阳以外，其余仍有较大差距。表2.13为2013年六盘山区主要城市人均GDP及其与所在省省会城市人均GDP、所在省人均GDP和全国人均GDP的比较。其中，发展水平最低的甘肃省临夏回族自治州人均GDP仅占本省省会兰州市人均GDP的17.78%，仅占甘肃省人均GDP的35.46%，仅占全国人均GDP的20.93%。

表2.13　2013年六盘山区主要城市人均GDP及其比较

地区 / 比较内容	宁夏	甘肃					青海	陕西
	固原	天水	平凉	庆阳	定西	临夏	海东	宝鸡
城市人均GDP（元）	14711	14623	16423	27790	9108	8748	23754	41371
所在省省会城市人均GDP（元）	61085	49195	49195	49195	49195	49195	43540	57104

① 国务院扶贫办、国家发改委：《六盘山片区区域发展与扶贫攻坚规划（2011年—2020年）》。

续表

比较内容＼地区	宁夏	甘肃					青海	陕西
	固原	天水	平凉	庆阳	定西	临夏	海东	宝鸡
所在省人均 GDP（元）	40173	24668	24668	24668	24668	24668	36656	42752
与本省省会人均 GDP 占比（%）	24.08	29.72	33.38	56.49	18.51	17.78	54.56	72.45
与所在省人均 GDP 占比（%）	36.62	59.28	66.58	112.66	36.92	35.46	64.80	96.77
与全国人均 GDP 占比（%）	35.19	34.98	39.29	66.48	21.79	20.93	56.82	98.96

资料来源：表中数据根据 2014 年《中国统计年鉴》、各地统计年鉴计算整理。2013 年全国人均 GDP 为 41804 元。

（三）经济落后的原因

1. 干旱缺水严重

六盘山区深处内陆，远离海洋，干旱少雨，自产地表水资源较为稀少，水资源短缺。人均占有水资源只有 367.6 立方米，不到全国平均水平的五分之一。有 21 个县区年均降水量不足 400 毫米，但蒸发量却超过 1500 毫米。大部分地方农业发展只能靠天吃饭，严重制约了工农业的发展。

2. 生态环境脆弱

六盘山区气候干旱，地形破碎，土质疏松，植被稀疏，土壤肥力差。干旱、沙尘暴、冰雹、霜冻、泥石流等自然灾害频发。生态环境脆弱、恢复难度大，区域内水土流失面积占总面积的 77.7%，达到 12.9 万平方公里，90% 的县属于全国严重水土流失县，是我国水土流失最为严重的地区之一。

3. 基础设施落后

六盘山区公路密度总量仍显不足，技术等级和等级构成明显偏低和不合理，通畅程度远远不够。铁路运输能力不足，高速公路“断头路”多，国省干线公路技术等级偏低。还有 2.4% 的乡镇和 53.4% 的行政村不通沥青(水泥)路，8.8% 的行政村不通等级公路。水利设施薄弱，骨干水利工程支撑城乡发展的能力明显不足。城镇供水保障程度低。40% 的农户存在饮水困难，60% 的农户尚未解决饮水安全问题。基本农田有效灌溉面积仅为 23.2%。3% 的自然村不通电，15.4% 的行政村未完成农网改造。

4. 县域经济薄弱

六盘山区产业发展基础差，经营组织形式落后，市场体系不完善，企业创新能力弱，开放程度低。农业生产力水平低，经营方式落后；工业总量小，结构单一；现代服务业发展滞后，商贸流通潜力未能充分发挥。县域经济活力不足，缺少主导产业和龙头企业，城镇化水平低，到 2010 年城镇化率仍比全国平均水平低 24.2%。

5. 人才支撑不足

2010 年六盘山区人均教育、卫生、社会保障和就业三项支出仅为 1447.6 元。教育资源投入及师资严重不足，教学水平低，儿童失学现象较严重，人均受教育年限低于全国平均水平，劳动力素质整体偏低，经营管理人才及专业技术人员短缺。

第三节　我国省际边缘区经济发展状况比较

本章对我国的省际边缘区经济发展现状进行了探讨。不同类型的省际边缘区有不同的发展特征、发展方向、发展模式，对省际边缘区进行准确分类是研究其经济发展问题的基础。综合各种分类方法，本书研究的对象主要属于中西部经济欠发达的内地山区型、条件贫乏型、区位制约型、弱弱毗邻地区。研究发现，我国省际边缘区具有四大共同经济特征：一是经济水平的欠发达性；二是经济活动的冲突性；三是经济发展的不可持续性；四是经济发展的局限性。此外，还具有经济密度小、与中心城市距离远和区域分割严重三大共同经济地理特征。我国省际边缘区经济发展的难点，既有地理位置偏远、自然条件恶劣等客观原因，也有行政壁垒化、行政边缘化等主观原因。

通过对我国豫、鄂、渝、川、陕、甘边界地区的秦巴山区，鄂、湘、渝、黔边界地区的武陵山区，皖、豫、鄂边界地区的大别山区，以及陕、甘、青、宁边界地区的六盘山区四大典型条件恶劣型省际边缘区经济发展现状进行研究表明，四个不同的省际边缘区经济发展状况不同，人均GDP、城镇化率、一二三产业比例等经济指标各异，对这些省际边缘区经济影响的主要因素有地理位置、交通条件、区位条件、土地资源、自然灾害、生态环境、基础设施和产业基础等，当然，每个地区不同因素对经济发展的影响作用大小也不同，表 2.14 为四大省际边缘区经济发展状况比较。

表 2.14　四大省际边缘区经济发展状况比较（2010 年）

指标 区域	国土面积（万平方公里）	总人口（万人）	人均GDP（元）	城镇化率（%）	一二三产业比例	影响因素及排序
秦巴山区	22.5	3765	11694	30.4	21:46:33	交通条件、区位条件、生态制约、自然灾害、土地资源
武陵山区	17.18	3645	9163	28.2	22:37:41	地理位置、交通条件、土地资源、自然灾害、工业基础
大别山区	6.7	3657	9056	30.5	32:39:29	土地资源、自然灾害、交通条件、工业基础、公共服务
六盘山区	16.6	2356	9621	25.5	21:45:34	干旱缺水、生态环境、基础设施、地理位置、产业基础

资料来源：表中数据根据 2010 年《中国统计年鉴》、各地统计年鉴计算整理。

第三章　中心城市经济辐射效应与省际边缘区接受的实现条件

中心城市在区域经济活动中的中心地位以及强大的对外辐射作用是带动区域经济发展的关键。我国的经济发展策略是以城市为核心，通过中心城市这一经济增长极的辐射作用带动周边地区实现均衡协调发展。如以上海为中心带动长三角地区的发展，以广州为中心带动珠三角地区的发展，以北京为中心带动环渤海地区的发展等。省际边缘区为了实现有效接受中心城市经济辐射，有必要研究中心城市的经济辐射效应，掌握中心城市对经济外辐射规律以及接受中心城市经济辐射的实现条件。本章首先探讨了中心城市经济辐射的概念、方式与途径，研究了中心城市经济辐射效应的作用与形成机理。其次，从中心城市与省际边缘区之间的经济相互作用入手，构建了中心城市对省际边缘区的经济辐射原理模型，揭示了中心城市对省际边缘区的经济辐射原理。并按照这一原理，从辐射源、辐射流、辐射通道和辐射动力几方面探讨了省际边缘区接受中心城市经济辐射的影响因素，最后提出省际边缘区接受中心城市经济辐射的三大实现条件。

第一节　中心城市经济辐射效应研究背景

以法国经济学家佩鲁为代表的学者们提出的增长极理论认为，一个国家或地区可以凭借优先发展增长极，较好地带动周边区域经济发展。① 该理论一经推出，就受到了世界各国的广泛关注，成为各国制定推动区域经济发展政策的重要理论支撑。城市的本质是在特定的空间范围内，一系列产业部门之间相互合作，相互竞争，不断促进经济向前发展的一种区域形态。这一区域形态具有人口密集、经济水平高等特点，一般都是地区的政治、经济和文化中心，因此城市本身具有增长极的作用。与一般城市相比，中心城市在推动区域经济发展的过程中扮演的角色更为重要，发挥的作用更大，也因此越来越受到各界的关注。

中心城市是指在一定区域范围内，在经济、文化和技术等领域都处于重要地位，综合实力相对较强，辐射作用巨大，能够带动周边区域一同发展的大型城市。从城市发展历程看，中心城市是社会经济发展到一定阶段而形成的一个空间极点。从城市空间结构的角度看，中心城市在区域经济发展中的作用主要有三点：首先，是区域经济的主要增长点；其次，对区域经济发展具有主导作用；最后，对周边区域具有辐射作用，可以带动经济全面发展。中心城市往往是高新技术产业和新兴服务产业的聚集地，是区域经济发展的助推器，在区域经济活动中具有强大的辐射力，能够带动整个区域经济向更好的方向发展。从宏观经济角度来说，中心城市与区域内其他城市共同担负起推动区域发展的责任，与其他城市相比，中心城市所承担的责任更重，在推动区域经济发展中扮演着引导者、示范者的角色，在人才、资金、信息等方面无不彰显出较高的地位和优势，并将这些方面的优势凝聚到一起，形成推动区域发展最强劲的动力。

改革开放以来，我国一直非常重视城市发展，将城市发展，特别是沿海中心城市和一些处于交通要道上的城市发展作为一项重要战略来抓，以期通过优先发展这些地区来带动其他地区的发展。通过分析其发展历程，不难发现，在所有类型城市中，尤以区域中心城市所发挥的效力最

① Perroux, F., “Economic Space: Theory and Applications”, *Quarterly Review of Economics*, No.1, 1950.

大，由中心城市形成的经济圈、经济带对周边地区产生了很强的辐射作用，有力推动了区域经济的发展。按照这一战略，已经形成了以长三角、珠三角和环渤海地区为代表的三大经济圈，并成为我国经济增长的三大重要区域增长极。但是，我国地域辽阔，区域经济发展至今仍很不均衡，东、中、西部地区之间以及城乡之间仍存在较大的发展差距。可以预见的是，在未来，以区域中心城市为增长极拉动周边地区一同发展的模式依然是推动区域发展的主流模式。

第二节　中心城市经济辐射的概念、方式与途径

一、中心城市经济辐射的概念

经济辐射这一概念是从物理学上的物质辐射原理发展而来的。物理学中的辐射是指能量存在差异的两个物体之间进行能量传递的过程，它具有以下特点：（1）辐射并非是单向的，而是双向进行的，能量等级存在差异的两个物体相互传递能量；（2）辐射的最终结果是两个物体的能量达到平衡；（3）只有能量等级高的物体向能量等级低的物体辐射时才会产生为正值的净辐射量；（4）辐射与物体之间的距离呈负相关；（5）物体之间能量级的差异对辐射的大小有着一定的影响；（6）辐射的媒介对辐射的强度有很大影响。不难看出，物理学上的辐射原理与经济学中的辐射机制有很多相同点。

现阶段，在经济学辐射概念的界定上，理论界各学者还没有达成一致意见。本书在研究前人相关研究成果的基础上，对经济学上辐射的概念进行了界定，即经济发展程度高的地区与经济发展程度较低的地区进行生产要素转移流动的过程就是辐射，这些生产要素不仅有物资、人才、资金等，也包括技术、知识、信息、观念等。通过这种生产要素的流动，区域经济资源的配置得到了进一步的优化。在这一过程中，经济发展速度快和现代化程度较高的中心城市是经济辐射过程中的辐射源。

中心城市经济辐射的本质是城市与周边区域之间相互作用、生产要素相互流动，使中心城市与周边地区能够摆脱自身的资源限制和市场障碍而得以共同发展，经济关系愈发紧密的过程。其辐射能力表现为中心城市的产品、服务和市场对周边地区的覆盖面。伴随现代交通方式的不断发展进步，交通速度的提高、通勤时间的缩短，经济活动中的生产要素在市场上的流转速度加快，中心城市对周围地区经济的影响力也将越来越大。

二、中心城市经济辐射的方式

根据中心城市对外经济辐射的路径不同，其经济辐射的方式可以分为点辐射、线辐射和面辐射。

（一）点辐射

点辐射是指经济活动围绕中心城市，从中心城市向周围一个或几个地方延伸扩散的过程。这种辐射的范围往往较小，通常发生在中心城市对外辐射的初期。一般来说，中心城市无论在经济发展水平上还是在现代化程度上都占有十分强大的优势，因此，在人才、资金、技术等资源方面的优势也十分明显。而其周边某些地区则在自然资源、土地资源等方面占有优势。中心城市和这些地区可以通过生产资料相互转移的方式来促进中心城市与周边地区经济发展。在这一过程中，通常资本和技术是从中心城市向周边地区转移，而自然资源和劳动力资源则从周边地区向中心城市转移，二者相互影响，共同发展。

（二）线辐射

线辐射主要强调经济活动围绕铁路、公路、水路等交通要道而展开，形成线型分布，这种辐射往往向辐射干线两边及上下游地区循序渐进展开，最终形成经济带。因为在公路、铁路、水路等辐射干线上的城市和地区之间交通便利，信息畅通，交易成本大大减小，各种生产要素快速流动，进而形成经济辐射效应。因此，一般而言，靠近辐射干线的城市和地区更易接受中心城市的辐射，与辐射干线两边的地区相比，这一地区在发展速度和现代化程度上都较高。

（三）面辐射

以经济发展水平和现代化程度较高的中心城市为核心的经济辐射源，如果将点辐射、线辐射结合起来且从深层次对边缘地区进行辐射，这从空间角度来看就表现为一个面，即面辐射。面辐射有两种类型：一是摊饼式辐射，它遵循一定规律和顺序，逐渐向外扩散，从时间上看是渐进的，从空间上看是持续的；二是跳跃式辐射，它是指中心城市越过较近的周边地区，直接辐射到更远的地区。与跳跃式辐射相比，摊饼式辐射距离较短，而距离较近的地区在文化习俗、发展模式等方面与中心城市都具有相似性，因此经济辐射阻力小，经济要素流动成本更低，辐射效率更高。

三、中心城市经济辐射的途径

（一）资金流动

资金是以货币为表现形式，用来进行周转并满足创造社会财富需要的生产要素。作为一种流通性最好的生产要素，资金在经济辐射过程中发挥着非常巨大的作用。从地区之间资金流动的效应角度来说，地区之间资金流动的大小和方向均与地区经济增长有着紧密的联系，如果地区之间的资金流动发生变化，那么区域经济发展势必也会受到影响，可见，资金流动区域化差异是区域经济发展差异的现实反映。一般来说，资金转入较多的地区经济发展较快；反之，则慢。中心城市的资金规模较大，且具有较高的辐射力，这给资金量不足、经济水平低的边缘地区带来了巨大的发展契机。

（二）技术扩散

技术扩散是指经济发展速度快和现代化程度较高的中心城市的技术成果和管理经验凭借生产、消费、流通等方式给予边缘地区启示、借鉴和改进的过程。技术扩散的途径较多，主要有人才流动、培训学习等。因为中心城市在技术方面具有较高的优势，又具备良好的创新环境，所以，中心城市是技术创新的源泉，技术通常都是从中心城市扩散到边缘落后地区。技术扩散能够帮助边缘落后地区吸收到更多的技术和经验，推动其技术水平和知识储备量的提升，形成“赶超效应”和后发优势，最终促进区域经济快速发展。

（三）人才流动

人才是企业经营成败的关键，也是推动经济发展的重要力量。从一般意义上来说，人才流动是为了获得更多的薪酬，实现个人经济效益的最大化。一般情况下，由于发达地区能够提供更多的就业机会和更高的收入，因此落后地区的人才会流向发达地区，边缘地区的人才会流向中心城市。通过流动，周边落后地区的人才可以获得更大的成长空间，积累到更多的知识和经验。这种流动也是中心城市极化效应的表现，但随着中心城市极化效应的逐步减弱，扩散效应的增强，人才最终会出现向周边地区流动的趋势。

（四）产业转移

产业转移主要是指企业从经济发展速度快、现代化程度高的地区转移到经济发展缓慢、现代化程度低的地区的过程。从某种意义上来说，产业转移是中心城市发挥辐射效所产生的必然结果。产品生命周期各个阶段对技术和市场的要求差异是产业转移的决定性因素。一般来说，经济发展速度较高的地区会率先推出新产品和新技术，同时，以这一地区为中心产业逐步向周边落后地区转移。在产业转移的过程中，通常从边际产业开始，这些产业在中心城市中已成为或即将变为劣势产业，而在边缘地区却具有明显优势。

第三节　中心城市经济辐射的过程与作用机理

一、中心城市经济发展及经济辐射过程

美国经济学家弗里德曼曾把区域经济发展分为工业化开始前阶段、

工业化初级阶段、工业化成熟阶段和空间经济一体化阶段四个阶段，在这四个阶段中每个阶段生产要素的流动状态和特征不同，也反映出中心城市不同的经济辐射状态与过程。[①] 如表 3.1 所示，在经济发展初期，因为中心城市具有较高的综合实力，资源要素自然会从边缘地区逐渐转移到中心城市，进而形成城乡二元结构，同时，这种二元结构会不断被深化，直到经济发展到一定程度后，中心城市和边缘地区的界限才会渐渐模糊甚至消失，进而区域经济才会不断向均衡化方向发展，最终实现一体化。[②]

表 3.1　不同阶段中心城市自身发展及经济辐射过程

阶段特征	工业化开始前	工业化初级阶段	工业化成熟阶段	空间经济一体化阶段
资源要素流动状态	较少流动	外围资源要素大量流入中心城市	中心城市要素高度集中，逐渐向外围扩散	资源要素在整个区域全方位流动
经济辐射特征	基本无辐射	外围向中心城市辐射（极化效应）	中心城市向外围辐射（扩散效应）	双向辐射
区域经济典型特征	存在若干不同等级的小中心	中心城市进入极化过程，两极化明显	中心城市开始对外扩散，外围出现小中心	多个中心城市形成

在区域经济一体化的过程中，回流效应和扩散效应是推动区域经济向一体化发展的决定力量。前者在中心区经济发展过程中会产生负面效应阻碍周边地区经济的发展，后者在中心区发展的过程中会产生积极作用，拉动边缘区一同成长。缪尔达尔指出，区域经济发展之所以会呈现二元结构形态，主要是因为回流效应远远大于扩散效应所致。[③] 因此，

① Friedmann, J., *A Generalized Theory of Polarized Development*, New York the Free Press, 1972,p.222.

② 陈秀山、张可云编著:《区域经济理论》，商务印书馆 2005 年版，第 209 页。

③ Myrdal,G., *Economic Theory and Underdeveloped Region*, London Duckworth,1957,p.78.

推动区域经济向均衡化一体化发展的最好办法就是要强化扩散效应，找到区域经济增长中的一个或多个增长极点，推动这些极点的向外扩散发展，进而不断拉动边缘地区发展。

20世纪70年代中期，理查森通过研究后发现，在区域经济发展萌芽阶段，由于中心城市所具有的非自然资源禀赋和区位优势，回流效应的强度较大，使边缘地区的资源向中心城区流动。这种效应可以让中心城市以最低的成本获得推动其不断向前发展的一系列生产要素，从而使经济获得快速发展。经过一段时间的快速发展后，由于受制于技术进步和资源的约束，中心城市不得不优化产业结构，以便更好地提升区域竞争力。至此，区域中的回流效应开始不断弱化，扩散效应开始逐步增强。具体而言，就是中心城市在经济发展到一定程度以后，会将大量的资源投入在一些技术含量高的新兴产业上，而将一些传统的劳动密集型产业向周边地区转移。最终，扩散效应取代回流效应而占据主导地位，使两地发展差距越来越小，形成均衡化发展的局面。①

中心城市与周边地区经济辐射的演变过程，是内外部政治、经济、文化、社会等因素共同作用的结果，在极化与扩散效应的影响下，在四个不同阶段表现为不同的空间拓展方式，见图3.1。

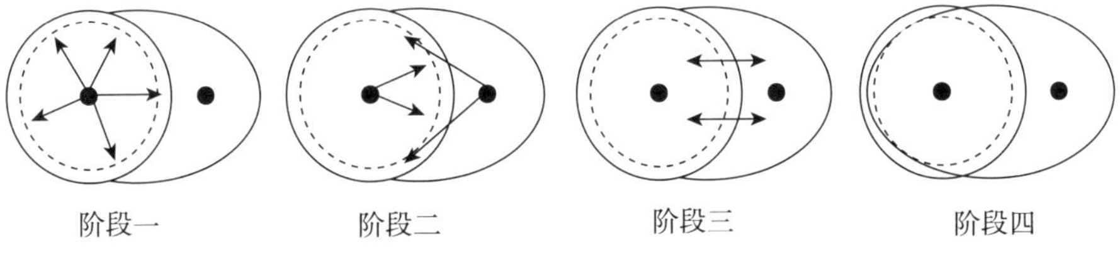

图3.1　中心城市与省际边缘区经济辐射的动态演变阶段

第一阶段：封闭阶段。这一阶段是区域发展的初期阶段，受行政边界的影响，只存在孤立的经济中心，中心城市向边缘地基本没有经济辐

① Richardson, H., *Regional and Urban Economics*, London:Penguin Books,1978,p.65.

射。第二阶段：极化阶段。这一阶段是中心城市的发展阶段，虽存在双向经济辐射，但中心城市向边缘区的经济辐射远小于边缘区对中心城市的经济辐射。第三阶段：扩散阶段。这一阶段是边缘区的发展阶段，中心城市向边缘区的经济辐射加强，边缘区对中心城市的经济辐射减弱；第四阶段：一体化阶段。该阶段区域空间实现均衡发展。

二、中心城市经济辐射效应的作用机理

（一）中心城市溢出效应分析

中心城市作为区域发展的增长极，其不仅有极化效应，而且还存在扩散效应，二者相互依存，相互作用。但需要指出的是，二者虽同时存在，但发生时间与作用强度存在较大的差异。布代维尔将极化效应和扩散效应紧密地结合在一起，把二者作用后的结果称为溢出效应。溢出效应能够彰显出中心城市对周边地区经济发展的影响，其大小和正负受到极化效应和扩散效应两种力量对比关系的影响。倘若极化效应强于扩散效应，那么溢出效应就会为负值，这样一来，虽然能够推动中心城市的发展，但却阻碍了周边地区的发展。倘若扩散效应强于极化效应，那么溢出效应就为正值，这样一来，不仅能够推动中心城市的发展，还能带动边缘地区的发展。① 所以，通过分析中心城市的溢出效应，就可以获知增长极的现实发展情况。

在 20 世纪 70 年代中期，查理森还提出了极化效应和扩散效应相互影响在时间序列上演变过程的理论假设，如图 3.2 所示，将极化效应看成时间 t 的二次函数，将扩散效应看成是时间 t 的指数分布，而溢出效应则是二者正效应综合的结果。在中心城市发展之初，极化效应要强于扩散效应，这样一来，溢出效应的数值就是负数，随着中心城市的不断发展，这种趋势会愈发明朗；直到 t_1 时，区域经济的溢出效应处于最低水平状

① Boudeville, J. R., *Problems of Regional Economic Planning*, Edinburgh University Press, 1966,p.34.

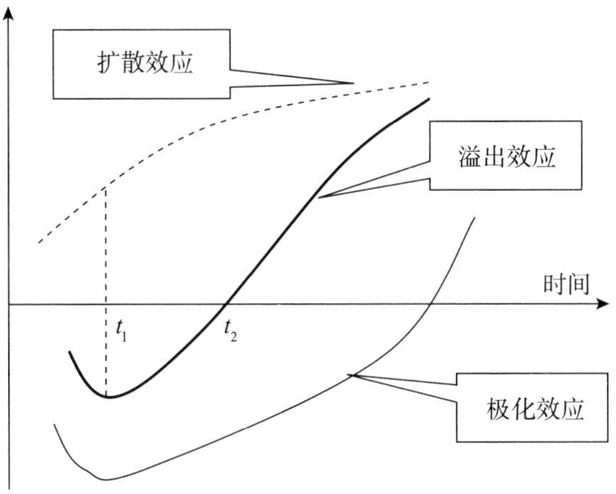

图 3.2 时间序列上中心城市的极化效应和扩散效应

态，区域经济发展处于失衡时期。随着时间不断向前推进，中心城市的极化效应不断弱化，扩散效应不断被强化；直到 t_2 时，二者强度相等，溢出效应为 0，此后，区域经济的扩散效应将在极化效应之上，溢出效应则逐渐变为正值，区域经济不断向均衡化方向发展。

总之，区域增长极所发挥的作用有两个，即极化效应和扩散效应，中心城市发展阶段不同，两种效应所发挥的效力也存在较大的差异。二者不仅对中心城市和周边地区的发展水平产生影响，而且还会影响增长极的综合竞争力。通过上述分析可以看到，在中心城市发展之初，必然会出现区域经济发展失衡的现象，经过一段时间的发展，扩散效应将会超越极化效应，这时，中心城市的生产要素会逐渐转移到周边地区，带动周边地区的发展，进而推动区域经济向均衡化、协调化方向发展。

（二）中心城市经济扩散效应的微观分析

在区域经济发展的过程中，由于区域内部经济水平不一，一个区域通常被划分核心区（中心城市）、次级区（周边次级城市）和边缘区（边缘地区其他城市）三个层次。区域经济发展首先发生在核心区，随着时间的推进，核心区的发展也不断迈向新台阶，譬如，以自身优势为切入点，重点推动一些关键性产业的发展，这时，一系列生产要素会逐渐发生转移，主要表现为：首先，核心区凭借较强的技术优势，进行了产业结构优化，重点扶植一些新兴产业，这时，传统产业会逐渐转移到边缘地区；其次，核心区规模效应在不断弱化，再加上用地价格和原材料的上涨，使得一些人才和资本不断转移到边缘区。从距离角度来说，由于次级区与核心区的距离最近，并且在发展水平上也与核心区最为接近，必然最先获益，通过接受辐射获得发展。同理，次级区在获得发展以后，与核心区一样，又产生辐射效应拉动边缘区的发展。对此，可以借助产品生命周期理论中的贸易动因模式，从微观层面进一解释区域中心城市经济辐射的过程和动因。

图 3.3 中，纵轴表示新产品的输入、输出，横轴表示时间。由于中心城市是各种生产要素的聚集地，在技术、信息和资金方面占有较大优势，符合开发新产品的基础条件。所以，中心城市是新产品的研发者和集结地，自 t_0 到 t_1，是中心城市新产品的创新阶段。

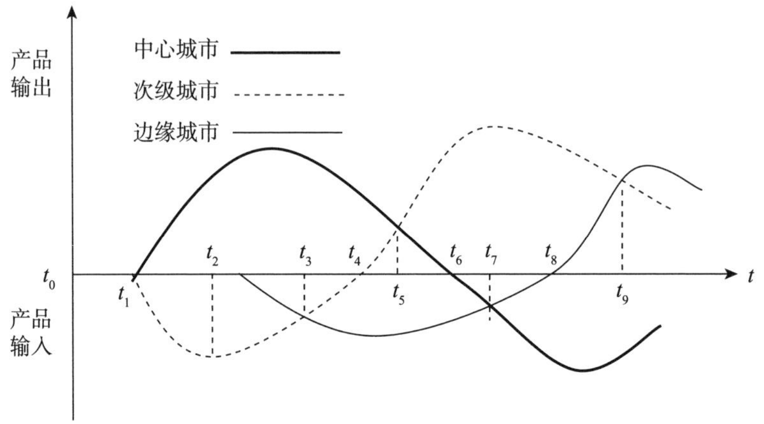

图 3.3 区域产业转移与经济辐射作用

到达 t_1 后，中心城市生产出了新产品，同时，将新产品投放到距离自己最近，发展优势比较明显的次级城市市场中；次级城市具有与中心城市相似的市场，因此，其对新产品的需求非常大，在强大需求的作用下，次级城市开始模仿或引进中心城市的技术，自行生产与中心城市形成竞争之势。因此从 t_2 这一时间开始，中心城市向次级城市输出的新产品量开始降低，次级城市自行生产的产品量逐渐提升。值得一提的是，中心城市和次级城市都作出了相同的举动，即都将眼光放在了边缘落后地区的市场上，在强大潜在需求的作用下，边缘落后地区也开始着手引进新技术，尝试新产品的开发。到 t_3 时，中心城市向次级城市输出新产品量不断降低，但边缘地区的输入量却不断提升。直到 t_4 时，次级城市已经不再输入。不得不说，产品生产在不断向标准化方向发展的同时，产品研发优势在逐渐减弱，成本和价格逐渐成为主导，中心城市的优势在不断退化。到 t_5 时，中心城市和次级城市都无产品输入，而且次级城市逐渐取代了中心城市的产品优势，在这时，边缘城市还处于净输入阶段。到 t_6 时，中心城市不再生产产品，其生产资源都转移到了其他市场，开始从净输出量变为净输入。到 t_7 时，边缘城市的产品输入量逐渐降低，中心城市的产品输入量在不断提升，同时，与其他城市的产品输入量相比，中心城市的产品输入量更大。到 t_8 时，这一产品的生产迈向了标准化轨道，市场供应饱和，要想提升产品竞争力，就势必要进行技术升级，这时，边缘城市的竞争优势较强，开始大量生产该产品。到 t_9 时，边缘城市的竞争力大幅提升，次级城市的市场地位被取代，产品大量输出。在劳动力成本居高不下的影响下，中心城市和次级城市的产品输出量为0，成为净输入城市。

上述分析表明，在产品生产过程中，技术环境的改变能够引发产业转移，创新在推动经济发展中具有重要的作用。同时，该理论从微观层面揭示了区域经济辐射的动力机制，受产品生命周期的影响，中心城市首先借助产业转移，实现对次级城市的经济辐射，而次级城市在发展的过程中，又逐渐将产业转移到边缘城市，实现经济的依次辐射。

第四节 中心城市经济辐射效应的形成机制

一、极化效应

中心城市的极化效应，指的是生产要素由周边地区向中心地区集聚的过程，也就是说以资金、技术、人才为代表的各类资源由周边城市向中心城市转移的过程，这一转移导致向中心城市的外部投入不断增大，进而推动中心城市经济水平的提升及人口规模的增加。受极化效应的影响，不同生产要素的聚集，使得中心城市资金更为充裕、科技能力进一步提高、消费市场规模进一步扩大以及基础设施进一步改善，其综合竞争力得以提升，并推动中心城市持续发展。

（一）极化效应的表现：经济活动的空间集聚

中小城市的极化效应表现为经济活动向中心城市的空间集聚，这种经济活动的空间集聚主要包括以下三种类型：

1. 指向性集聚

所谓指向性集聚指的是区位指向有着一定相同性的不同经济行为在同一区域内的集合。其一般发生于具有独特优势的区域，譬如原材料集中或市场集中、劳动力丰富或交通位置优越等，这些区位优势因素吸引着众多要素的集中，最终产生一个大的集聚体。

2. 效应集聚

所谓效应集聚，是指经济主体为了获取区域内的集聚经济效应在地理空间上的集中。产业集群就是效应集聚的表现，这种集聚可能是相同产业指向性形成的，也可能是不同产业关联性形成的。

3. 经济联系集聚

所谓经济联系集聚，是指企业受技术或生产的专业化分工影响，而向某一地理区位或空间转移，并在这一区域内建立起了专业性更强的产业链或分工体系。因此，这种集聚也叫作专业分工型集聚。包括纵向经济联系型集聚和横向经济联系型集聚，前者指存在投入—产出型关联的上下游企业形成的集聚；后者指的是围绕区域内的核心产业而建立起的不同产业集聚。

（二）中心城市极化效应的形成机制

中心城市的极化效应的形成源于集聚经济效应、规模经济效应、外部经济效应和乘数效应。而形成这些效应的主要原因是生产、运输与采购成本的降低以及社会固定资本费用的节约。换言之，企业追求成本的降低和费用的节约是中心城市极化效应的形成动力与推手。此外，这些效应还促进了企业经验、技术与信息的交流，建立良性的竞争关系，不仅有利于企业管理能力及生产水平的提升，而且也有利于企业在技术及知识外溢效益下实现更好的发展。

1. 集聚经济效应

这一效应指的是在某一项或某几项经济活动上存在紧密关联的各相关企业在中心城市内的集聚，并会有诸多生产要素受到影响而转移到这一区域，一般情况下此类区域是信息、生产、交通、贸易等的中心地，有着巨大的影响力，推动着经济“网络”的出现，在区域发展中有着十分重要的作用。

2. 规模经济效应

所谓规模经济效应指的是存在关联的经济活动在中心城市的集聚，可导致区域生产规模的扩大，一定程度上能够实现中间投入品的规模经济、知识与技术的外溢效应以及人才与劳动力的共享，使整体收益得到增加。

3. 外部经济效应

这一效应指的是中心城市内的产业聚集可推动区域劳动力共享市场的形成，有利于劳动力的自由流动，降低企业的劳动力搜寻和雇佣成本。同时企业的大量集聚，也为相关服务和中间投入品创造了市场空间，使得服务供应商及中间投入品供应商的专业化水平得以提升，区域内企业更容易寻找到对应的中间投入品和服务，成本得到了有效的控制。

4. 乘数效应

该效应指的是存在于中心城市内的推动型产业同其他产业间存在的不同关系，既有前向、后向联系，也有旁侧联系。在此类关联的影响下，各相关产业得以发展，在生产、就业各方面都表现出像滚雪球一样的放大作用，最终使中心城市的极化效应不断强化。

（三）中心城市极化效应的有限性

极化效应是区域中心城市的两个辐射效应中的重要一面和首要表现，在经济发展上升期，极化效应不仅强度大，而且具有自我强化的趋势。但是，这一效应增长到一定程度也会逐步减小甚至消失。首先，从企业发展角度看，企业发展到一定阶段，伴随着市场需求的扩大，企业原有产能难以满足同市场需求，因此，企业可能会通过向周边地区转移产业或转让技术等方式，进行生产规模的扩充，从而实现更高的利益。其次，从城市发展角度看，伴随区域经济向中心城市的不断转移，必然会带来一些负面效应，譬如环境破坏、交通拥挤、土地紧张等，使得企业运营成本上升，产生外部不经济现象。为克服这一负面影响，政府甚至会鼓励一些企业，特别是一些落后的产业向周边地区进行产业转移。最后，从社会经济秩序角度看，经济发展需要一个相对稳定的社会环境，然而从某种角度来讲，受中心城市极化效应的影响，中心城市同周边地区呈现出差距逐步拉大的趋势，使得社会矛盾不断发生，影响了社会的稳定。所以，当中心城市经济发展到一定程度时，也会存在政府对极化效应的干预，以促进周边地区的协调发展。

二、扩散效应

中心城市扩散效应指的是中心城市在经济发展过程中，生产要素向周边地区逐步转移，经济活动逐步向周边地区扩展，使周边地区能够随之获得发展，进而使两地间的差距能够不断缩小。扩散效应包含多个方面，譬如产业与资本扩散、技术与信息扩散等。一般而言，中心城市扩散效应的影响因素则主要集中在产业之间的关联度、社会发展的阶段属性、资源要素的流动性和企业区位的选择行为等方面。

（一）扩散效应的表现：经济活动的空间扩散

中心城市的扩散效应表现为经济活动的空间扩散，主要包括以下几种类型：

1. 周边式扩散

这种扩散指的是自中心向周围呈现出的墨渍状发展趋势，从空间角度看扩散方式具有连贯性。通常那些同中心城市距离较近，同时外部环境相似，并与中心城市的交流密切的周边地区，更容易获得这种扩散的好处，而对中心城市企业而言，通过此种扩散方式也能够促进经济效益的提升。

2. 等级式扩散

所谓等级式扩散指的是以中心地等级体系为基础，将中心城市内聚集的各类要素或产业等按照从上而下的顺序予以扩散。一般而言，自中心城市+“效应”，其首先应是辐射到周边大城市，而后在大城市的影响下逐步辐射到中小城市，最终通过此类城市实现向农村辐射。

3. 点轴式扩散

所谓点轴式扩散，指自中心城市开始以交通主干线为发展方向逐步扩散，进而形成产业密集带或扩散轴线。点轴式扩散进一步表明产业大多依靠交通干线实现向外部的扩散，可见，交通干线是经济发展的基础。

4. 跳跃式扩散

跳跃式扩散是指中心城市按照超乎常规的跨越式方式实现向某一区域的扩散，空间迁移地点的选择并无规律可言，大多为偶然因素导致，譬如政府规划的新区开发。能获得跨越式扩散的区域一般有两种情况：一是尽管在地域上与中心城市不相邻，然而具有非常优越的接受中心城市辐射的外部环境；二是该区域在某一方面或某几方面有着超乎寻常的发展空间或机遇。

5. 随机扩散

这种扩散指中心城市生产要素以一种毫无规律可言的模式向外转移的过程，这种扩散不存在空间的连续性。随机扩散之所以发生是因为：其一，不同地区间信息沟通困难，中心城市对外扩散在选择对象上受相关因素的限制；其二，在以地方政府与企业关系为首的多种因素的影响下，中心城市不能完全依照经济合理标准进行扩散地区的选择。

（二）中心城市扩散效应的形成机制

中心城市扩散效应的形成机制一般包括市场竞争效应、知识溢出效应和产业生命周期效应。正是这三种效应的共同作用，推动中心城市生产要素向周边地区流动，形成扩散效应。

1. 市场竞争效应

所谓市场竞争效应指的是伴随中心城市集聚性的持续增强，企业和人口大量急剧，城市恶性膨胀，使得劳动力成本上升、城市交通拥挤、环境污染加剧，增加了企业生产成本等。在受生产成本的制约和追求企业利益最大化的背景下，企业在中心城市的发展优势逐步减弱，中心城市的一部分产业会主动向周边地区转移，导致各生产要素也逐步扩散到周边地区。

2. 知识溢出效应

该效应指的是技术、制度、观念、文化、信息等知识性生产要素自中心城市逐步转移到周边地区，促进周边地区的管理经验、生产技术的提升，以及劳动力质素的提高。而这些反过来又会吸引中心城市的资本、产业向周边地区流动。

3. 产业生命周期效应

产业生命周期是指每个产业都要经历的一个从成长到衰退的过程。经济活动在空间上的扩散及转移同企业的生命周期息息相关。产业生命周期一般包含四个阶段，即初始期、成长期、成熟期和衰退期。在初始期到成长期，大多新产业积聚于中心城市并获得可观的利润。然而当产业步入衰退期时，由于生产成本的影响，自然推动了产业自中心城市逐步向周边地区转移。

（三）中心城市扩散效应的有限性

同城市的极化效应具有有限性一样，中心城市的扩散效应也具有限性。通常，中心城市的规模与它的扩散效应和辐射范围之间存在正向关联，即城市规模越大，辐射效应越强，辐射范围越广。空间距离、交通条件、市场条件等很多因素都与中心城市的扩散效应存在着紧密的联系，这些要素在中心城市对外经济扩散的质量及速度方面发挥着决定性作用。譬如，中心城市同周边地区间的距离与相互作用存在反向关联，空间距离越大，其相互影响力越小。不仅如此，周边地区对中心城市产业的吸引力同中心城市的扩散也存在着紧密的联系，假如两地产业间不具备互补性，区域中心城市向周边地区将难以转移产业。所以，区域中心城市的扩散效应同样要受制于诸多因素，而不是无限发展的。

第五节 中心城市对省际边缘区的经济辐射原理

省际边缘区经济增长与发展不仅受区域内的各种因素影响，即内生增长因素的影响，而且也受区域外的因素影响，其中，最大的一个区域外因素就是中心城市对省际边缘区的经济辐射。而这一现象的存在是由于中心城市与省际边缘区之间具有相互的经济作用。

一、中心城市与省际边缘区之间的经济相互作用

发展经济学认为，有许多因素都能够对经济的增长产生作用。对于一个非开放性的区域来讲，用 Y 来代表这个区域内的生产总值，用 S 来代表已经存在的生产（供应）能力，用 D 来代表需求，那么这三者之间的关系为：

$$Y=f(S,D)$$

就供应而言，在此用 L 来代表劳动，用 K 来代表资本，用 Q 来代表土地，那么生产能力和这三者之间的关系为：

$$S=f(L,K,Q\cdots)$$

就需求而言，整体需求 D 包含两个方面：其一是消费需求，用 C 来表示，其二是投资需求，用 I 来表示，C 和 I 都涉及个人和公共两个部分。他们之间的关系可以表示为：

$$D=f(C，I\cdots)$$

除此之外，也有别的因素会对经济的增长产生作用，如技术进步 T、空间结构 R、产业结构 SE、基础设施体系 IN、政治体制 PO、社会体制 SO 等。在上述各种方面的综合影响之下，区域经济表现出一定程度的内生增长。

如果区域是开放性的，那么，除了属于这个区域内的各个因素能够对其经济发展产生影响以外，区域生产要素、产品或是各种类型的服务的流通，这些外界力量也能够对其经济发展产生影响，有时这种影响是巨大的。[①]生产要素的进入，会使区域的产出有所扩大，并且有利于技术的扩散与普及。就中心城市而言，来源于外部的劳动力的进入，有利于其产出的扩大；而对于边缘区来讲，中心城市的资金、科技、知识的进入，对其产出也有很大的促进作用。而产品以及各种类型的服务的流通，能够从供需两个角度对各自的产出产生作用。就供应方面而言，对不同地区的分工、生产的高度专业化及生产要素的有效投入都大有帮助；就需求方面而言，有利于扩大各自需求的输出。中心城市和它的周边地区间物流的流动方向以及流动强度，都能够对各自的增长要素的规模和品质产生影响。其经济相互作用能够用图 3.4 来说明。

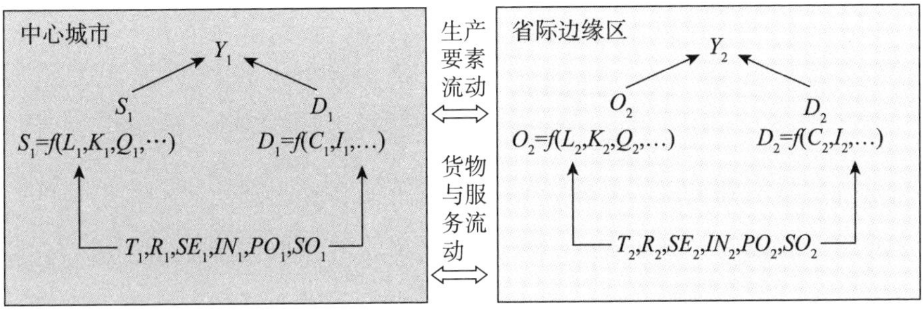

图 3.4　中心城市与省际边缘区间经济发展的相互作用

二、中心城市对省际边缘区的经济辐射原理模型

中心城市与省际边缘区之间的经济相互作用决定了中心城市对省际边缘区存在经济辐射。如图 3.5 所示，如同物理学中的辐射现象一样，中心城市对边缘地区的经济辐射，从原理上简单地讲，来自辐射源（中心城市）的辐射流（客流、物流、资金流、信息流、技术流）在辐射动力（如经济发展促进政策等）的作用下经过辐射通道（交通通道、信息通道等）到达辐射接收地（边缘地区）。具体讲，首先必须存在辐射源，即具有一定经济体量并与边缘地区存在一定的发展差距的中心城市，这是辐射能

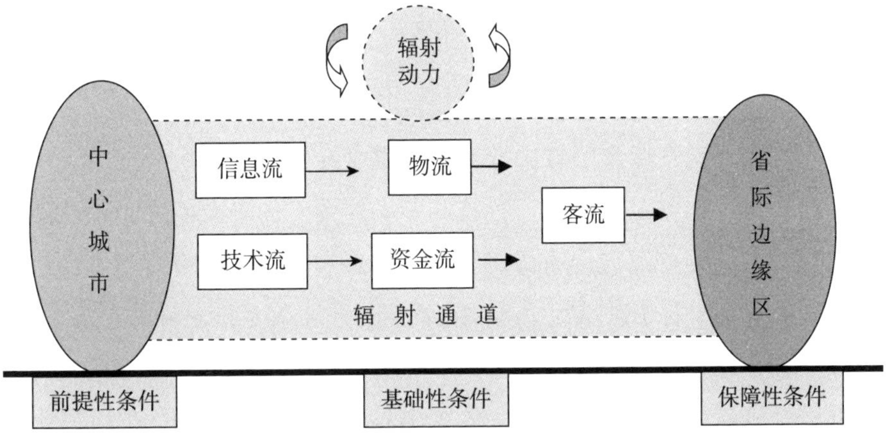

图 3.5　中心城市对省际边缘区经济辐射原理模型

量的来源地，就像太阳是热能、光能的来源地一样，直接影响辐射能量的大小。其次要存在辐射通道，来自辐射源的辐射能量能否顺利到达辐射接收地，畅通的辐射通道是必需的，最简单的例子就是两地通商就必须具有保障商品流通的交通条件。再次要存在辐射流，如果把辐射通道比喻为高速公路的话，辐射流就是公路上的各种车辆，影响辐射流的因素很复杂，需要注意的是，有辐射通道未必有辐射流的流动。最后，要具有一定的经济辐射动力，最起码没有人为地设置诸如贸易壁垒等经济辐射阻力，因为就像地球存在重力一样，只要前三个要素具备，辐射动力多多少少本身是客观存在的。

理论上，只要具备辐射源、辐射流、辐射通道和辐射动力四个要素，中心城市对省际边缘区的经济辐射就会发生。但事实上，通常还需要有一个辐射平台，这个平台就是中心城市对省际边缘区经济辐射的三大实现条件，即前提性条件、基础性条件和保障性条件。

第六节　省际边缘区接受中心城市经济辐射的影响因素

一、基于辐射源的影响因素

（一）中心城市的经济发展水平

中心城市的经济发展水平或经济综合实力是其对外经济辐射最直接的能量指标，是影响省际边缘区接受经济辐射的重要因素。因为在区域经济发展中，它直接影响着中心城市对整个经济活动的组织能力、对各种生产要素（如资金、商品、科技和劳动力等）的集散能力，以及对知识、技术创新的扩散与传输作用等，因此影响着中心城市对周边经济辐射作用的大小。对于区域性中心城市而言，它不仅是该区域的经济中心、行政中心，最重要的是其经济实力明显高于周边地区，能充分地利用行政杠杆、经济杠杆的双重作用，发挥中心城市的辐射作用，促进周边地区的共同发展。可以认为，中心城市经济综合实力的大小直接影响其对外辐射的强弱，一线城市的经济辐射力必然强于二三线城市。通常衡量中心城市发展水平的指标主要有GDP总量、人均GDP、财政收入和人均可支配收入等。

（二）中心城市的产业结构

合理的产业结构是中心城市经济发展的动力与源泉，也是增强中心城市集聚能力和辐射效应、提升其经济“增长极”作用的重要条件。一个中心城市的产业体系构成的变动，会对其经济辐射功能产生影响，也会对空间结构产生决定性的作用，同时也可能引发城市功能的改变。中心城市必须持续创新，以高新科技为工具，推动产业结构的升级，只有这样，才可以将其技术扩散到其周边区域，形成良好的技术溢出效应，进而推动周边地区产业体系的改善。一个地区只有持续改进其产业体系，才能够科学分配、高效使用各种区域资源，并且确保区域经济能够得到持续健康发展。因此，中心城市只有在产业体系构成方面和周围区域形成协调一致、相得益彰的局面，才有可能对各种资源进行高度整合，改善生产要素的流通效果，将其辐射效用充分展现出来。

（三）中心城市的功能定位

中心城市的功能定位不同对周边地区的经济辐射也会有较大差异。因为每个中心城市的定位各异，它们的产业特征也就不同，其经济辐射范围和辐射力就不一样。研究表明，中心城市的工业比例越高，其辐射力也就越大、辐射范围就越广。我们通过对一些国际大都市的发展经验进行研究发现，工业尤其是制造业在一个城市经济中所占的份额会越来越低，服务业的份额会逐步扩大，并且这是一种必然趋势，而工业份额的逐渐降低则一定会引发工业产业的对外转移（即经济辐射）。以我国三大核心经济圈核心城市为例，北京是我国首都、全国第二大城市，其作为国家政治中心的地位非常突出；上海作为我国的第一大城市，也是全国经济金融中心；广州是我国第三大城市，是国家重要的经济中心。三大经济圈核心城市的城市定位不一样，其对周边地区的辐射影响也就明显不同。

二、基于辐射流的影响因素

（一）客流

客流，即人的流动，其产生主要取决于人口分布、经济发展水平及交通运输的方便程度，此外，社会因素和区域开发政策对它也有很大影响。历史上，人口的流动多由商业贸易和政治使命、文化交流的要求而引起。近代以来，随着对资源的广泛开发以及工业布局的需要，一些国家为解决人口分布不均而采取的诱导性移民政策，也产生了大量的人口移动。随着社会的发展，生产地域分工的细化，带来人员在生产、生活上的交流和联系日益频繁，加上旅游产业的兴起等，也带来大量的人口流动。此外，随着城市化进程的加速，城市面积不断扩大，居民工作地与居住地的分离，也产生了大量每日往返于市郊之间，甚至近距离城市间的通勤客流。在整个客流体系中，劳动力流是一个重要组成部分。一般情况下，劳动力会从低工资地区流向高工资地区，由落后地区流向发达地区，由边缘地区流向中心城市。在现实世界中，劳动力的流动除了受到要素稀缺规律的影响外，同时还受到政治、文化、意识形态等较多因素的影响。省际边缘区有大量的农业剩余劳动力，他们是中心城市与边缘区客流的主力军。

（二）物流

物流，即物的流动，是指在市场经济条件下，因生产、贸易、消费的需要，一个地区的原材料、半成品、成品等实物性生产要素向另一地区流动的过程。两地之间物流量的大小与规模直接反映了两地之间的经济联系程度，因此也直接反映了经济辐射强度。一般情况下，物流的方向是从商品生产地流向商品消费地，由资源富集地区流向资源稀缺地区，由低价格地区流向高价格地区。中心城市和省际边缘区之间的物流是双向的，既有从中心城市流向边缘区的物资流通，如工业产品等，也有从省际边缘区流向中心城市的物资流通，如原材料、农产品等。对于省际边缘区来说，制约其物资流通的因素很多，既有交通设施、物流网络、市场建设等硬条件，也有思想观念、市场壁垒、行政制约等软条件。在当今互联网主导下的电子商务时代，物流产业有了新的发展趋势，改善物资流通也成为省际边缘区接受经济辐射最有潜力的一个突破方向。

（三）资金流

资金是一种最易于流动的生产要素，两地间资金的相互流动是经济辐射的具体体现。一般情况下，在资金要素梯度力的作用下，区域间资金的流向总是由发达地区流向欠发达地区。区域经济发展的不均衡水平、金融的发达程度、对外开放程度以及财政货币政策的运用效果是影响一个地区资金流动的主要因素。从资金流动的效应看，资金在各区域的流动变化必然引起区域经济发展的变化，因此，资金流动与区域经济增长之间往往存在着因果关系，资金流动的区域差异往往能较好地解释区域经济发展的差异。投资所引发的资金流对边缘落后地区会产生投资的乘数效应，拉动区域经济发展。但因投资环境差等原因，省际边缘区往往是资金短缺地区，因此，对于省际边缘区而言，一方面，需要改善投资环境吸引中心城市投资；另一方面，需要国家制定合理的投资鼓励政策，引导中心城市的企业投资，这样才能缩小区域发展差距。反之，因资金的不合理流动，会加剧区域之间的发展差距。

（四）信息流

信息是人类为消除对外界事物不确定的认识，提高决策准确性而获得的知识，它是人类认识世界的一种成果。经济信息是人类在经济活动中，对社会生产、交换、分配和消费等活动特征和规律性的认识，具有特殊的使用价值，因而是一种重要的生产要素。任何经济活动都是建立在获取一定的有关信息基础之上的，信息量的大小、信息的准确性以及对信息的处理能力直接影响着经济活动的成败与效益。可以认为，没有信息就无法开展经济活动。随着计算机的普及和互联网技术的发展，省际边缘区对信息的获取能力已经大大提升，对促进其经济发展和接受中心城市经济辐射带来了巨大影响。但是，受落后观念的影响和信息技术人才的匮乏，信息流在中心城市和省际边缘区之间不对等的局面仍一直存在。

（五）技术流

技术通常被认为是经济发展的核心生产要素，以各种传播媒介（如书籍、报纸和网络）、技术人才、技术设备等对知识、技术诀窍、管理经验与理念、科技发明等进行传播、扩散，就形成了技术流。从流向来看，技术流通常是由技术发源地向技术吸收地扩散传播的。从流动方式看，技术流动有梯度推进和跳跃转移两种方式。梯度推进是指由发源地向周边由近及远梯度传递，跳跃转移则是不受空间限制的跨越式转移。技术流对区域经济发展有着巨大的作用，它将新的生产力引入某一产业领域，激活该产业甚至催生新的产业部门，同时带动其他部门，吸引其他生产要素，可极大地促进区域经济的发展。在省际边缘区和中心城市之间，一般情况下技术流是单向流动的，由中心城市流向省际边缘区，由省际边缘区流向中心城市的技术流比较少见。

三、基于辐射通道的影响因素

（一）交通距离

距离是影响中心城市对边缘区经济辐射的一个重要因素，甚至可以说是首要因素。我国一些落后的三省省际边缘区交接点距离省会城市距离较远，如陕甘川省际边缘区，最近200公里左右，最远超过500公里，几乎是中心城市经济辐射的盲区。[①]地理位置偏僻是妨碍省际边缘区接受省会城市经济辐射的原因之一。但是，需要指出的是，这里的交通距离并非简单的物理距离或地理距离。因为随着交通技术的发展，简单地以物理距离、地理距离来表示两地交通距离，并不能完全反映出对经济辐

① 何龙斌：《省际边缘区接受省会城市经济辐射研究》，《经济问题探索》2013年第8期。

射力大小的影响，这已不适用于当今社会。中心城市与省际边缘区之间生产要素的流动是否便利不仅是看空间距离的长短，两个区域的通达性也很重要。现实中，由于江河、山脉等自然障碍的影响，相对空间的差异性，即使在相同的空间距离下，不同的通达性也将使经济辐射力产生差异。

（二）交通手段

经济辐射的本质是实现物流、客流、资金流、信息流、技术流等在中心城市与周边地区之间合理流动，由此促使区域经济的发展。就这个过程来讲，生产要素的流动往往都要利用特定的平台。比如说劳动力或原材料需要使用交通设施，而资金、科技等则会使用通信系统。在这些平台中，劳动力、物资等主要生产要素的流动都是以交通设施为平台来完成的。建设和优化运输体系能够极大的缩减劳动力流动所需的投入，降低物资的输送成本，使不同地区间形成良好的经济互动。显然，对于省际边缘区，只有构建完善的对外交通体系，改善运输的通达性，才可以推动经济空间的延展，促进经济发展。表 3.2 为不同交通运输手段的经济辐射特点。①

表 3.2　不同交通运输手段的经济辐射特点比较

交通运输手段	辐射方式	辐射范围	主要流通资源	辐射产业特点
公路	点—轴	小	普通商品、劳动力	传统商贸、物流、餐饮
高速公路	点—轴	较大	资源性产品、商品、劳动力	传统加工业、商贸、物流、餐饮
铁路	点—轴	较大	资源性产品、商品、劳动力	传统加工业、商贸、物流
高速铁路	点—轴	大	高附加值产品、高素质人才	高新技术产业、现代服务业

① 骆玲、曹洪著：《高速铁路的区域经济效应研究》，西南交通大学出版社 2010 年版，第 114 页。

续表

交通运输手段	辐射方式	辐射范围	主要流通资源	辐射产业特点
航空	点一点	大	高附加值产品、高素质人才	高新技术产业、现代服务业

（三）通讯手段

通讯手段是信息、资金、技术等生产要素流动的保障。计算机技术和通讯技术的日益发展和广泛应用，不仅推动了世界经济从工业化向信息化转变，而且让世界变得更小更近，让经济活动变得更方便快捷。如今，随着互联网在全球的普及，人们可以不受时空的限制而更加自由和快捷地分享信息、交流信息，从而使得信息流的数量、质量及速度大为提高。通讯技术与手段的发展已经改变了传统的社会，它对社会的各方面发展产生了巨大的影响。研究表明，信息化设施建设对落后地区经济增长有正向推动的作用，通过改善其通讯手段可使之具有后发优势。因此对于省际边缘区而言，通讯手段的改善直接影响对中心城市经济辐射的有效接受。

（四）关系网

费孝通（1948）通过研究中西方社会发现，西方社会是团体格局，每个人属于不同的团体，而中国（乡土）社会则是差序格局，每个人以自己为中心构成一个有亲疏关系、有伸缩性的社会关系网。在我国，通过关系网取得信任是非常重要的一种方式。[①] 现实生活中，通过关系网开展经济活动，产生交易行为在中国十分常见，是中国经济活动的一大特色。因此，“关系网”也可作为经济辐射的重要媒介和通道，省际边缘区有遍布各地的同乡构成的关系网，如老乡联谊会、地方商会等，完全可通过这种中间媒介，获得中心城市的企业家信息、投资信息等重要资源。

---

① 费孝通著:《乡土中国》，三联书店 1984 年版，第 77 页。

四、基于辐射动（阻）力的影响因素

（一）行政区划的壁垒

行政区划，指的是政府从统治、经济、行政等角度出发，将一定范围的地区分割成面积与层级各异的行政区域，并且在各个区域设立相应的国家机关，进行行政管理。我国的行政区划已经存在很长时间，从历史角度来看，其具有一定的继承性。由于和政权的稳固息息相关，它也表现出了明显的政治与行政特征。因为行政区划能够产生强硬的制约作用，因此省际边缘区的经济处于一种鲜明的分割状态。政治以及经济体制所带来的区域分割，妨碍了区域间的自由竞争以及各种资源的流动，不利于形成一体化的要素市场。在一个行政区域中，省际边缘区位于最外层位置，距离本省的行政中心与经济中心较远，意味着很难或无法接受其经济辐射，而由于行政分割，也很难接受到毗邻省市中心城市的经济辐射。可见，行政区划壁垒的存在对省际边缘区的经济发展产生了极大的阻碍作用，是省际边缘区接受经济辐射的一大阻力。

（二）地方经济利益的驱使

在现行经济体制的影响下，对各个地区的经济活动进行规划、安排的主体依然为地方政府，而每个地方必然会考虑到自身的利益。在各自利益的驱动下，地方保护主义盛行，纷纷利用行政措施、就业限制、税务措施、价格限定等各种方式，极端化地利用各种资源，给市场秩序带来了极大的干扰。由于省际边缘区隶属不同省份，各地方政府对利益的追逐，导致各区域无法发挥比较优势，无法形成专业化的分工体系，也使得地区产业体系构成严重趋同，而产业结构趋同又加重了竞争的无序性，对各种资源的自由流动以及经济的辐射作用的发挥产生了不利影响。

（三）现行经济体制的约束

在国内，对市场活动起到指引作用的各种体制还存在很多缺陷，也对要素流动形成了制约，进一步影响了经济辐射。地方财权过于独立，在其行政区域内，易于出现重复建设的现象，会阻碍资本的流动，影响招商引资。没有完善的转移支付制度去平衡各级政府间的利益分配，就会造成政府获得的税收较少，用于支付的资金不足，对各种公共事业的发展形成负面作用。交通体系、通信体系、水利等其他设施无法组建成一种跨越多个地区的网络，各个地区联系不紧密，不同地区的经济就无法实现良好的互动。金融体制也存在很多约束。就商业银行来讲，具有明显的行政色彩，银行无法跨区域进行资金投放，从而导致企业发展较为艰难。

第七节 省际边缘区接受中心城市经济辐射的实现条件

一、省际边缘区接受中心城市经济辐射的前提性条件

（一）两地之间存在较高的区域梯度

区位梯度可以说是非均衡增长理论的必然结果和现实体现。根据这一理论，任何一个国家或地区，随着经济发展，区域要素的积累和流动，最终必然存在梯度的差距，这种发展差距，既表现为自身与外部的差距，也表现为地区内部发展中所存在的差距，这种梯度的存在，使不同区域之间形成了不同的区位“势能”，这也正是省际边缘区接受中心城市经济辐射的前提性条件之一。

区域梯度存在多种不同的层次，从全球角度看，不同的洲际之间、次区域之间、国家之间均可呈现出不同的梯度发展状态；而从一个国家或地区来看，内部同样也存在不同梯度。如对于沿海国家而言，通常沿海地区位于第一梯度，内陆地区位于第二阶梯，而内陆边缘地区则位于第三梯度。而从表现形式来看，区域梯度包括了六个方面：一是自然梯度，即区域运动的自然基础和空间场所。通常包括自然条件和自然资源禀赋状况梯度，譬如我国的自然梯度就是自西向东依次降低而成的地形梯度，以及由西向东矿产资源禀赋逐步递减的自然资源梯度；二是经济梯度，它反映经济实力、经济发展水平、经济势能由发达地区逐步向欠

发达地区梯级降低，通常可用人均地区国民生产总值来衡量；三是技术梯度，即技术水平由技术发源地向周边地区梯级降低；四是人口梯度，包括人口密度、人口数量、人口增长和人口素质，由人口聚集区或人才核心区向周边地区梯级降低；五是信息梯度，即信息存量、信息传输速度与强度等由信息中心向周围地区梯级降低；六是市场梯度，即不同层次的市场之间在市场规模、市场结构、市场内容等方面反映的梯级变化格局。这六大梯度中，对经济辐射影响最大的是经济梯度。

任何一个国家或地区经济发展之所以呈现梯度发展状态，其根本原因在于价值规律的作用，生产要素具有天然的逐利性，利益高地和利益所在之地，资金、人才、技术、资源等生产要素均向那里流动和聚集。因此在自由市场经济的国家里，在生产分布上，必然产生两种趋势，即生产向某些交通环境最优越、阻力最小的中心城市集中的极化趋势和生产向广大地区分散的扩散趋势，前者受集聚效应的支配，而后者受扩散效应的支配。由于这两种效应的作用力大小相差悬殊，极化趋势在发展中总是占主导地位，处于高阶梯，不断地向中低阶梯扩散推移。

由于梯度的存在，区域间产生了不同区域梯度之间的区域势能，并形成区域场及其场效应，这种效应具体表现为吸引本区域稀缺的生产要素，排斥本区域丰裕、对本区域不适用的生产要素。同样，由于区域梯度的普遍存在，产生了区域势能，进而形成驱使各种生产要素在区域间广泛流动并造成区域扩张和收缩的作用力，形成了区域梯度力。这种力量既促使经济要素由低梯度区域向高梯度区域运动，也推动经济要素由高梯度区域向低梯度区域运动。①

（二）两地之间存在密切的社会联系

省际边缘区接受中心城市经济辐射的另一个前提性条件是两地之间存在社会联系。社会联系是指两地政府和民间因各种原因而进行接触或

① 安虎森：《增长极理论评述》,《南开经济研究》1997 年第 1 期。

沟通的活动。可以设想，两地之间过于稀疏的交往是很难实现生产要素的流动的。这些社会联系活动包括以下几方面：

1. 政府互访

政府互访是一种官方的社会联系活动。通常，隶属于同一行政区（如省级行政区）下的各级政府之间会存在较多的互访活动，而分属于不同行政区的地方政府之间交往较少。在我国当前的等级官僚体制下，同级政府互访较为常见，而且，层级越低的同级政府互访的频度越高。因此，一般情况下，省际边缘区地方政府与省外中心城市地方政府之间的互访比较少见。

2. 商业贸易

商业贸易是民间的一种常见的社会联系活动。在市场经济条件下，加上交通、通讯技术日益发达的今天，理论上国内商贸活动可以在任意地方进行。而事实上，不管在西部边陲的西藏，还是在东北边陲黑龙江，都可以看到外地客商。但对于边缘地区而言，虽然也存在来自外地甚至中心城市的商贸活动，但其数量与规模往往十分有限。当然，这也与省际边缘区消费市场大小和自然资源的富集度有很大关系。

3. 旅游观光

旅游观光也是一种常见的区域社会联系活动，对边缘地甚至是一种重要的与外部联系交往的社会活动。在我国省际边缘区，由于各种原因往往分布有很多旅游资源，如湘西的张家界、鄂西的神农架、川西北的九寨沟等，都是十分著名的旅游景点。因此，这些地方借助旅游往往能够吸引到外地游客，而许多游客也通过旅游认识了解了这些地方，甚至萌发投资念头。

4. 民间交流

除了以上各种社会联系活动外，边缘地与中心城市还存在文化传播、走亲访友等社会交往活动。特别值得一提的是，地方社会文化、生活习俗对边缘地的社会联系有很大的影响，如陕西汉中地区，虽行政上隶属陕西省，但由于古代长期属于蜀地，当地口音、饮食习惯、生活习俗更接近四川，导致与四川、重庆的社会联系仍比较密切，也导致经济联系较为紧密，根据本书课题组对汉中投资企业的调查，外地在汉中投资房地产的重庆企业占了总家数的三分之二以上。

经济活动是以人为主体开展的活动，人与人之间的社会联系往往会转为经济联系，而经济联系是实现经济辐射的前提。大量事实证明，省际边缘区与周边中心城市之间的社会联系越密切，越有可能接受其经济辐射。反之，则很难。

二、省际边缘区接受中心城市经济辐射的基础性条件

（一）要有良好的交通条件

交通是国民经济的命脉，是基础产业，也是经济发展的先行行业。汽车、火车、轮船、飞机这些现代交通工具的出现和大范围应用，使公路、海河、航空成为主要的运输通道。凡是水陆空运输条件俱佳、交通发达的地方，一般也是经济最有活力的地方。交通与经济的发展历史表明，如果缺乏现代化的运输体系，那么就不会出现现代化的社会。综观世界，很多发达国家都特别注重交通体系的建设，一些国家甚至将国际地缘的特征和优势结合起来，推行“通道战略”，强化区域间的经济关联。如北美自由贸易区的成功，其原因并不是美国、墨西哥以及加拿大这三个国家领土相接，而是该区域运输体系十分健全，并且交通线路能够顺利对接，形成了一种高度现代化的运输网络。再如我国香港的自由港、德国汉堡的自由贸易区，均以构建海上交通通道为基础获取了较大的成功。经济辐射必须要有辐射通道，而交通设施是最重要的通道，其重要性远非其他通道可比，有国内学者甚至提出“通道经济理论”，证明交通对区域发展的重要性。[①] 因此，可以说，没有良好的交通条件，省际边缘

① 杨鹏著：《通道经济：区域经济发展的新兴模式》，中国经济出版社 2012 年版，第 67 页。

区接受中心城市经济辐射就会存在技术性障碍而不可能实现。

通道经济理论认为，在人类经济活动中交通运输是不可或缺的重要环节，其重要性体现在两个方面：首先，交通对于我们的生活和劳动来讲，是必不可少的；其次，从其他角度，可以将交通看成一种物质生产部门，是通道经济形成与发展的基础。在通道经济系统中，交通运输网络是进行内外部物质、能量、数据等流通的“脉络”。通常看来，交通干线对于通道经济来讲，是其得以发展的源泉所在，同时也是经济往外围辐射扩展的渠道。如果交通干线所在地的经济较好，那么经济就能够依线路的方向或是向其侧方进行辐射，并且会出现经济发展轴，推动周围区域经济的共同发展。增长极理论创立者佩鲁曾经说过，一条将大型企业和产业集聚地区连接起来的交通路线，不仅会促使经济活动在交通路线的节点和终端城镇更加活跃，而且会扩大集聚地区中各个单元的广度，也有利于帮助大型企业吸引更多客户。如在交通干线的某一侧为其配备了支线，相同的效果也会出现在这一侧，运输轴也就相应地转化为了发展轴。①

伴随经济区域的扩大，交通干线也会扩展、延长自己的支线，支线又会形成扩展使次级支线出现，所以从一定程度上来讲，各个层级的交通道路都有可能转变为对应层级的交通网络或发展轴。伴随时间的推进，发展轴也会发展成为一个网络系统，通过点—轴—面辐射，从而带动其所在地域的全面发展。现代化运输、通信等设施的建设和完善，使交通体系变得更加富于变化，而且处于持续的改进状态中，在工业时代的中后期，利用交通来提供支持的通道经济，是当下产业分布以及城市布局的最有代表性的模式。

目前，由于交通科技的持续提升、交通基础设施的持续完善，一些中心城市交通通道逐渐步入了系统化、立体化的轨道，甚至能够将陆海

① 朱其现：《交通通道：通道经济的基本载体分析》，《广西民族师范学院学报》2010 年第 3 期。

空三个方面有机地联系起来。对省际边缘区而言，接收中心城市经济辐射就是要形成通道经济，因此，必须交通先行，在省际边缘区与中心城市之间、在省际边缘区内部之间打造便利、通畅的立体交通系统，吸引和集中各类生产要素，沿着铁路、航线或水运线路建设特定的经济带，以现代交通带动经济发展进程。

（二）要有良好的市场环境

市场一词的最早含义是指完成商品交换的场所，这个场所在位置以及时间上都是固定的。经过长期的发展，市场已具备了双重含义：其一是指交易场所，如传统商品市场、劳动力市场、股票证券市场、技术市场等；另一含义则是交易行为的总称。因此，市场一词不仅指交易场所，也指所有的交易行为。时至今日，我们在谈论到市场大小时，并不仅仅指交易场所的大小，还包括了交易行为是否活跃。从广义上讲，所有产权发生转移与交换的关系都可称为市场。一个良好的市场环境是保证经济活动顺利开展的必要条件，也是实现经济辐射的基础条件。基于市场的上述意义，本书所指的市场环境也包括两个含义，即市场软环境和市场硬环境。

1. 市场软环境

市场软环境是相对于交易行为而言的，是指保证市场交易行为顺利进行而作出的机制和体制设计。它包括公平、公正、公开的市场环境规则，以及一体化的市场制度安排。

市场机制与市场规则本身作为使市场有序运行的社会规范，是一种基础性的制度安排，它主要包括价格发现、市场供求、企业竞争、产业演进等一些市场本身内在的安排，也包括反映市场运行要求的文化、法规与政策等，其特征是以内外在强制的形式来约束主体的行为。由于市场规则的施行依赖于国家的强制力，国家是市场规则的主要制定者。在市场经济中，法律法规等正式的制度安排是由国家直接提供的，而伦理道德等非正式的制度安排也是由国家倡导形成的。要想将完善的市场规则转化为优良的市场秩序，重点就在于交易的参与方能不能服从规则的要求，而这和交易参与方对规则的认识和受到处罚所付出的成本相关，而后者直接受制于国家的权力。① 正确处理政府行动的“顺”市场机制效应与“逆”市场机制效应的关系，减少乃至消除政府对市场的干预，消除“诸侯经济”现象的关键在于重视市场机制与市场规则的基础性功能。

对于省际边缘区，要实现接受中心城市的经济辐射，市场一体化制度建设也是非常必要的。市场一体化有利于提升省际边缘地对中心城市产业转移的吸引力。在生产要素流动过程中，市场起着基础性的作用。一体化的市场可以利用两种硬性约束：其一是竞争机制，其二是价格机制，为产业在不同地区间的移转创造一种实现途径。首先，将市场向一体化的方向引导，有利于各种资源的自由流动，满足产业移转的需求。市场越具有鲜明的开放性、统一性特征，就越有助于各种资源在不同地区间的流动，促进不同地区依据自身的资源优势开展分工，选择和培育各自的优势产业和特色产业，推动产业成长和产业集中，强化本土产业的竞争实力。其次，一体化有利于扩大市场需求，推动各种资源的供应，既吸引了转移企业，也会对这些企业发展带来好处。最后，一体化还有利于降低交易成本，为资本扩张提供便利，提升了资本的流动程度。反之，割裂状态中的市场则不利于各种资源在各个区域之间流动，容易出现某个区域缺少资源而其他区域资源过剩的现象。

2. 市场硬环境

市场硬环境是相对于交易场所而言的。它是指为保证市场交易行为顺利进行而建设的硬件设施。包括专业市场、物流中心、零售卖场等，其中又以专业市场的作用最为重要。

专业市场本质上是一种所有权和经营权相分离的新型企业制度，它是一种大规模集中交易的坐商式的市场制度安排，由市场所有者提供交

① 王忠锋著：《边缘地与经济协调发展》，中国社会科学出版社 2012 年版，第 192 页。

易场地和相关设施及服务，由众多经营者在此销售某一类商品或若干类相关商品，通常以现货批发为主，同时也兼顾零售的交易场所。专业市场大多分布在某一产业集群地区，为当地产业集群提供一些相关的支持和配套服务，而产业集群也反过来为专业市场拓展了市场空间，促进了专业市场的繁荣与发展，形成共荣共生的现象。专业市场有着三种鲜明的效应：第一，聚集效应，专业市场将分散化的市场需求集聚起来，进而产生一定的需求规模，以便能够享受到规模带来的好处；第二，导向效应，专业市场让供需双方进行深入的交流，不单单能发现新的需求，同时也可以增加有效供给；第三，拓展效应，专业市场突破了区域边界的限制，扩大了服务范围，有利于更大规模的市场形成。①

专业市场的出现，对国内的区域经济来讲，有着非常重要的促进作用。第一，专业市场促使区域资源优势向经济优势转变。对于资源优势，不能将其等同于经济优势，把前者转化为后者时，需要借助市场将其作用发挥出来，也可以说市场是把前者转变为后者的渠道或重要平台。第二，开发和利用了劳动力资源优势。专业市场能够提供大量的就业机会。这是因为进入市场的门槛低，周转快、效益好，先发效应，学习简单。从我国现有专业市场依托的产业看，大多是劳动密集型产业。可见专业市场不单单有利于充分体现劳动力的效用，并且其以市场为指导，以优势资源为基础，大大推动了本地劳动密集产业的发展。第三，有利于创造技术经济优势。任何一种专业市场，往往都发端于一种行业技术。在专业市场的影响下，技术又会变成一种推动产业、激活经济的动力。或者说，专业市场有利于分工更加细致，有利于提高生产效率，同时也可以为市场带来创新的力量。第四，形成了规模经济的优势。在专业市场发展的驱动下，区域的优势资源、劳动力和技术等生产要素的有机结合，产生巨大的发展动力，可形成具有规模区域特色的产业群、产业带。在

① 陈红儿：《区域经济发展中的专业市场功能分析》，《山东矿业学院学报》(社会科学版)1999年第3期。

我国，大规模的专业市场主要分布于发达地区或中心城市，对于落后的省际边缘区是一大短板。省际边缘区不管从发展经济培育增长极的角度还是从接受中心城市经济辐射的角度来看，都有必要重视专业市场的建设。

三、省际边缘区接受中心城市经济辐射的保障性条件

（一）应建立区域利益协调机制

边缘区接受中心城市经济辐射本质上也是一种跨区域经济合作与互动，在这种过程中必然会产生利益冲突。因此，必须建立有利于区域合作的区域利益协调机制。

1. 集中—分散效应协调机制

对于一个经济区域来讲，其空间结构是生产力的载体，并且对资源的流动以及产业分布都起到了重大的作用。我们不能从静止、孤立的角度来看待空间结构，区域经济在追求规模效益时，边缘地区的资源会流向中心城市，同时中心城市也对边缘地区产生一定的辐射作用，会使一个地区空间结构出现一定的变动，进一步改变中心城市和周边地区的产业结构。因这一过程是由于资源的集中和分散而出现的，集中和分散程度越高，这种变动就愈加鲜明。然而，由于收益递减原理的作用，如果出现了和集中有关的消极现象，比如说环境污染、资源短缺、贫富分化等问题，那么就应该减弱集中程度。所以，边缘区与中心城市应该随时注意空间结构出现的变动，建立一套集聚—扩散效应协调机制，采取宏观调控措施引导资源的合理流动，协调区域经济发展。

2. 区域经济一体化协调机制

通过区域经济一体化强化省际边缘区与中心城市的经济联系是促进地区之间均衡发展的关键途径。所谓区域经济一体化，是指在区域空间系统中，各个功能模块渐渐得到改善，子系统分工能够协调一致，推动整体的空间体系逐步稳定的演变过程。空间体系内各个模块联动的好坏，

和一体化情况的优劣表现出同向变化的关系。一体化的程度不单单会对地区的稳定发展产生作用，也是衡量一个区域发展状况的重要指标。[①] 在区域经济一体化过程中必然会涉及不同地区的利益增减，因此省际边缘区要与中心城市之间建立区域经济一体化协调机制，实现资源自由流入、流出的格局，最终才有可能实现共赢。

3. 区域经济竞合发展协调机制

我国省际边缘区地理位置偏僻，远离中心城市，经济发展的软、硬环境差，加上我国现行的政绩考核制度对经济增长的过度倚重，这些因素导致边缘区内不同地区之间在接受中心城市经济辐射时存在不同程度的经济发展竞争，如项目、资金、政策的争夺。随着竞争程度的加剧，有损省际边缘区区域利益的负面效应也逐渐显现。因此，省际边缘区内部应尽快建立或完善区域经济竞合发展协调机制，减少各自的利益损失，寻求合作，变无序竞争为有序竞争，只有这样才能加快区域内城市之间生产要素的自由流动，实现优势互补，从竞争走向竞合。

4. 区域合作博弈协调机制

这里的合作博弈，也称之为正和博弈，这种博弈的结果是要么两者获利，要么一者获利，另一者没获利但也无损失，所以，整体利益增加。这种博弈的关键之处在于公平竞争和注重合作。参与方应该在合作的架构内产生互信，而且要形成特定的激励和制约机制。中心城市与省际边缘区通过构建区域合作博弈协调机制，使前者给后者输送足够的资金、科技等，而后者向前者输送足够的原材料、劳动力等，两者进行优势互补。在协作中，获取利益较多的一方应该给另一方一定的利益补偿，使得利益分配更为公平，体现区域发展的协调性。

（二）应提供区域发展促进政策

正如前文所述，省际边缘区往往是落后地区，它们与中心城市的差

① 上海财经大学区域经济研究中心：《中国区域经济发展报告：同城化趋势下长三角城市群区域协调发展》，上海财经大学出版社 2012 年版，第 294 页。

距远大于东西部地区之间和城乡之间的差距。因此，从国家层面应提供一系列的倾斜政策，促进省际边缘区接受中心城市经济辐射，实现区域经济的均衡发展。

1. 财政倾斜政策

国际经验表明，国家对边缘落后地区的支持帮助，最直接有效的途径就是实行积极有效的财政倾斜政策。通过财政倾斜政策逐步缩小并最终消除区域之间的发展差距是国际上的通行做法，成功案例也非常多。而这些政策中，又首推财政转移支付。中央财政科学、合理和稳定的转移支付，会改善省际边缘区公共基础设施水平，优化投资环境，减轻企业的税负等负担，使其生产要素投入与发达地区有一个大体相同的收益率。大部分国家的转移支付占中央财政收入的比重都较大，日本、澳大利亚、印度、加拿大、芬兰、韩国等国已超过 20%；德国、英国、美国、印度尼西亚等国在 10%—20%。有鉴于此，为促进省际边缘区发展，我国中央政府应在完善目前主要以税收返还制度的基础上，着力强化体制补助、专项拨款、过渡期转移支付和结算补助等四种具体的转移支付方式，尽快建立和健全中央财政转移支付制度。应通过制定有关法规，确保转移支付投入的基数，利用转移支付手段给省际边缘区提供资金补助。随着国家财力的增长，应明确规定一定时期内向省际边缘地区转移支付在中央财政支出中的递增比例和规模底线，以确保逐步加大对省际边缘区财政转移支付的支持力度。

2. 金融扶持政策

金融是现代经济的核心，而资金是落后地区发展的短板之一。发展省际边缘区经济必须充分重视和培育金融市场，提供发展的资金保障。但是从金融市场领域拓展的空间看，资所追求的高收益、低风险的天性，可能对省际边缘区投资不利，因此必须由国家采取一定的金融扶持政策进行引导。考虑到省际边缘区资金的收益率差异，国家应从以下几方面予以扶持引导。第一，给予中央信贷资金支持。国家政策性银行应以省际边缘区为贷款的主要投向，提供专项贴息、低息等优惠贷款。特别是对发展省际边缘区特色优势产业的中小企业要优先予以积极支持。第二，创立省际边缘地区开发基金。基金的资本全由财政部拨付，并利用国家开发银行的组织和经验，将大多实际业务委托给国家开发银行，由国家开发银行负责运营，开发基金主要从事融资、担保、贴息、出资等业务，主要业务对象是那些在收益性和金融风险方面无法满足国家开发银行和商业银行的融资标准，但具有较高的公益性和外部经济性的项目，如地区性基础设施建设、环保事业、贫困地区开发事业等领域。[①] 第三，加快省际边缘区金融体制改革，建议成立省际边缘区发展银行，发行“边缘区开发债券”，加强对省际边缘区发展的金融支持。与此同时，要加快发展信托、租赁等非银行金融业，拓宽省际边缘区地区融资渠道。第四，组建省际边缘区投资风险基金，支持省际边缘区高新技术产业的发展。总之，必须加快投、融资体制的建设，广开资金渠道，加大省际边缘区发展金融扶持政策的力度。

---

① 茶红旺著:《区域经济理论新探与中国西部大开发》，经济科学出版社 2008 年版，第 173 页。

第四章　省际边缘区接受中心城市经济辐射的定量研究方法

从某种程度上讲，我国经济发展至今已经基本完成“极化”阶段，进入21世纪的主要任务是实现大中城市经济的对外大面积辐射。因此，研究城市经济辐射，特别是选择科学合理的计算方法定量研究城市经济辐射范围和经济辐射力，不仅有利于界定省际边缘区可接受经济辐射范围，实现辐射源的优选，而且对区域城市规划、产业规划和制定经济与社会发展政策具有重要意义。本章通过对城市经济辐射范围和辐射力的计算方法进行评价与完善，提出了省际边缘区接受经济辐射的效应阶段判断方法，以及对省际边缘区可接受经济辐射范围的界定与辐射源的优选的方法与思路。

第一节　城市经济辐射范围研究方法

一、主要研究方法：三大传统模型

（一）引力模型

1931年，美国学者雷利（W.J.Reilly）借鉴物理学中“万有引力”定律，在经过大量实地调查研究的基础上，为了确定商品零售区的范围，第一个提出了“零售引力规律”，因此也被称为“雷利法则”。后来该法则被大量应用于测度城市之间的相互吸引力，被称为城市引力模型。模型认为，两个城市间的相互作用与这两个城市的人口规模（代表城市的质量）

成正比，与它们之间的距离成反比。其一般形式如下：

$$I_{ij}=b\frac{(W_iP_i)(W_jP_j)}{d_{ij}} \tag{4.1}$$

式中，I_{ij} 为 i 和 j 两个城市间的相互作用力；W_i 和 W_j 为经验确定的权数；P_i 和 P_j 为 i 和 j 两个城市的人口规模；d_{ij} 为城市 i 和 j 之间的距离；b 为测量距离摩擦作用的指数。

1984 年，海恩斯（K.E.Haynes）等通过为几个主要变量设置指数对该法则进行了完善。完善后的法则可用如下公式来表示：

$$I_{ij}=kQ_i^{\alpha}Q_j^{\beta}/d_{ij}^{b}\ (d_{ij}>0) \tag{4.2}$$

式中，I_{ij} 代表城市 i 与城市 j 之间的相互吸引力，Q_i 和 Q_j 代表城市 i 和城市 j 的“质量”（关于质量的含义，后文有探讨），d_{ij} 是城市 i 和城市 j 之间的距离，而 b、k、α、β 为经验系数，它们可根据各地区的具体情况来进行取值，一般 k、α、β 取 1，b 取 2，则公式简化为：

$$I_{ij}=Q_iQ_j/d_{ij}^{2}\ (d_{ij}>0) \tag{4.3}$$

城市引力模型的应用范围非常广泛，运用方式也多种多样。譬如，为确定城市最大辐射范围，可根据等引力原则来建立 $I_1=I_2$，通过对两个城市到等引力点的距离建立起函数关系 $y=f(d_1,d_2)$，因此很容易得到两个城市间的辐射范围或分界曲线。此外，这一模型也可以根据确定的统计数据和经验数据，计算一个城市需要多大的引力才能对其周边地区产生有效影响，如可以令 $F=A$（A 为有效引力值），最后，根据这样一个有效引力值就可以推断出一个城市辐射的现实作用边界。[①]

（二）断裂点模型

1949 年，康维斯（P.D.Converse）在雷利的引力模型基础上提出断裂点模型，并成为目前研究城市经济辐射问题的重要工具。该理论认为两城市之间的影响力遵循雷利法则，同时，两个城市之间存在一个相互影响的分界点，即断裂点，在此点辐射力达到平衡。

① 余振宇：《城市经济引力模型分析》，《内蒙古科技与经济》2003 年第 4 期。

假设有两个城市 i 和 j，两城市之间的距离为 D_{ij}，F_i、F_j 分别为 i 城市、j 城市的规模，k 是它们之间的某地，则城市 i 和 j 在 k 点上的场强分别为：

$$S_{ik} = F_i / d_{ik}^2 \tag{4.4}$$

$$S_{jk} = F_j / d_{jk}^2 \tag{4.5}$$

如果 k 地所受的 i、j 两城市对它的场强是相等的（$S_{ik}=S_{jk}$），这一点称为城市的断裂点。据此可以得出式子：

$$\frac{F_i}{d_{ik}^2} = \frac{F_j}{d_{jk}^2} \tag{4.6}$$

$$d_{ik} + d_{jk} = D_{ij} \tag{4.7}$$

根据式（4.6）、式（4.7）整理可得断裂点的计算公式为：

$$d_{ik} = D_{ij} / (1 + \sqrt{F_j / F_i}) \tag{4.8}$$

其中，D_{ik} 为断裂点到 i 城市的距离。

利用上述公式可以计算出某城市与周边城市的断裂点，如果把该城市周围所有的断裂点连接起来，就可以确定该城市的辐射范围。此外，还可以通过计算断裂点处的场强来衡量某城市在该处的辐射力大小。

（三）威尔逊模型

1969 年，威尔逊（A.G.Wilson）在对城市地理的研究中，借用热力学第二定律有关熵的基本概念，提出最大熵模型，即威尔逊模型。该模型是测度区域间资源流动规模、范围的一个工具，因此也被用于测度两个城市之间的相互影响。

他认为，空间的相互作用导致区域间发生资源流动，作用大小取决于两地间距离、区域规模以及资源的连通性等因素。他在模型中把空间相互作用分为宏观态和微观态，系统中有各种不同分布状态的宏观态，每一宏观态下又有各种不同的微观态，当宏观态中的微观态达到最多时，称为最大熵分布。① 威尔逊认为，假设有两个区域构成的一个封闭区域系统，区域 j 是物资供应区，区域 k 是物资需求区，二者之间区间流动的流

① 唐小波：《西方空间相互作用模型评析》，《北京教育学院学报》1994 年第 2 期。

量为 T_{jk}，当 T_{jk} 作为统计宏观量达到稳定时，意味这一系统的熵达到最大，此时任何一个子系统熵也应该达到最大。他进一步利用拉格朗日乘子法，得出区域空间相互作用模型：

$$T_{jk} = A_j B_k O_j D_k \exp(-\beta C_{jk}) \tag{4.9}$$

其中，A_j、B_k 和 β 为拉格朗日乘子函数，C_{jk} 为距离或费用。考虑到经济系统长期是均衡的，为简化问题可忽略区域差异，取 A_j、B_k 为常数，则可得到：

$$T_{jk} = KO_j D_k \exp(-\beta C_{jk}) \tag{4.10}$$

式中，exp（$-\beta c_{jk}$）被称为相互作用核。在相互作用核中，参数 β 是一个关键的参数，由于 β 为衰减因子，它决定了区域影响力衰减速度的快慢。β 值越大，衰减越快。K 则作为归一化因子。因此，只要知道 O_j、D_k、T_{jk} 和 β，就可以计算出城市 K 的最大辐射半径（即辐射距离）C_{jk}，计算公式如下：①

$$C_{jk} = \frac{1}{\beta} \ln \frac{KO_j D_k}{T_{jk}} \tag{4.11}$$

二、三大模型的不足

（一）没有考虑人为因素

上述三种方法均源于反映自然规律的万有引力定律、热力学定律等物理学理论，将物理现象与社会现象联系起来发展出来的一些方法。然而，物理现象与社会现象显然是不一样的，前者是一种自然现象，遵循自然规律，而后者往往掺杂人为因素，并不完全遵守自然规律。如城市之间的相互影响作用要受诸多人为因素，如国家战略、政策法规、政府意志、行政规划、企业决策等的干扰，而以反映自然规律为主的传统公式显然没有把这些因素考虑进去。② 因此，这些方法具有先天不足。

① 王宁、王录仓：《西安与兰州空间相互作用初步研究》，《国土与自然资源研究》2008 年第 3 期。

② 尹虹潘：《对城市吸引区范围界定的理论分析》，《财经研究》2005 年第 11 期。

（二）没有考虑通达性

城市相互吸引的本质是城市之间存在经济活动或社会联系，即存在人口、资金、商品等一系列生产要素的流动，显然，城市之间的相互吸引力取决于生产要素流动的成本与便利性。对要素流动的考虑，三种方法均认为两地距离是影响经济辐射或相互吸引的最重要因素，在三大模型中均有两地距离这一变量。然而，简单地以其物理距离或地理距离来表示两地距离，并不能完全反映出对吸引力大小的影响，已不适用于交通条件日新月异的当今社会。区域之间人的流动不仅取决于物理距离的长短，还取决于两个区域的交通便利程度。现实中由于相对空间的差异性，如江河、山脉等自然障碍的影响，两地之间即使物理距离相同，不同的通达性也将使吸引力产生差异。显然，这一点上述方法并没有考虑到。

（三）没有综合考虑城市实力

引力模型和断裂点模型中提到另外一个影响城市之间经济辐射的主要因素是城市的规模，威尔逊模型中供需物资总量提到的另外一个主要因素是两地供需物资总量。显然，这两个变量都不足以反映城市对外辐射的潜力（或能力），不能代表城市的“质量”和“总流量”。首先，城市是区域经济的中心，对外辐射取决于其经济综合实力，单一使用城市人口规模、城市面积抑或 GDP 总量都不能完全反映城市的实际辐射力；其次，城市之间存在多种流态，如人流、物流、信息流、技术流、资金流等，仅以物资流动评判辐射范围是不全面的。[①]

（四）计算辐射范围的缺陷

上述三种数理方法在确定中心城市经济辐射范围上有很大不同，最终确定的辐射范围也不完全一样。尽管这三种方法都计算出了城市经济辐射范围，但这三种方法最大的缺陷在于都没有确定中心城市的有效辐

① 赵雪雁、江进德：《皖江城市带城市经济联系与中心城市辐射范围分析》，《经济地理》2011 年第 2 期。

射范围。因为三种方法计算出来的辐射范围边界实际都处于两城市之间。假设有 A、B 两城市距离较近，B 城市为 A 中心城市的卫星城市，在现实中 A 对 B 有极强的经济辐射效应。显然 A 城市的辐射范围应该包括 B 城市，但按照上述方法计算的 A 城市辐射范围却将 B 排除在外。另外，三种方法在经计算辐射范围时还存在适用性问题。因为根据三种模型，两个距离遥远、经济关联度很低的城市（如北京和纽约，上海和拉萨）也具有相互吸引力，并有一定的辐射范围，而事实上这是基本不存在的。

除了上述共同缺陷外，威尔逊模型还存在较为复杂、使用不便这一不足。一是 O_jP_k 的含义比较模糊，不仅不同学者对之有不同的理解，而且用单一指标也不具代表性，实践中更多使用综合指标。二是实际计算中，往往需要估计衰减因子 β。

三、对传统模型的修正

由于存在上述缺陷，事实上，经济辐射范围研究方法与模型提出以后，后人在使用中一直没有停止对它们的修正。借鉴前人研究成果，本书从弥补以上四个不足出发提出修正方案。

（一）基于人为因素的修正

由于影响两地之间经济联系的人为因素有促进和阻碍两种。促进因素可以使两个城市之间的吸引力增强，辐射范围增大。如国家在某城市设立经济特区（开发区、自由贸易区等）、国家向某城市实施产业转移战略、某城市获得国家级投资优惠政策等。阻碍因素可以使两个城市吸引力减弱，辐射范围缩小。如某城市被行政规划到另一省份、某城市被功能定位为生态保护区或限制开发区、某城市恶化的经商环境等。为体现这些人为因素对两地经济联系的影响，在计算吸引力和辐射范围时，可以引入一个干扰指数 c。指数 c 可以用正负值体现人为干扰因素的性质，人为因素对城市间的相互吸引力有促进作用时取 c 为正值，有阻碍作用时取 C 为负值，人为因素没有发挥作用（或多种人为因素的效果相互抵消）

时取 C 为 0。c 的绝对值越大；表明人为影响的程度越大，反之则越小。[①]

引入人为因素后，引力模型公式可修正为：

$$I_{ij} = (1+c)kQ_i^{\alpha}Q_j^{\beta} / d_{ij}^{b} \tag{4.12}$$

断裂点模型计算公式可修正为：

$$d_{ik} = (1+c)D_{ij} /(1+\sqrt{F_j/F_i}) \tag{4.13}$$

而威尔逊模型公式则可修正为：

$$T_{jk} = (1+c)KO_jD_k \exp(-\beta C_{jk}) \tag{4.14}$$

（二）基于通达性的修正

由于两地空间的非均质性，两地经济辐射力与空间直线距离并不成正比。因此，后人对三个传统模型中提出的直线距离因素进行了很多修正。如牛慧恩、孟庆民等采用城市间的交通距离修正模型，孟德友、陆玉麒采用时间距离修正模型。[②] 还有学者建议考虑两地之间的交通成本因素。诚然，上述修正有其合理、科学的一面。但笔者认为，如单一地使用上述某一指标取代传统的空间直线距离，也存在诸多问题。譬如，如考虑以交通距离或交通时间取代，这个交通距离、交通时间到底选择公路、铁路还是航空方式下的交通距离、交通时间？事实上单独选择哪一种都有失偏颇，合理的做法是根据交通方式的重要性或使用频度按不同权重对上述指标求和，即加权平均。另外，考虑到不同地区交通收费费率的不同，还需要设置一个交通成本系数，因为，交通高收费会限制两地之间人流、物流的流动，相当于延长了两地距离或时间。综上，笔者基于通达性考虑，对传统模型中的空间距离指标修正为：

$$D_{ij} = K(aD_{ij1} + bD_{ij2} + cD_{ij3}) \tag{4.15}$$

式中，D_{ij} 代表两地之间修正后的交通距离；D_{ij1}、D_{ij2}、D_{ij3} 分别代表两地之间三种不同方式下的交通距离（如公路、铁路、航空等）；a、b、

① 尹虹潘：《对城市吸引区范围界定的理论分析》，《财经研究》2005 年第 11 期。

② 牛慧恩、孟庆民：《甘肃与毗邻省区区域经济联系研究》，《经济地理》1998 年第 3 期。孟德友、陆玉麒：《基于引力模型的江苏区域经济联系强度与方向》，《地理科学进展》2009 年第 5 期。

c 分别代表两地之间不同交通方式的使用权重，a、b、c 之和为 1。式中 D 也可换为 T，以交通时间衡量通达性。

（三）基于城市“质量”与“流量”的修正

引力模型和断裂点模型都是根据牛顿万有引力定律而来，因此，在这两个模型中都有一个城市“质量”指标。但用什么来反映城市质量？显然，如前所述，人口规模或 GDP 等单一指标都具有很大的片面性。因此，后来的学者从完善城市“质量”的代表性出发做了大量的修正工作。借鉴前人成果并对之补充完善，笔者提出两种修正思路。

一是简单修正。这种修正方法选择三种较为重要的反映城市实力的指标，用它们的几何平均值代表城市质量，如两城市建成区的面积、两城市的城市人口数量、两城市的 GDP 等。同时考虑到不同城市的发展定位、产业结构、发展阶段等因素对城市“质量”的影响，如工业为主的城市与服务业为主的城市，其对外经济辐射力显然是不一样的，典型的如北京与上海对外围的经济辐射就具有较大差异。① 因此，有必要引入城市质量系数。综上，简单修正后的 i 城市质量计算公式为：

$$F_i = k\sqrt[3]{S_i P_i G_i} \tag{4.16}$$

式中，S_i、P_i、G_i 分别代表城市建成区的面积、城市人口数量及 GDP。

二是综合修正。这种修正方法先要建立一个城市辐射力综合评价体系，这里笔者从经济辐射的三大要素出发，从辐射源、辐射通道、辐射流三个方面构建一个综合评价体系，如表 4.1 所示。通过层次分析法对不同层级的指标赋以不同权重，最后计算出城市辐射力，用它代表城市质量。

对于传统威尔逊模型中“流量”的修正，可以借鉴上述城市“质量”的修正方法，从物流、人流、信息流、资金流、技术流等方面进行考虑，

① 刘崇献：《北京与上海经济辐射能力差异探析》，《北京社会科学》2005 年第 4 期。

选择关键指标进行几何平均或采用综合评价体系进行综合计算。限于篇幅，本书不再赘述。

表 4.1 城市经济辐射力评价指标体系

目标层	领域层	准则层	指标层
城市经济辐射力 A	辐射源 B_1	经济规模 C_1	GDP 总量 D_1
			城市面积 D_2
			城乡居民储蓄年末余额 D_3
			规模企业数 D_4
			城市人口数 D_5
		经济质量 C_2	人均 GDP D_6
			GDP 增长率 D_7
			第二产业比重 D_8
			非农人口比例 D_9
			职工人均工资 D_{10}
	辐射通道 B_2	交通通道 C_3	每天进出列车次数 D_{11}
			每天国内航班数 D_{12}
			每平方公里铁路里程公里数 D_{13}
			每平方公里公路里程公里数 D_{14}
		信息通道 C_4	人均邮电业务总量 D_{15}
			固定及移动电话用户数 D_{16}
	辐射流 B_3	物流 C_5	社会零售总额 D_{17}
			货运总量 D_{18}
			进出口贸易 D_{19}
		客流 C_6	客运总量 D_{20}
		资金流 C_7	国内招商引资金额 D_{21}
			利用 FDI D_{22}

（四）基于辐射范围适用性的修正

三个传统模型源于对物理现象的观察，但物理现象与社会现象有本质的不同。前者遵循自然规律，后者遵循社会规律。自然规律是由一种无意识的、盲目的力量起作用而发生的，只要具备相同的客观物质条件，就可按相同的方式反复出现。社会规律则是通过有一定目的性的、人的有意识活动实现的，在社会规律中，存在客观条件与主观条件相互制约的关系。二者本质的不同决定了源于自然规律的三个传统模型，在揭示社会规律时相对自然规律要复杂很多，有很多情况对它们可能并不适用。笔者认为以下两种情况在模型使用中必须考虑到：

第一，距离较近的两个规模不等的城市之间（如区域中心城市与卫星城市）基本不存在相互辐射，经济辐射主要表现为大城市向小城市辐射，小城市对大城市的经济辐射可以忽略不计。或者说小城市的经济辐射被大城市所屏蔽。① 因此，在计算这种情况下的两个城市经济辐射范围时，不能简单套用三个传统模型。

第二，规模较远的两个城市之间（如北京和纽约，上海和拉萨）不存在经济辐射。从国内外大量实证研究来看，一般而言，两地之间距离大于 600 公里或公路通行时间超过 8 小时，事实上已经不存在经济辐射，或经济辐射场强为 0。② 因此，对于这种情况，使用上述模型计算经济辐射范围是没有意义的。

另外，如前分析，传统模型计算出的辐射范围分界点处于两城市之间，这对于制定城市规划或确定行政边界是有价值的，但对于研究两个城市之间是否存在经济联系，乃至一个城市是否可以接受另一城市经济辐射则并无多大意义。因此，在这种情况下，笔者建议对辐射范围的计算做以修正。修正的思路是引入一个有效辐射场强 S_e，这一数值由经验得出，针对不同地区有所不同。当通过传统模型计算出某大城市的有效辐射场强对应的辐射距离超过该城市到另一城市之间的距离时，则另一

① 尹虹潘：《对城市吸引区范围界定的理论分析》，《财经研究》2005 年第 11 期。

② 如复旦大学产业发展研究中心孟可强、陆铭利用中国城市级面板数据，以港口城市上海、香港、天津为中心的三大都市圈为研究对象，考察了城市在都市圈内的地理区位与该城市人均 GDP 的关系。研究认为上海的最远辐射距离为 600 公里，香港最远为 500 公里。

城市被该大城市有效辐射，超出越多，意味着辐射越强，两地之间经济关联度越大，否则意味着两地不存在有效辐射。如对断裂点模型修正，先通过公式 $S_e=F_i/d_{ie}^2$ 计算出 d_{ie}，$d_{ie}=\sqrt{F_i/S_e}$。如果 $d_{ie}>d_{ij}$，则城市 i 对城市 j 具有有效辐射。

经济辐射理论的传统三大模型对计算和确定城市经济辐射范围提供了基本思路和方法，使经济辐射由定性分析走向定量分析，使城市规划与行政边界划分变得更为科学。但是，由于自然规律与社会规律的差异，加之模型提出者对模型前提设定有限，因此，在模型使用中必须进行必要的修正。特别是影响经济辐射的各种人为因素、两地之间的交通通达性、真正反映城市辐射实力的“质量”与城市之间的“流量”，作为重要影响因子在传统模型都没有考虑进去，因此，需要对模型进行修正。此外，传统模型对经济辐射范围的计算没有考虑一些特殊情况，而且计算出的辐射范围分界点（如以断裂点为界）处于两城市之间，这对于研究一个城市是否处于另一城市的有效经济辐射范围内并无多大意义。因此，从这一角度考虑也有修正的必要。当然，修正后的模型显然更加复杂，增加了数据获取和计算的工作量，也限制了在一般场合下的应用（如对辐射范围的大致判断），可能更适于对经济辐射范围进行精准研究的场合。最后，需要说明的是，本书提出的一些修正方法也不是最终、最完善的修正，只是在前人研究的基础上做了进一步的补充，提供了一些新的思路，更期望能起到抛砖引玉之效，启发其他研究者作出更完善的研究。

第二节　基于评价指标体系的经济辐射力计算

一、城市经济辐射力评价的指标体系

如前所述，国内外学者在研究城市辐射力范围时，大多以城市实力或人口规模来间接计算出城市经济辐射能力，这种计算方法虽然简单，

但不够精准，忽略了很多影响经济辐射力的重要因素。基于这一原因，本书根据上一章建立的辐射原理模型，从辐射源、辐射流和辐射通道三个角度，选取了 7 个层面 22 个指标，构建了城市经济辐射力评价指标体系。这 7 个层面分别是经济规模（C_1）、经济质量（C_2）、交通通道（C_3）、信息通道（C_4）、物流（C_5）、人流（C_6）、资金流（C_7）等，22 个指标分别是 GDP 总量（D_1）、城市面积（D_2）、城乡居民储蓄年末余额（D_3）、规模企业数（D_4）、城市人口数（D_5）、人均 GDP（D_6）、GDP 增长率（D_7）、第二产业比重（D_8）、非农人口比例（D_9）、职工人均工资（D_{10}）、每天进出列车次数（D_{11}）、每天国内航班数（D_{12}）、每平方公里铁路里程公里数（D_{13}）、每平方公里公路里程公里数（D_{14}）、人均邮电业务总量（D_{15}）、固定及移动电话用户数（D_{16}）、社会零售总额（D_{17}）、货运总量（D_{18}）、进出口贸易（D_{19}）、客运总量（D_{20}）、国内招商引资金额（D_{21}）、利用 FDI（D_{22}）等。

二、指标权重的赋值

20 世纪 70 年代美国运筹学家萨蒂（T.L.Saaty）创立了层次分析法（AHP），该方法将人的主观判断用数量形式表达和处理，是一种定性与定量相结合的多目标、多准则的决策分析方法，也是目前确定指标体系最常用的方法。考虑到城市经济辐射力评价指标体系中存在一些相互关联，在评价时所起作用不同。故本书采用了层次分析法对各项指标进行赋权。① 其步骤如下：

第一步，确定城市经济辐射力指标体系的层次递接结构。本层级结构体系为 4 层，总目标层 A 为经济辐射力，领域层 B 有 3 个，准则层 C 有 7 个，指标层 D 有 22 个。

第二步，根据层次结构构建判断矩阵。判断矩阵中元素的值采用 1—

① 王素芳：《区域性中心城市经济辐射力研究——以重庆市为例》，西南大学，硕士学位论文，2010 年。

9 及其倒数的标度方法，1 表示两个元素相比，具有同样的重要性；3 表示两个元素相比，前者比后者稍重要；5 表示两个元素相比，前者比后者明显重要；7 表示两个元素相比，前者比后者更加重要；9 表示两个元素相比，前者比后者极其重要；2、4、6、8 表示上述相邻判断的中间值。若元素 i 和元素 j 的重要性之比为 a_{ij}，那么元素 j 与元素 i 的重要性之比为 $a_{ji}=1/a_{ij}$。通过专家两两比较后，对各个因子的重要程度进行打分，再取每个元素得分的平均分作为其特征向量值，各判断矩阵及特征向量详见表 4.2—表 4.11。

构建目标 A 对领域 B_i 的相对重要性判断矩阵 $A—B_i$，见表 4.2。

表 4.2 判断矩阵 $A—B_i$ 及其特征向量

A	B_1	B_2	B_3	W
B_1	1	2	4	0.5714
B_2	1/2	1	2	0.2857
B_3	1/4	1/2	1	0.1428

构建领域 B_i 对准则 C_i 的相对重要性判断矩阵，见表 4.3—表 4.5。

表 4.3 判断矩阵 $B_1—C_i$ 及其特征向量

B_1	C_1	C_2	W
C_1	1	2	0.6667
C_2	1/2	1	0.3333

表 4.4 判断矩阵 $B_2—C_i$ 及其特征向量

B_2	C_3	C_4	W
C_3	1	3	0.7500
C_4	1/3	1	0.2500

表 4.5 判断矩阵 $B_3—C_i$ 及其特征向量

B_3	C_5	C_6	C_6	W
C_5	1	2	3	0.5390

续表

B_3	C_5	C_6	C_6	W
C_6	1/2	1	2	0.2972
C_7	1/3	1/2	1	0.1638

构建准则 C_i 对指标 D_i 的相对重要性判断矩阵，见表 4.6—表 4.11。

表 4.6　判断矩阵 C_1—D_i 及其特征向量

C_1	D_1	D_2	D_3	D_4	D_5	W
D_1	1	4	3	1	1	0.2891
D_2	1/4	1	1/2	1/3	1/4	0.0707
D_3	1/3	2	1	1/2	1/2	0.1235
D_4	1	3	2	1	1	0.2512
D_5	1	4	2	1	1	0.2655

表 4.7　判断矩阵 C_2—D_i 及其特征向量

C_2	D_6	D_7	D_8	D_9	D_{10}	W
D_6	1	2	1	3	3	0.3093
D_7	1/2	1	1/2	2	2	0.1737
D_8	1	2	1	3	4	0.3274
D_9	1/3	1/2	1/3	1	1	0.0975
D_{10}	1/3	1/2	1/4	1	1	0.0921

表 4.8　判断矩阵 C_3-D_i 及其特征向量

C_3	D_{11}	D_{12}	D_{13}	D_{14}	W
D_{11}	1	1	2	2	0.3318
D_{12}	1	1	2	1/2	0.2340
D_{13}	1/2	1/2	1	1/3	0.1224
D_{14}	1/2	2	3	1	0.3118

表 4.9 判断矩阵 C_4—D_i 及其特征向量

C_4	D_{15}	D_{16}	W
D_{15}	1	1/2	0.3333
D_{16}	2	1	0.6667

表 4.10 判断矩阵 C_5—D_i 及其特征向量

C_5	D_{17}	D_{18}	D_{19}	W
D_{17}	1	1/4	2	0.2114
D_{18}	4	1	4	0.6551
D_{19}	1/2	1/4	1	0.1335

表 4.11 判断矩阵 C_7—D_i 及其特征向量

C_7	D_{21}	D_{22}	W
D_{21}	1	2	0.6667
D_{22}	1/2	1	0.3333

第三步，权重的计算。利用求和法得出其特征向量，即其权重。详见表 4.12—表 4.13。

表 4.12 各准则对总目标的组合优先权重值

准则	B_1	B_2	B_3	各准则对总目标的优先权重
	0.5714	0.2857	0.1428	总排序权重 Wc
C_1	0.6667			0.3809
C_2	0.3333			0.1905
C_3		0.7500		0.2143
C_4		0.2500		0.0714
C_5			0.5390	0.0770
C_6			0.2972	0.0424
C_7			0.1638	0.0234

表中 W_c 行各元素分别乘表下部某行对应列元素，其乘积为该行的组合权重值。如 C_1 对总目标优先权重 =0.5714×0.6667=0.3809；C_3 对总目

标优先权重 =0.2857 × 0.7500=0.2143；其余算法相同。表 4.13 各指标对总目标的组合权重值的计算方法也与表 4.12 相同。

表 4.13　各指标对总目标的组合权重值

指标	C_1	C_2	C_3	C_4	C_5	C_6	C_7	各指标对总目标的优先权重
	0.3809	0.1905	0.2143	0.0714	0.0770	0.0424	0.0234	总排序权重 W_D
D_1	0.2891	0	0	0	0	0	0	0.1101
D_2	0.0707	0	0	0	0	0	0	0.0269
D_3	0.1235	0	0	0	0	0	0	0.0470
D_4	0.2512	0	0	0	0	0	0	0.0957
D_5	0.2655	0	0	0	0	0	0	0.1011
D_6	0	0.3093	0	0	0	0	0	0.0589
D_7	0	0.1737	0	0	0	0	0	0.0331
D_8	0	0.3274	0	0	0	0	0	0.0624
D_9	0	0.0975	0	0	0	0	0	0.0186
D_{10}	0	0.0921	0	0	0	0	0	0.0175
D_{11}	0	0	0.3318	0	0	0	0	0.0711
D_{12}	0	0	0.2340	0	0	0	0	0.0501
D_{13}	0	0	0.1224	0	0	0	0	0.0262
D_{14}	0	0	0.3118	0	0	0	0	0.0668
D_{15}	0	0	0	0.3333	0	0	0	0.0238
D_{16}	0	0	0	0.6667	0	0	0	0.0476
D_{17}	0	0	0	0	0.2114	0	0	0.0163
D_{18}	0	0	0	0	0.6551	0	0	0.0504
D_{19}	0	0	0	0	0.1335	0	0	0.0103
D_{20}	0	0	0	0	0	1.0000	0	0.0424
D_{21}	0	0	0	0	0	0	0.6667	0.0156
D_{22}	0	0	0	0	0	0	0.3333	0.0078

第四步，一致性检验。为确保计算结果合理，层次分析法要求对判断矩阵进行一致性检验，计算公式为 $CR=CI/RI$，其中，$CI=(\lambda_{max}-n)/(n-1)$。式中，$CI$ 是一致性特征数，RI 是随机一致性指标，其取值见表 4.14，λ_{max} 是判断矩阵的最大特征根，CR 是一致性比率，n 是成对比较因子个数。

表 4.14 随机一致性指标 ***RI*** 值

n	1	2	3	4	5	6	7	8
RI	0	0	0.58	0.90	1.12	1.24	1.32	1.41

如果 $CR<0.1$ 时，则该判断矩阵具有满意的一致性，即判断矩阵的构建符合数学逻辑，可以依据该矩阵进行权值的计算。否则，必须重新调整判断矩阵，再进行一致性检验，直至最终满足 $CR<0.1$。可以证明，对于一阶、二阶矩阵总是一致的，因此 B_1—C_i、B_2—C_i、C_4—D_i、C_6—D_i、C_7—D_i 不需要进行检验。其他判断矩阵的计算结果见表 4.15。

表 4.15 判断矩阵的一致性

判断矩阵	最大特征值 λ_{max}	一致性指标 ***CI***	随机一致性指标 ***RI***	一致性比率 ***CR***
$A-B_i$	3	0	0.58	0
B_3-C_i	3.0112	0.0056	0.58	0.0096
C_1-D_i	5.0342	0.0086	1.12	0.0076
C_2-D_i	5.0195	0.0049	1.12	0.0044
C_3-D_i	4.2230	0.0743	0.90	0.0826
C_5-D_i	3.0797	0.0399	0.58	0.0687

表 4.15 数据表明，所有判断矩阵均通过一致性检验，通过层次分析法计算的结果是有效的。因此，可得出各指标权重已经赋值的城市经济辐射力评价指标体系，见表 4.16。

表 4.16　城市经济辐射力评价指标体系及指标权重

目标层	领域层	准则层	指标层
城市经济辐射力 A	辐射源 B_1 [0.5714]	经济规模 C_1 [0.6667]	GDP 总量 D_1 [0.1101]
			城市面积 D_2 [0.0269]
			城乡居民储蓄年末余额 D_3 [0.0470]
			规模企业数 D_4 [0.0957]
			城市人口数 D_5 [0.1011]
		经济质量 C_2 [0.3333]	人均 GDP D_6 [0.0589]
			GDP 增长率 D_7 [0.0331]
			第二产业比重 D_8 [0.0624]
			非农人口比例 D_9 [0.0186]
			职工人均工资 D_{10} [0.0175]
	辐射通道 B_2 [0.2857]	交通通道 C_3 [0.7500]	每天进出列车次数 D_{11} [0.0711]
			每天国内航班数 D_{12} [0.0501]
			每平方公里铁路里程公里数 D_{13} [0.0262]
			每平方公里公路里程公里数 D_{14} [0.0668]
		信息通道 C_4 [0.2500]	人均邮电业务总量 D_{15} [0.0238]
			固定及移动电话用户数 D_{16} [0.0476]
	辐射流 B_3 [0.1428]	物流 C_5 [0.5390]	社会零售总额 D_{17} [0.0163]
			货运总量 D_{18} [0.0504]
			进出口贸易 D_{19} [0.0103]
		客流 C_6 [0.2972]	客运总量 D_{20} [0.0424]
		资金流 C_7 [0.1638]	国内招商引资金额 D_{21} [0.0156]
			利用 FDI D_{22} [0.0078]

三、经济辐射力的计算

有了城市经济辐射力评价指标体系以后，某城市某年的经济辐射力即为各个指标对总目标的组合权重值与该指标值乘积的和。计算公式如下：

$$A=W_{D1}\times X_1+W_{D2}\times X_2+W_{D3}\times X_3+\cdots+W_{D21}\times X_{21}+W_{D22}\times X_{22} \quad (4.17)$$

式中，城市经济辐射力为 A，各指标值为 X_n（n=1，2，…，22），各个指标对总目标的组合权重值为 W_{Dn}（n=1，2，…，22）。

第三节 省际边缘区接受经济辐射的效应阶段判断

一个中心城市对省际边缘区具有经济辐射效应，但未必在一开始就能显现。研究表明，一个地区处于不同发展阶段时，中心城市表现出的辐射效应差别非常大。在经济发展初期阶段，回流效应远大于扩散效应，生产要素向中心城市集中，使中心城市更发达，周边地区更落后。在这一阶段，省际边缘区接受经济辐射是不可能的。而跨越这一阶段后，随着中心城市的发展，扩散效应逐步超过极化效应，省际边缘区则可以有效接受经济辐射。因此，省际边缘区为实现有效接受经济辐射，对中心城市的辐射效应阶段作出准确判断具有重要意义。

一、理论依据：威廉姆逊倒 U 型理论

1965 年，美国经济学家威廉姆逊（Williamson,J.G.）通过对英格兰东部长达 110 年的经济统计资料以及全世界 24 个国家的资料进行了剖面和时间序列分析，并受美国经济学家库兹涅茨（1955）提出的“倒 U 型假说”的启发，提出了区域经济差异的倒 U 型理论。[①] 该理论指出，当一个国家或地区的经济在时间上处于不发达时期时，生产要素流动较少，区域经济差异较小，经济不均衡程度较低，如图 4.1 中的 A 点；当经济处于初步发展阶段时，生产要素向发达地区集中，区域差异逐渐扩大，如图 4.1 中的 AB 段；当经济发展进入成熟阶段时，区域内统一市场逐步形成，受发达地区投资收益递减的影响，生产要素流入欠发达地区，区

① Williamson, J. G., “Regional Inequality and the Process of National Development: A Description of the Patterns”, *Economic Development and Cultural Change*, Vol.13(July 1965), pp.3–45.

域差距趋于缩小，如图 4.1 中的 *BC* 段。这种区域差异的变化表现为倒 U 型形状。根据倒 U 型理论，在区域经济发展初期，经济活动空间集聚的极化现象不可避免，但极化并非一直存在的，随着经济发展进入成熟期，区域经济差异会逐步缩小最终消失。

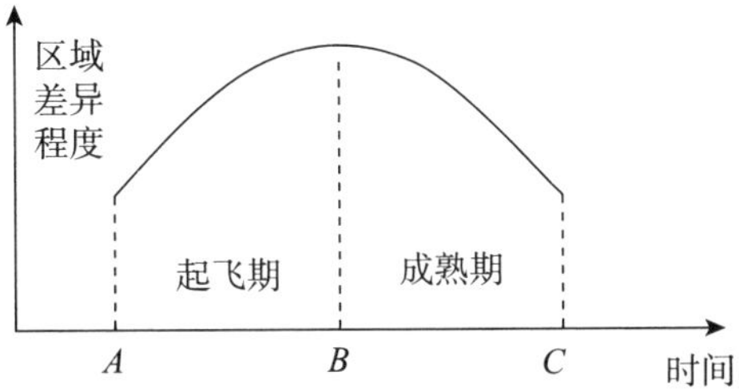

图 4.1 不同发展阶段的区域差异程度

假如由中心城市与周边地区构成一个区域，显然，倒 U 型理论可以用于解释这个区域中中心城市与周边地区在不同的发展阶段的经济差异变化。在这一区域经济发展的起步阶段，由于中心城市具有各种优势（如政策优势、地域优势），因此会吸引资本、人才、技术等生产要素流入，包括对周边地区劳动力的吸引，使中心城市与周边地区之间的发展差距拉大；当中心城市经济发展到一定程度时，随着劳动力成本增加、工业用地的减少以及环境保护的压力，资本、人才、技术等要素也开始向周边地区流入，一些产业开始转移，使得周边地区的经济得到快速发展。

中心城市与周边地区在不同发展阶段的经济差异变化本质上是经济辐射中极化效应和扩散效应作用的结果。因此，可根据区域差异程度随时间的变化趋势，判断中心城市与周边地区的互动关系是处于极化阶段还是扩散阶段。如果中心城市与周边地区的区域差异程度随时间的变化而增大，则处于图 4.1 中的 *AB* 的阶段，此时中心城市的极化效应大于扩散效应，可判断其为极化阶段；反之，如果中心城市与周边地区的区域差异程度随时间的变化而减小，此时中心城市的扩散效应大于极化效应，则处于图 4.1 中的 *BC* 的阶段，可判断其为扩散阶段。[①]

二、区域经济差异的计算

关于区域经济差异的计算，主要涉及两个方面，一是经济差异的衡量指标，二是经济差异的计算方法。

区域经济差异的衡量指标很多，最常见的有 GDP、工业产值、地方财政收入、居民储蓄余额、居民收入等，既包括总体指标，也包括单位指标、人均指标；既包括数量指标，也包括质量指标。从指标的代表性和数据的获取难易度出发，一般选择人均 GDP 或人均收入较多。

区域经济差异的计算方法主要有绝对差距计算方法和相对差距计算方法。绝对差距计算方法通过计算两个区域某一经济指标的差值，它反映的是一种绝对差异状况。其数值越大，表示区域经济差异的幅度越大，反之则越小。这种方法的一个缺点在于由于基数差异的影响，在进行动态比较时，绝对差距就难以反映差异的变动趋势。所以还需计算相对差距。相对差距是指两个区域某一指标的比值，反映的是一种相对差异状况。比值越大说明区域差异越大；反之越小。举例说明，甲城市人均收入 15000 元，其周边地区人均收入 7000 元；乙城市人均收入 78000 元，其周边地区人均收入 70000 元。从相对差距看，甲乙两城市与周边地区收入差距都是 8000 元，没有区别；但从相对差距看，甲城市与周边地区的收入差距为 2.1 倍，就远大于乙城市与周边地区的差距 1.1 倍。

有很多现成指标可用于分析和研究区域经济差异问题，其中有名的如基尼系数、泰尔指数等，它常常用于反映衡量个人之间或者地区之间的收入差距。

本书在研究判断中心城市的极化与扩散的阶段时，采用的是区域相对差距的测度方法。借鉴前人研究成果，提出通过计算中心城市人均

① 时省、赵定涛、魏玖长：《中国省会城市极化与扩散效应研究》，《中国科技论坛》2012 年第 4 期。

GDP 与省际边缘区人均 GDP 的比值变化，来度量中心城市和省际边缘区之间的经济辐射阶段。如果中心城市与省际边缘区人均 GDP 比值逐渐增大，则表明两地之间人均 GDP 差距拉大，此时表现为中心城市对省际边缘区的极化效应。反之，如果中心城市与省际边缘区人均 GDP 比值逐渐缩小，则表明两地之间人均 GDP 差距缩小，此时表现为中心城市对省际边缘区的扩散效应。

如本书在研究陕南接受西安经济辐射的效应程度时，通过计算 1991 年以来西安的人均 GDP 与陕南人均 GDP 的比值变化，来度量西安和陕南之间的极化、扩散程度。表 4.17 为 1990 年至 2014 年西安、汉中、安康、商洛的人均 GDP。

表 4.17　1991 年至 2014 年西安、汉中、安康、商洛的人均 GDP

单位：元

年份	西安	汉中	安康	商洛	年份	西安	汉中	安康	商洛
1991	1971	1195	826	681	2003	13341	4402	3577	3902
1992	2336	1461	991	783	2004	15294	5172	4141	4393
1993	3253	2027	1297	914	2005	16406	6255	5413	4800
1994	4590	2407	1504	1129	2006	18890	7158	6175	5787
1995	5156	2796	1818	1226	2007	22463	8562	7218	6737
1996	6332	3154	2091	1497	2008	27794	10435	9087	8272
1997	7607	3370	2322	1577	2009	32411	11819	10341	9383
1998	8376	3542	2433	1865	2010	38343	14907	12428	12194
1999	9105	3722	2500	2000	2011	45475	18952	15477	15513
2000	9484	3250	2561	2382	2012	51166	22084	18878	18097
2001	10628	3503	2758	2529	2013	57104	25796	22967	21814
2002	11831	3819	3107	2842	2014	63748	28935	26178	24562

资料来源：《陕西省统计年鉴》（1991—2014 年）。

根据表 4.17 数据，可以计算出西安与陕南人均 GDP 的比值变化，如图 4.2 所示。在 2002 年之前，西安对汉中的经济辐射主要表现为极化效应，其结果是两地人均 GDP 差距拉大，直到 2002 年之后才表现为扩散效应，两地人均 GDP 差距在逐步减小，可见 2002 年是西安对汉中经济辐射效应变化的一个拐点；而这一拐点对安康发生在 2001 年，对商洛发生在 1997 年。

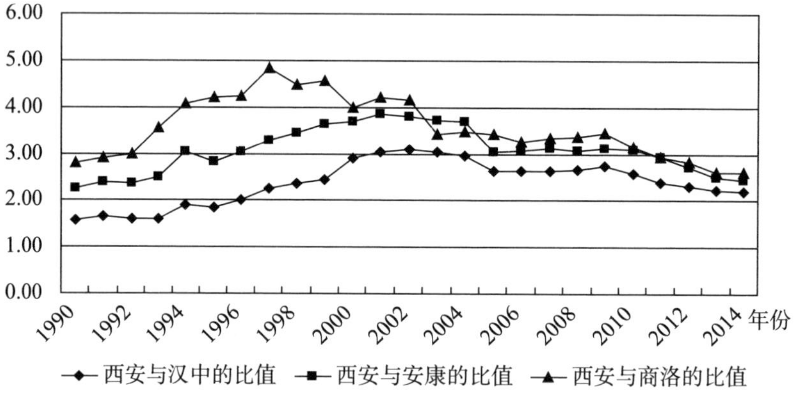

图 4.2 西安与陕南人均 GDP 的比值变化

第四节 省际边缘区的可接受经济辐射范围与最佳辐射源选择

一、省际边缘区的可接受经济辐射范围

如前所述，很多学者使用断裂点模型计算中心城市的经济辐射范围，事实上他们习惯于用断裂点到这些城市之间的距离代表中心城市的经济辐射范围。显然，按照这一算法计算出的辐射范围分界点处于两城市之间，这对于制定城市规划或确定行政边界是有价值的，但对于研究两个城市之间是否存在经济联系，乃至一个城市（如省际边缘区）是否可以接受另一城市的经济辐射则并无多大意义。因此，在这种情况下，为了计算出省际边缘区的可接受经济辐射范围，笔者建议必须对上述传统辐射范围的计算方法加以修正。

修正的思路是引入一个有效辐射场强 S_e，这一数值由经验得出，针对不同地区有所差异，主要原因在于不同地区的通达性存在差异，如同样距离情况下平原地区和多山地区辐射场强就应有所差异，前者应该小于后者才能达到同等辐射效果。换言之，在同等辐射场强下，平原地区的辐射半径要大于多山地区。引入有效辐射场强后，当通过传统模型如断裂点模型计算出某大城市的有效辐射场强对应的辐射距离超过该城市到另一城市之间的距离，则另一城市被该大城市有效辐射，超出越多，意味着辐射越强，两地之间经济关联度越大，否则意味着两地不存在有效辐射。如对断裂点模型修正，先通过公式$d_{ie}=\sqrt{F_i/S_e}$计算出有效辐射半径 d_{ie}，如果 $d_{ie}>d_{ij}$，则城市 i 对边缘城市 j 具有有效辐射，边缘城市 j 处于中心城市 i 的有效可接受辐射范围内。

二、省际边缘区的最佳辐射源选择

中心城市经济辐射力的大小是省际边缘区选择辐射源的重要依据。假定有一个三省毗邻的省际边缘区，在面对三个甚至以上的区域中心城市时，显然，一般而言要选择经济辐射力最大的中心城市作为辐射源。但是，这一指标并不是唯一的选择依据。① 其原因在于这一评价指标是一个绝对指标，是对中心城市自身各指标的一个综合，并没有考虑到相对周边地区的客观因素。换言之，这一指标对周边任一城市或地区都是一样的。如仅根据中心城市辐射力选择辐射源，一种可能的情况是辐射力最大的中心城市对某省际边缘区而言辐射场强并不是最大，甚至不在它的经济辐射范围内。因此，省际边缘区在选择最优辐射源时，既要考虑中心城市的经济辐射力，还需要考虑中心城市对边缘区的辐射场强。一个基本思路，就是将经济辐射力作为城市实力指标，再将其与断裂点模型结合计算出辐射场强，选择辐射场强最大的中心城市作为辐射源。选择步骤如下：（1）根据评价指标体系计算出中心城市和边缘区城市的

① 这里特指使用评价指标体系计算出来的经济辐射力，对于用断裂点模型计算出的辐射场强代替辐射力不适用。

经济辐射力。笔者所设计的一个比较全面的评价指标体系如表 4.16 所示，使用时可根据实际情况有所取舍。（2）将经济辐射力作为城市实力（质量）代入断裂点模型公式，计算出两地之间的断裂点和场强。当然，使用断裂点模型时，也可根据实际情况在传统模型和修正后模型之间进行选择。（3）根据辐射场强大小选择辐射最大的中心城市作为边缘区辐射源。如果选择的辐射源其有效辐射范围并不涵盖该边缘区，则意味着该边缘区属于辐射盲区，该中心城市只能作为潜在的辐射源。

如本书采用上述方法对 2013 年陕南地区接受周边地区的辐射源进行了研究。如图 4.3 所示，研究表明，就三中心城市对陕南整体而言，西安对陕南的经济辐射强度最大，重庆次之，成都最弱。西安对陕南的辐射总强度（西安对陕南三市辐射强度之和）为 0.3952，分别是重庆的 7.18 倍，是成都的 7.65 倍。可见，对陕南三地目前的经济辐射仍以西安为主，西安应作为陕南的首选辐射源城市。

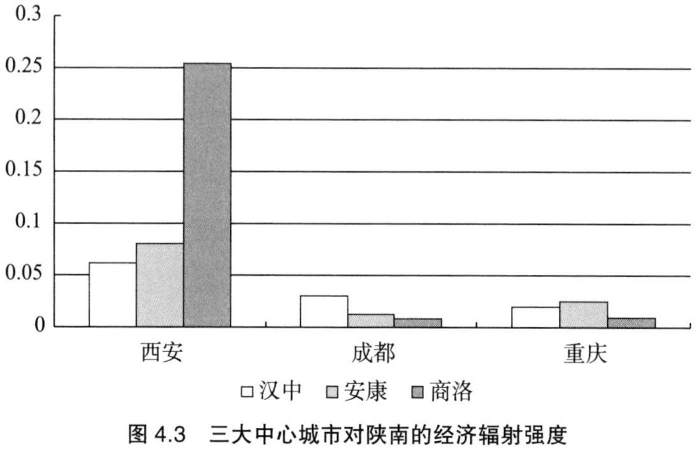

图 4.3 三大中心城市对陕南的经济辐射强度

第五章　区域中心城市对外经济辐射实证研究

省际边缘区接受中心城市经济辐射的效果取决于中心城市对外的辐射力和辐射范围，中心城市经济辐射力越强，辐射范围越大，边缘区接受辐射的可能性越大，接受辐射的效果越好。因此，有必要对中心城市对外经济辐射进行研究。本章不仅以长三角、京津冀、珠三角三大经济圈核心城市和西三角中心城市为例，对区域中心城市对外经济辐射进行了比较研究，还从我国东部、东北、中部和西部四大经济区选择了四个代表性省市，研究了区域中心城市的经济辐射效应。

第一节　我国三大经济圈核心城市经济辐射比较研究

经济圈又称大城市群、大经济区、大都市圈，通常指国家内部某一特定发达区域，其经济总量在全国占有很大比重，并对全球经济产生影响的城市群体的集合。经济圈是生产布局的一种地域组合形式，按经济圈组织经济活动，有利于充分发挥中心城市的辐射作用，有利于发挥地区的综合优势，有利于企业实行跨地区、跨行业的专业化协作，使整个区域的资源得到更好的配置，整体功能得到更好的发挥。每一个经济圈都有一个（或以上）的核心城市，经济圈的形成离不开核心城市的经济辐射，从某种程度上讲，经济圈是核心城市发挥经济辐射作用的结果。长三角经济圈、京津冀经济圈和珠三角经济圈是我国最大的三个经济圈，

2013年，国内生产总值达到23.42万亿元，分别占全国的21.2%、11.7%和9.6%。因此，研究这三大经济圈核心城市的经济辐射，对于提升其核心城市的经济辐射作用，促进经济圈的健康发展，以及给其他中心城市经济圈的形成提供有益借鉴均具有重要现实意义。

一、三大经济圈核心城市经济辐射范围的比较

（一）计算方法

本书在研究三大经济圈核心城市经济辐射范围时，主要理论依据是中心—外围理论和城市引力模型，根据这些理论，核心城市对周边地区的经济辐射强度随距离而衰减，当达到一定距离时，不再具有辐射能力。而许政等（2010）也认为，周边地区到最近的中心城市的距离与当地经济发展具有二次非线性的关系。当距离中心城市较近时，周边地区能更好地分享中心城市集聚效应带来的好处，此时集聚的向心力发挥主要作用，距离中心城市越近，人均GDP越高；但随着到中心城市距离的增加，到达区域中心市场的交通成本上升，此时离心力将发挥主要作用，距离中心城市越远，人均GDP越高。[①] 据此，本书假定，核心城市对周边地区的辐射能力随距离而衰减必将出现一个拐点，而这一拐点对应的距离就是核心城市的辐射范围。

本书首先选择距离三大经济圈核心城市北京、上海、广州三市50公里、100公里、150公里、200公里、250公里、300公里、350公里、400公里的地级城市，通过计算它们的人均GDP与北京、上海、广州的人均GDP比值和同一圈层的平均比值变化，来度量三大经济圈核心城市对周边地区的经济辐射程度，进一步判断其辐射范围。根据2014年中国城市统计年鉴公布数据，计算结果见表5.1。

需要说明的是，由于政策或政治中心原因，省会城市和经济特区的

① 许政、陈钊、陆铭:《中国城市体系的“中心—外围模式”：地理与经济增长的实证研究》,《世界经济》2010年第7期。

经济发展往往具有特殊性，它们的人均 GDP 变化可能并不反映核心城市的正常经济辐射。因此，为避免对研究的干扰，本研究剔除了京津冀经济圈中的石家庄市，长三角经济圈中的南京市、杭州市，珠三角经济圈中的深圳市。另外，表中距离均为采用 ArcGIS 中的 Point Distance 工具在地图上测绘的两地城市中心之间的直线距离。

表 5.1　2013 年京、沪、广经济辐射圈不同圈层城市人均 GDP

单位：元

辐射半径（直线距离）	北京				上海				广州			
	辐射地区	距离	人均GDP	占比	辐射地区	距离	人均GDP	占比	辐射地区	距离	人均GDP	占比
50—100公里	廊坊	53	44854	0.48	苏州	83	123382	1.36	江门	58	44619	0.37
					嘉兴	84	69269	0.76	东莞	60	66206	0.55
					南通	100	69051	0.76	清远	68	29023	0.24
									肇庆	73	41686	0.35
									中山	80	83642	0.70
100—150公里	保定	142	23609	0.25	无锡	114	124819	1.38	惠州	116	57303	0.48
	唐山	150	79365	0.84	湖州	136	62070	0.68	云浮	120	24924	0.21
					宁波	148	93322	1.03				
150—200公里	张家口	160	22974	0.24	舟山	154	81653	0.90	河源	163	22601	0.19
	承德	174	34107	0.36	常州	158	93047	0.92	阳江	190	42098	0.35
	沧州	182	40571	0.43	绍兴	160	80260	0.90	韶关	194	35210	0.28
					泰州	200	64946	0.71	梧州	200	33112	0.28
200—250公里	衡水	249	25090	0.27	镇江	221	92782	1.02	汕尾	221	22625	0.18
					扬州	234	72797	0.80	贺州	222	21184	0.18
250—300公里	大同	266	28689	0.30	宣城	259	33272	0.37	茂名	284	36198	0.30
	秦皇岛	272	38681	0.41	盐城	265	48161	0.53	郴州	292	36383	0.30
	德州	277	43697	0.46	台州	286	52511	0.58				
	乌兰察布	300	41080	0.44	马鞍山	286	59103	0.65				

续表

辐射半径（直线距离）	北京				上海				广州			
	辐射地区	距离	人均GDP	占比	辐射地区	距离	人均GDP	占比	辐射地区	距离	人均GDP	占比
250—300公里					金华	292	54802	0.60				
					芜湖	294	58678	0.65				
300—350公里	滨州	314	57035	0.61	滁州	317	27579	0.30	玉林	318	21473	0.18
	赤峰	334	36333	0.39	丽水	339	46437	0.51	梅州	322	18630	0.16
	阳泉	334	44355	0.47	铜陵	347	92978	1.02	揭阳	326	26953	0.23
	东营	340	157476	1.67	黄山	348	34943	0.39	赣州	348	19839	0.17
	朔州	344	59158	0.63					湘江	349	33848	0.28
350—400公里	邢台	357	22321	0.24	淮安	354	44885	0.41	汕头	357	28742	0.24
	忻州	358	21351	0.23	衢州	355	49838	0.49	湛江	359	28976	0.24
	淄博	374	79638	0.85	温州	367	43728	0.48	贵港	372	17722	0.15
	聊城	385	41451	0.44	池州	387	32943	0.36	桂林	390	31397	0.26
	葫芦岛	385	29889	0.32					永州	397	32051	0.27
	朝阳	386	33114	0.35								

资料来源：根据2014年《中国城市统计年鉴》公布数据计算整理。

（二）计算结果

根据表5.1，再计算出不同圈层（距离）城市与经济圈核心城市的人均GDP比值的平均值，如表5.2所示，并由表5.2中数据绘制出图5.1，它可直观地反映核心城市的辐射范围。

表5.2 不同圈层城市与经济圈核心城市的人均GDP比值的平均值

核心城市 \ 圈层半径（公里）	100	150	200	250	300	350	400
北京	0.44	0.55	0.34	0.25	0.4	0.75	0.41
上海	0.96	1.03	0.86	0.91	0.56	0.55	0.43
广州	0.44	0.35	0.28	0.18	0.3	0.21	0.23

从图5.1可以看出，长三角经济圈中处于不同圈层的城市与上海人均GDP的平均值在400公里左右出现由下向上的拐点，而珠三角经济圈、京津冀经济圈中处于不同圈层的城市与广州、北京人均GDP的平均值均在250公里出现由下向上的拐点。可见，上海的辐射范围为400公里甚至以上，北京和广州的辐射范围都约为250公里左右。高丽娜（2006）运用威尔逊模型及断裂点理论来度量各中心城市接轨上海的程度，并计算出上海的辐射半径为457公里，与本书结论非常接近。①

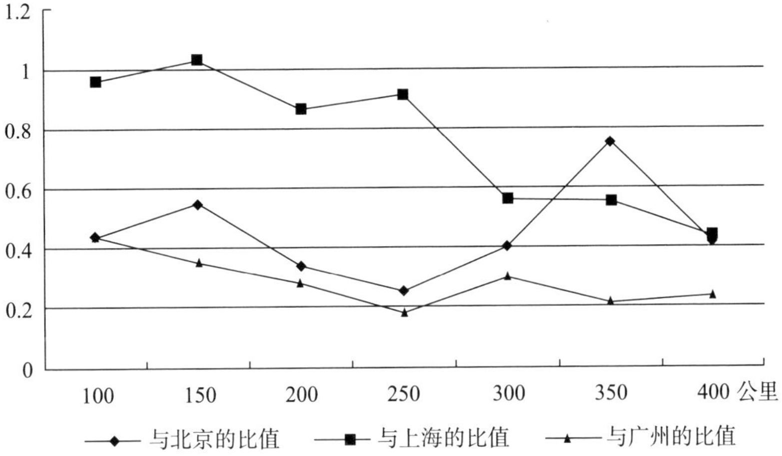

图5.1　不同圈层城市与经济圈核心城市人均GDP比值的平均值

二、三大经济圈核心城市经济辐射力的比较

本书从辐射的物理学定义出发，将其衍生到经济地理空间，紧紧围绕经济辐射选择了一些代表性指标用以衡量城市经济辐射力。一是从辐射源角度选取了GDP总量、第二产业比重、规模企业数、城市人口数、人均GDP、土地面积、人口密度七大指标；二是从辐射通道角度，选取了每天进出列车次数、每平方公里铁路里程、每平方公里公路里程、每平方公里高速里程、人均民用汽车保有量、固定及移动电话用户数六大指标；三是从辐射流的角度，选取了社会零售总额、客流量、货流量、

① 高丽娜：《泛长三角核心区中心城市经济辐射半径的界定》，《区域经济》2006年第3期。

利用FDI、进出口贸易额、在校大学生人数六大指标，共19个指标，构建了城市经济辐射力评价指标体系。

（一）指标权重的赋值

对于指标权重的赋值，通常采用层次分析法（AHP），但考虑到在城市辐射力评价的指标体系中个别指标的相对重要性无法准确判定，为使问题简化，本书采用了层次分析法和直接赋权相结合的方法对城市辐射力指标体系各项指标进行赋权。最后得到赋权后的评价指标体系，见表5.3。

表5.3 中心城市经济辐射力指标体系、权重及2013年三大城市指标

一级指标	二级指标	北京	上海	广州
辐射源指标（0.6333）	GDP总量（亿元）（0.20）	19500.60	21602.12	15420.14
	第二产业比重（%）（0.15）	31.19	47.40	46.34
	规模企业数（个）（0.10）	4049	10058	4623
	城市人口数（万人）（0.15）	1067.00	2415.51	832
	人均GDP（元）（0.15）	94237.66	90748.81	120104.84
	土地面积（平方公里）（0.10）	16411	6340	7434.4
	人口密度（人/平方公里）（0.15）	1289	2588	1215
辐射通道指标（0.1062）	每天进出列车次数（0.20）	815	833	702
	每平方公里铁路里程公里数（0.15）	0.073	0.081	0.265
	每平方公里公路里程公里数（0.30）	1.49	2.03	1.45
	每平方公里高速里程公里数（0.15）	0.07	0.16	0.13
	人均民用汽车保有量（辆）（0.10）	0.44	0.29	0.31
	固定及移动电话用户数（万户）（0.10）	2645.90	2810.43	2677.04

续表

一级指标	二级指标	北京	上海	广州
辐射流指标（0.2605）	社会零售总额（亿元）（0.20）	7123.54	6978.09	5546.90
	客流量（万人）（0.25）	167831	19245	69987
	货流量（万吨）（0.25）	25698	97136	68792
	利用 FDI（万美元）（0.10）	744657	1475651	465090
	进出口贸易（亿美元）（0.10）	3874.2	4654.65	1365.76
	在校大学生人数（万人）（0.10）	62.7	52.15	83.2

资料来源：根据北京、上海、广州三市 2014 年国民经济和社会发展统计公报和 2014 年《中国城市统计年鉴》计算整理。

（二）经济辐射力的计算

由于指标的多样化，在计算经济辐射力时，首先要对各指标进行标准化处理。在多指标的综合评价中，指标分为正向指标和逆向指标，标准化处理公式分别为：

正向指标　$C'_{ij}=C_{ij}/X_j$　(5.1)

逆向指标　$C'_{ij}= X_j/C_{ij}$　(5.2)

式中，C'_{ij} 为标准化处理之后的指标值，C_{ij} 为处理前的指标值，X_j 为参考值，本书取三个城市中的最大值（计算正向指标时）或最小值（计算逆向指标时）。最后，采用线性加权的方法计算城市经济辐射能力，计算公式是：

$$R=\sum_{i=1}^{n} C_i C'_{ij}\,\omega_{ij} \tag{5.3}$$

其中，C_i 为一级指标的权重，C'_{ij} 为二级指标的标准化值，ω_{ij} 为二级指标的权重。

通过计算，得出北京、上海、广州三大核心城市的经济辐射能力分别为 0.6689、0.9011 和 0.6816，如图 5.2 所示。这一数据与前面计算的辐射范围基本一致，进一步说明两大指标相互印证。

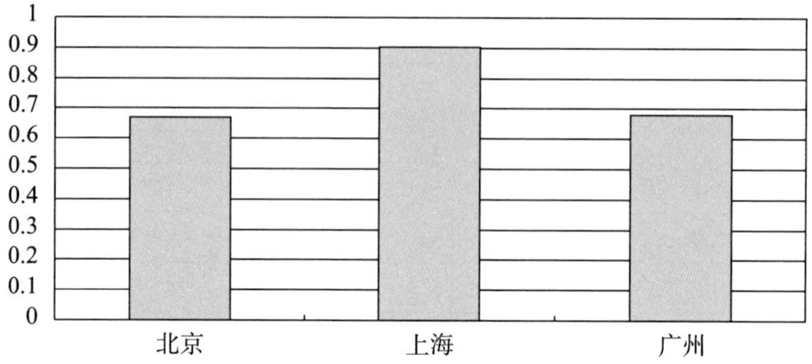

图 5.2 京沪广三市经济辐射能力比较图

三、对三大经济圈核心城市经济辐射差异的解释

（一）三大经济圈的地理条件不同

核心城市对外经济辐射范围与周边的地理条件有很大的关系。总体上看，三大经济圈的地理条件明显不同，以长三角地区为最优，珠三角、京津冀地区较差。长三角地区地扼大陆的中东部，处于长江中下游平原的开阔地带，不仅平原面积大，而且处于整个国家海岸的中点，它对于我国南北两翼和以长江为纽带的中部地区发展都容易产生强大的带动和辐射作用。而珠三角地区位于珠江的下游，处于广东省和港澳两个特别行政区境内，远离中原和内陆地区。从地形界限看，珠三角属两广丘陵地区，罗平山脉是它的西面和北面的界限，罗浮山区是它的东界。显然珠三角不仅冲积平原远小于长三角，而且偏居南方一隅，不利于向祖国腹地辐射。京津冀地区位于华北平原北部，北靠燕山山脉，南面华北平原，西倚太行山，东临渤海湾，除南面以外，其余方向也不利于核心城市经济辐射作用的发挥。另外，经济圈版图与核心城市的位置差异也决定了三大经济圈核心城市对外经济辐射的不同。京津冀经济区基本上是一个以北京为圆心的 300 度扇面，而且北京距离海边 150 公里以上；珠三角经济区基本上是一个以广州为圆心的 200 度扇面，广州距离海边 100 公里左右；而长三角经济区基本上是一个 150 度的扇面，上海本身是一个海边城市。这就决定了北京和广州的经济辐射方向多而不集中，而上

海只会向内地方向辐射，能量更有集聚性，辐射范围也会更远。

（二）三大经济圈的经济基础不同

由于历史、区位和资源禀赋不同，三大经济圈的经济基础存在较大差异，也影响核心城市的经济辐射范围。目前，长三角经济圈已经成为我国综合实力最强最大的经济区。此外，长三角区域城镇化发展相对成熟，城市群的规模相对也比较大。据《中国城市发展报告》，截至2012年，长三角城市化率已达66%，平均每万平方公里城镇多达100多个，分布密度是全国平均密度的5倍多。[①] 大多数城市沿江、沿线（铁路轴线）分布，形成分工有序、联系紧密的城市走廊，对上海的经济辐射形成了有效的接力传递态势和轴辐射模式，非常有利于扩大上海的经济辐射范围。而北京的经济腹地理论上不小，但经济基础较差，京津冀经济圈各城市间发展水平极不平衡，在北京和天津周围不到100公里的区域，分布着32个贫困县、3000多个贫困村、272.6万贫困人口，这种大都市周边大面积贫困化的现象，在世界上也极为少见。因此，极大地影响了北京的经济辐射范围。研究表明，北京作为经济增长极非但没有向周边地区产生“扩散”效应，输送资本、技术和人才等高级生产要素，还因极化效应形成了一个200多万人口的贫困带。珠三角经济圈的经济基础也不利于广州经济辐射。一是经济圈城市分布不利于向内地辐射。珠三角经济圈经济发展水平较高的城市都地处广州东南部，如深圳、东莞、中山、珠海、佛山、江门、惠州等，位于内地方向的只有清远、肇庆、云浮等不发达城市，而且数量很少。二是珠三角经济圈经济发展水平很不均衡。珠三角经济圈经济最发达的广州和深圳人均GDP为云浮的5倍，人均GDP差距远高于其他两个经济圈。以上必然限制了广州向内地的经济辐射范围。

（三）三大经济圈的行政因素不同

核心城市在经济辐射过程中必然会改变经济区内各省市的经济格局，

① 《中国城市发展报告》编委会编:《中国城市发展报告（2012）》，中国城市出版社2013年版，第170页。

进一步会影响各省市的财政收入。在当前分税制的财税体制下，以“行政区经济”思维主导的各省市也必然会对经济辐射采取必要的行政手段。不仅表现为周边省市采取一切手段吸引核心城市辐射，也表现为核心城市尽量让经济辐射不到行政区。三大经济圈核心城市中，北京市面积最大，为16411平方公里，加上本市城区之外还有很多县区发展较落后，因此为增加财政收入以维持政府各项开支，北京市就通过行政手段对经济辐射进行了限制。北京的郊县与河北环首都地区是完全竞争关系，在距离、成本等都相差不多的情况下，北京市的产业转移会优先考虑自己的郊县。珠三角经济区也一样，由于狭义的珠三角经济区只涉及广东省，广东省总是尽一切力量使广州的经济辐射惠及本省而尽量不外泄。2004年以来，广东省委、省政府相继出台了《关于加快山区发展的决定》《关于广东省山区及东西两翼及珠江三角洲联手推进产业转移的意见》等文件，引导珠三角产业在省内转移，且规定每建成一个产业转移园，省财政奖励4000万元，目的就是阻止经济辐射出省。相反，由于上海的土地面积相对狭小，很少对经济辐射进行限制，反而积极推进长三角地区经济一体化，因此，大大促进了上海对长三角地区的经济辐射。

（四）三大经济圈核心城市的产业结构不同

北京是我国首都、全国第二大城市，其作为国家政治中心的地位非常突出；上海作为我国的第一大城市，也是全国经济和金融中心；广州是我国第三大城市，是国家重要的经济中心。三大经济圈核心城市的城市定位不一样，因此其产业特点也不同，也对经济辐射范围产生了重要影响。研究表明，城市的工业比重越大，经济辐射力越强，因为根据世界上一些典型国际大都市的发展经验，工业特别是制造业在城市GDP中的比重越来越小，而服务业所占比重越来越大是一个必然趋势。而城市工业比重的下降必然带来工业产业转移或对外经济辐射。根据《2012年中国城市统计年鉴》，2012年，北京的第二产业占GDP的比重为23.9%，规模以上企业有3730家；上海的第二产业占GDP的比重为41.30%，规模以上企业有 9962 家；广州的第二产业占 GDP 的比重为 36.84%，规模以上企业 4437 家。从 1998 年北京市第三产业比重超过 60% 以来，到 2006 年，一举突破 70%，达到 71.3%，北京已经率先于全国其他地区进入了以服务型经济为主的后工业经济时代。而上海还有以机械、汽车、石化、钢铁、船舶、电子、轻工、医药、电力行业为主的制造工业产业，广州还有以汽车、石油化工、电子信息、钢铁、有色金属、船舶制造、装备制造、纺织、轻工业等为主的制造工业产业。这些产业中有一些是辐射力很强的产业，可以将周边的一些地区纳入自身的配套体系和辐射范围。显然，从这一指标来看，北京的辐射能力和范围要弱于上海、广州。

四、结论与启示

综上研究，北京、上海、广州虽然同属我国最大的三大经济圈核心城市，但对外经济辐射却存在较大差异。总体来看，上海对周边的经济辐射最强，对实现区域经济均衡发展起到了增长极的引领作用，但北京和广州的表现就不够理想。当然这与经济区的地理条件、经济基础等客观条件是分不开的，但也存在一些行政制约等主观因素。因此，从国家总体发展战略角度出发，有必要通过以下措施推动三大经济圈核心城市积极辐射带动内地经济发展。

一是国家应积极构建面向祖国腹地的辐射网络。三大经济圈中，京津冀经济圈和珠三角经济圈均缺少向祖国内地辐射的有效通道和网络，不能形成辐射接力。北京对内地的辐射远弱于对唐山和天津这些沿海城市的辐射，广州对内地的辐射远弱于对东莞和深圳这些沿海城市的辐射。这种辐射方向尽管可能遵循市场规律，但不利于经济区乃至全国经济的均衡发展。因此，从国家层面要通过制定经济发展规划，积极培育北京、广州向内地方向辐射的次中心城市，构建有效辐射通道，形成辐射接力。特别是要认真规划向内地方向的沿交通线城市，形成接受轴辐射的城市、城镇网络。

二是经济圈要积极推动实现区域经济一体化。当前以上海为中心的长江三角洲经济圈的区域一体化发展程度最高，以北京为中心的京津冀经济圈和以广州为中心的珠三角经济圈的经济一体化程度较低，这既是影响两市对外经济辐射的原因之一，也是两市发展后劲不足的重要原因之一。因此，要充分发挥市场在资源配置中的基础性作用，破除“行政区经济”现象，进一步提升这两大经济圈的区域一体化水平。一方面，中央政府要适时出台区域一体化发展规划指导性文件，颁布相关促进一体化发展的政策；另一方面，经济圈内地方政府要积极探索一套科学有效的协调机制，推动区域合作长效化、制度化。如组建城市联盟或一体化发展论坛等搭建区域合作平台。

三是各级政府要根据地理条件合理规划区域经济发展。从我国三大经济圈辐射范围来看，经济圈的地理条件对经济辐射产生了很大的影响，上海对长三角经济圈的辐射面大与长三角所处的长江中下游平原面积大、地势平坦开阔关系密切；而北京与广州对京津冀地区和珠三角地区辐射面相对较小，部分归因于北京和广州向祖国腹地方向辐射存在一些山脉阻隔。而从全球大都市圈发展规律来看，包括纽约、伦敦、东京等大都市圈基本都处于平原地区。可见，从经济辐射角度看，地理条件是一个非常重要的影响因素。因此，各级政府要根据地理条件合理规划区域经济发展。对于因地理条件阻隔不能与核心城市形成经济圈的边缘地区，不可强行规划为一体，可以考虑给予特殊发展政策形成新的独立的经济圈。

四是周边地区要根据核心城市的特点接受经济辐射。本书研究表明，影响城市经济辐射的因素很多，理论上每个城市对外经济辐射的范围、模式、效应、方向都会存在差异。因此，作为核心城市的周边地区在接受核心城市经济辐射时要有针对性。要认真研究核心城市的发展定位、产业特点以及其他客观条件，围绕接受经济辐射制定相应的经济发展规划，形成优势互补、错位发展、产业联动的区域经济格局。

第二节　“西三角”中心城市对省际边缘区辐射力的比较研究：以陕南为例

经济辐射力是指城市对周边地区的综合影响力和发展带动力。相对一般城市而言，区域中心城市具有更为明显的辐射效应，其经济辐射力主要体现在城市综合经济实力、产业结构、企业规模、基础设施、开放活力与科技水平等方面对周边地区的覆盖范围。研究区域中心城市经济辐射力对于周边地区制定经济发展战略有着重要的指导意义。由重庆、成都、西安三大区域中心城市为主构成的“西三角”经济圈，概念一经提出就引起社会强烈关注，其原因正在于这一战略的经济辐射意义。按照这一战略构想，先由重庆、成都、西安三大区域中心城市实施点辐射构成经济圈，再由经济圈实施面辐射，最终实现西部地区整体经济快速发展以及全国经济协调发展的目标。本书以“西三角”经济圈中的欠发达地区陕南为例，研究三大中心城市对该地区的经济辐射，以期对该地区制定经济战略提供指导作用，同时对其他地区提供有益借鉴作用。

一、经济辐射力理论回顾与述评

辐射本是一个物理学概念，它是指高能量物体与低能量物体之间通过一定的媒介相互传递能量的过程。1931 年赖利（W.J.Reily）根据牛顿力学万有引力理论，首先提出了“零售引力规律”。1949 年康弗斯（P.D.Converse）发展了赖利的理论，提出了断裂点理论（Breaking Point Theory），该理论认为中心城市可以对周边地区产生影响，并且这种影响会随着两地之间距离的增大而逐渐衰减。这种影响可以称之为辐射力。断裂点理论一经提出，就被广泛运用于城市间相互作用的研究，成为城市经济辐射研究的一个主要分析工具。借助这一工具，国内学者也对我国的城市经济辐射力问题进行了大量的实证研究。如王洁玉（2010）采用断裂点理论，分析了北京、沈阳、上海、广州、武汉、重庆、西安等七个中心城市经济辐射范围的动态变化。① 赵雪雁（2011）等以皖江城市带为例，修正了以往的引力模型，采用断裂点公式计算了中心城市的经济辐射范围。② 刘镇意（2012）等运用断裂点公式，计算了辽宁沈阳、大连两大中心城市对其他城市的辐射力。③

除了以城市断裂点理论研究城市经济辐射力以外，国内对经济辐射力的研究还集中在以下几个方面：一是城市经济辐射力的指标体系研究。如冯德显等人(2006)以断裂点理论为基础，以郑州市为研究对象，构建了以经济综合、产业、企业、科技、开放、人力资源和基础设施7大指标为一级指标的城市经济辐射力的指标体系。④ 二是城市经济辐射力的评价方法研究。从已有的研究文献来看，大多数的城市经济辐射力的评价方法都采用主成分分析法、层次分析法和因子分析法。如雷朝阳（2010）构建了南昌市构经济辐射力的指标体系，并通过层次分析法对指标权重进行了赋值。⑤ 三是城市经济辐射力的影响因素研究。从现有成果来看，对城市经济辐射力产生影响的因素很多，除了距离这一客观因素外，梁斌（1991）等认为城市对外辐射力的大小与城市功能、城市人口、经济规模以及对外通达性等因素呈正相关等。⑥ 牛华勇（2009）研究认为，环渤海经济圈中心城市北京和长三角经济圈中心城市上海对周边地区经济辐射作用有一定的差异性，其原因在于两大城市的禀赋与环境不同、经

① 王洁玉：《基于断裂点理论的中心城市空间影响范围变化研究》，《河北省科学院学报》2010年第1期。

② 赵雪雁、江进德、张丽、侯成成、李昆阳：《皖江城市带城市经济联系与中心城市辐射范围分析》，《经济地理》2011年第2期。

③ 刘镇意、雷磊：《基于断裂点理论的辽宁省城市经济辐射力研究》，《北方经贸》2012年第3期。

④ 冯德显、贾晶、巧旭宁：《区域性中心城市辐射力及其评价：以郑州市为例》，《地理科学》2006年第3期。

⑤ 雷朝阳、陈永秀：《我国城市经济辐射力研究综述》，《广西社会科学》2010年第1期。

⑥ 梁斌、孙久明：《从城市空间相互作用理论看浦东、浦西的协调发展》，《财经研究》1991年第1期。

济规模和产业结构不同。[①]

总体上看，国内外对城市经济辐射力的研究成果非常丰富，但是从现有文献来看，国内现有的研究成果仍存在一些不足。一是理论创新力度不足。国内文献大多是基于西方学者创立的理论模型进行研究的成果，以中国实际情况为基础构建的模型还没有。而西方学者的理论模型大多是建立在发达国家比较成熟的市场经济基础之上的，直接应用于发展中的中国城市有待商榷。二是缺少以某一周边地区为辐射对象的城市辐射力研究。多数现有成果的研究对象是中心城市，而不是周边地区，但事实上以周边地区为对象进行研究更具实际意义。三是缺少对中心城市辐射力的比较研究。大多成果是针对某一单一区域中心城市经济辐射力进行的研究，这种研究对周边某一地区制定接受辐射的对策缺乏针对性和对比性。

二、“西三角”经济圈与陕南经济发展的关系

（一）地理位置决定“西三角”经济圈中心城市对陕南经济必有辐射拉动作用

“西三角”概念的提出最早可追溯到2003年，是以三峡工程的逐步建成为契机而提出，但当时并未包括西安为中心的关中经济圈。2009年全国两会期间，重庆市代表正式提出构建“西三角经济圈”的概念，建议西部最大的三个经济圈进行联合，大西南经济区与大西北经济区强强联手，共同打造仅次于长三角、珠三角和环渤海经济圈的中国第四个增长极。此时的“西三角”概念已基本成型并为社会所接受，即以重庆、成都、西安三市为制高点，主要由重庆经济圈、成都经济圈和以西安为中心的关中经济圈所构成的“西三角”经济区。[②] 经济圈总面积为22万平

① 牛华勇：《中心城市对周边经济圈经济辐射力比较分析：基于北京和上海经济圈的案例》，《广西大学学报》（哲学社会科学版）2009年第2期。

② 吴晓蓉：《西三角经济圈：一个文献综述》，《改革》2010年第3期。

方公里，人口为1.18亿人，2013年经济总量达2.66万亿元，约占西部经济总量的40%以上，是我国西部最具实力和发展潜力的区域，包含约50座城市，纵跨西南、西北地区，覆盖两大经济带及川北、川东、渝北及陕南地区，具有“承东启西、跨越南北”的战略价值。如图5.3所示，由于陕南地区直接位于“西三角”经济圈的腹部，汉中位于成都至西安的直线连线上，安康、商洛位于重庆到西安的连线上，这种独特的地理位置和地缘优势，决定了“西三角”经济圈中心城市对陕南经济必有辐射拉动作用。

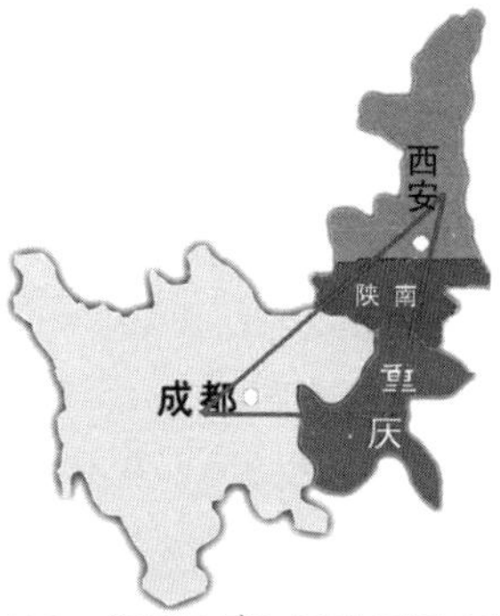

图5.3 “西三角”经济圈示意图

（二）积极接受“西三角”经济圈中心城市辐射有利于实现陕南经济突破发展

陕南三市面积占全省近34%，人口占22.8%，但2013年的GDP总量仅占全省的11.4%，地方财政收入仅占全省的6.9%，城镇居民可支配收入比全省平均水平低2000多元，农村居民人均纯收入比全省平均水平低500多元，是我国集中连片的贫困地区之一。多年来陕西省政府提出的“陕南突破发展”目标一直难以实现。[①] 究其原因有三，一是地理位置封闭，陕南北有秦岭，南有巴山，两道天然屏障妨碍了与关中和川渝两大

① 何龙斌：《基于产业生态学视角的陕南承接东部地区产业转移对策》，《陕西理工学院学报》（社会科学版）2010年第3期。

西部经济带的密切交往，使其长期处于封闭发展状态。即使现有的交通条件，也没有根本改变这一状态。二是思想观念保守，长期以来由于与外界交往少，陕南从民间到官方思想一直比较保守，不愿冒险小富即安的小农意识，不求有功但求无过的为官理念在陕南根深蒂固，严重妨碍了当地经济的发展。三是工业基础薄弱。陕南三地除汉中工业基础较好外，其余两地基本上没有成规模的工业企业，即使中小企业数量也少于周边同级地区。因此在这种背景下，积极融入“西三角”经济圈接受中心城市辐射，才有可能实现交通的突破、观念的突破和工业的突破，最终实现陕南经济的整体突破发展。

（三）陕南经济突破发展是“西三角”经济圈成为中国经济增长第四极的前提

打造“西三角”经济圈的战略意义在于使其成为中国经济增长的第四极，成为西部经济增长的引擎，对西部地区增长起到重要拉动作用，为全国经济持续高速增长提供新的动力。这一目的能否实现，陕南经济能否突破至关重要。一是只有陕南经济突破发展才能使西三角经济圈连成一片，中间不会出现经济断裂带。纵观国内外发展成功的经济圈，不管是伦敦经济圈、东京经济圈，还是我国的长三角、珠三角、环渤海经济圈，这些经济圈中间都没有经济断裂带，没有发展盲区。因此，“西三角”经济圈战略能否顺利实施，一个关键的突破口就是陕南经济的突破。二是只有陕南经济突破发展才能使“西三角”经济圈的经济总量上升至全国经济第四极的水平。目前，我国提出打造第四增长极的地区不限“西三角”经济圈，还有大东北经济圈、北部湾（广西）经济区等，“西三角”经济圈如想顺利成为第四极，进入国家规划获得国家政策支持，则必须在经济总量上达到第四的位次，而这一指标的实现，必须有经济圈内落后地区的配合和支持。[①]

① 何龙斌:《陕甘川省际边缘区增长极城市研究》,《开发研究》2014 年第 4 期。

三、基于断裂点理论的“西三角”中心城市对陕南经济辐射能力测度

（一）断裂点理论模型

断裂点理论是目前城市经济辐射研究的主要分析工具，该理论认为城市对周围地区的影响力与城市规模成正比，与城市之间的距离成反比。两个城市区域影响的分界点叫作断裂点，在此点辐射力达到平衡。断裂点的计算公式为：

$$D_A=D_{AB}/\left(1+\sqrt{M_B/M_A}\right) \tag{5.4}$$

其中，D_A 为断裂点到 A 城市的距离，D_{AB} 为两城市间的距离，M_A 为起点城市的规模，M_B 为终点城市的规模。

利用上述断裂点公式，通过计算某城市与周边城市的断裂点，然后把该城市周围所有的断裂点连接起来，就可以确定该城市的辐射范围。计算出中心城市到断裂点的距离以后，还可以通过计算断裂点处的场强来衡量某城市在该分界点处的辐射力大小。断裂点处场强的计算公式为：

$$F_{AK}=M_A/(D_{AK})^2 \tag{5.5}$$

其中，D_{AK} 为 A 城市到 K 点处的距离，M_A 为 A 城市的规模。F_{AK} 为断裂点处场强，反映了 A 城市在 K 点处的辐射力大小。

（二）“西三角”中心城市对陕南辐射能力的测度

城市规模和城市间距离是决定城市经济辐射能力的两大主要因素。本书采用城市人口和 GDP 总量的几何平均数作为城市规模 M_A 和 M_B。[①] 城市间距离采用直线距离，根据电脑测距得出。本书中，根据各地社会经济发展公报，2013 年，西安的 GDP 为 4884.13 亿元，城市人口为 858 万人，成都的 GDP 为 9189.90 亿元，城市人口为 1442 万人，重庆的 GDP 为 12656.69 亿元，城市人口为 1732 万人，其余数据见表 5.4。最后得出“西

① 何龙斌：《省际边缘区接受中心城市经济辐射研究》，《经济纵横》2013 年第 6 期。

三角”三大中心城市与陕南三市之间的断裂点及场强，见表 5.4。

表 5.4 “西三角”中心城市与陕南三市的断裂点及场强（2013 年）

城市		汉中	安康	商洛
城市人口（万人）		158.65	116.24	104.67
城市 GDP 总量（亿元）		881.73	604.55	510.88
城市规模		374.01	265.09	231.24
至中心城市的交通距离（公里）	西安	260	218	120
	成都	455	680	837
	重庆	620	530	860
中心城市至断裂点的距离（公里）	西安	182.14	160.31	89.81
	成都	344.37	535.24	668.21
	重庆	483.38	428.13	703.63
断裂点场强	西安	0.0617	0.0797	0.2538
	成都	0.0306	0.0127	0.0081
	重庆	0.0200	0.0255	0.0095

资料来源：表中经济数据根据各城市社会经济发展公报整理，城市间距离根据百度地图电脑测距得出。

（三）“西三角”中心城市对陕南经济辐射能力的比较

根据以上计算，可以得出西安、成都、重庆三大中心城市对陕南的经济辐射强度柱形图，如图 5.4 所示。从表 5.4、图 5.4 可以得出以下结论：

1. 就三大中心城市对陕南整体而言，西安对陕南的经济辐射强度最大，重庆次之，成都最弱

西安对陕南的辐射总强度（西安对陕南三市辐射强度之和）为 0.3952，分别是重庆的 7.18 倍，是成都的 7.65 倍。可见，对陕南三地目前的经济辐射仍以西安为主，西安应作为陕南的首选辐射源城市。

2. 就三大中心城市对陕南各城市而言，商洛接受的辐射强度最大，安康次之，汉中最弱

商洛接受的总辐射强度（接受三大中心城市辐射强度之和）为 0.2714，

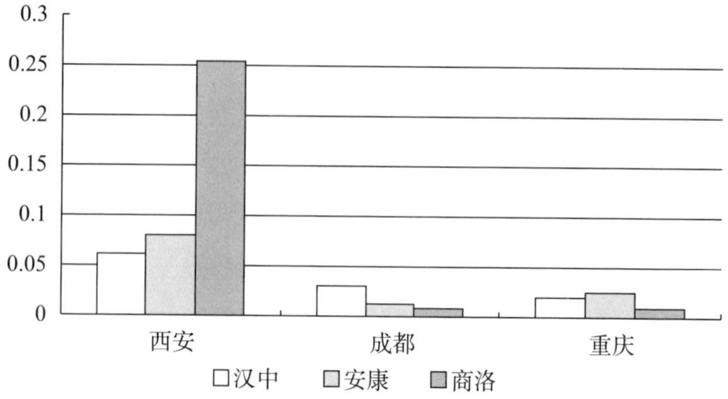

图 5.4　三大中心城市对陕南的经济辐射强度

大约是安康、汉中的 3 倍，其中商洛接受西安的辐射强度是安康 3.18 倍，是汉中的 4.11 倍。但是，商洛接受重庆与成都的辐射微乎其微，而汉中却能接受来自成都的一些经济辐射，安康则可接受来自重庆的一些经济辐射，尽管其辐射强度比较小。

四、比较后的启示

（一）陕南短期内不要对“西三角”中心城市中的成渝寄予太高期望，要积极主动融入关中经济圈

如前文分析，由于特殊的地理位置，“西三角”经济圈必将对陕南经济产生辐射与拉动作用，但通过三个中心城市对陕南三市经济辐射的比较研究，笔者认为，短期内在“西三角”交通条件没有大突破的情况下，成渝地区对陕南经济辐射仍将十分有限。其原因有四：一是陕南距离成渝较远。与安康相比，汉中距离成都较近，但也近乎 500 公里，远于其与西安 260 公里的距离，前者近乎后者的 2 倍。与汉中相比，安康距离重庆较近，但也在 500 公里以上，是其到西安距离的 2 倍还多。因此，从距离上看，陕南接受成渝经济区的辐射比较困难。二是陕南与川渝之间被大山所隔。汉中到成都之间、安康到重庆之间均为巍巍巴山，山峰大部分海拔 2000 米以上，自古就有“蜀道难，难于上青天”一说，虽然

目前有公路、铁路相通，但大山仍不仅隔断了两地人文之间的密切联系，更妨碍了工业的发展、产业的协作。三是陕南与川渝分属三个行政区域。由于行政隶属关系不一，在现行行政考核体系下，陕南接受川渝经济辐射可能是一厢情愿，川渝政府未必热心。四是陕南的产业定位与川渝差异较大。受南水北调水源涵养地的生态约束，陕南重点发展的是生态产业，这与以工业为主的川渝地区产业完全不同，因此接受辐射的效果将大打折扣。综上，汉中、安康短期内不要对“西三角”寄予太高的期望，要接受成渝的辐射，但更要积极主动融入关中经济圈。

（二）接受“西三角”中心城市总辐射最弱的汉中要争取国家政策支持，实现内源式经济突破发展

在陕南三市中，汉中的工业基础最好，解放初期到改革开放以前曾经是陕西第二大工业城市，目前初步形成了以机械装备制造、医药化工、冶金建材、烟酒食品、军工等五大产业为支柱、多门类的工业体系。但由于地域劣势，难以接受三个中心城市的经济辐射，加之其他原因，近年来汉中经济发展速度在陕南三市中一直处于末位。根据对 2001 年西部大开发以来陕南三市 GDP 总量数据，可以得出三地 GDP 在陕南总量中的占比，如图 5.5 所示。三地中，商洛的占比在逐年上升，安康基本保持不变，而汉中的占比在逐年下降。因此，在上述背景下，汉中必须要有一种新的思路改变这一困局。笔者认为，由于受地域限制和生态约束，汉中要积极争取国家政策实现内源式发展突破，最终实现在陕南和全省的均衡发展。一是争取将汉中变为国家级绿色产业示范基地，获得国家生态产业发展资金和政策支持，将南水北调水源地这一国家级的制约变成突破发展的机遇。另外，要争取中央和省上支持，积极推动更多的汉中本地企业上市，通过上市融资，解决发展循环经济与生态产业的资金难题。二是大力解放思想，以观念突破作为经济发展的突破口。既要激活民间资本和民营企业的创业意识和活力，更要激活政府服务的效率与水平，以及为民谋利的发展意识，使能者上、庸者和、不作为者下。

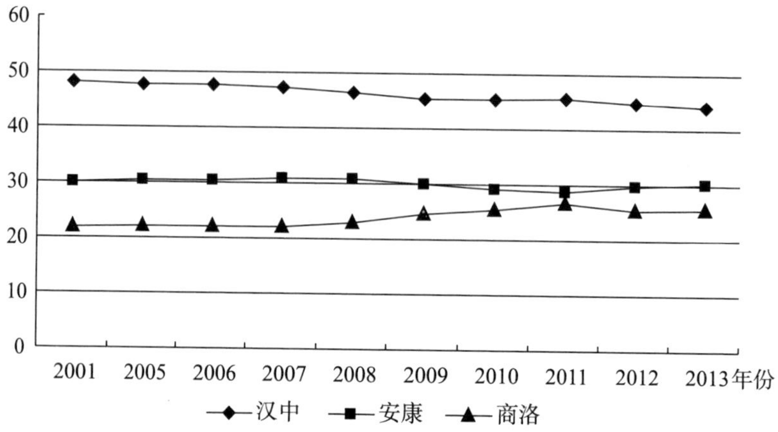

图 5.5 西部大开发以来陕南三市 GDP 在总量中的占比变化

（三）要积极争取国家政策改善西安至重庆、成都的交通条件，提升对汉中、安康的经济辐射强度

尽管前文分析认为目前成渝经济区对陕南的经济辐射强度较小，但从长远发展的角度和国家战略角度来看，“西三角”经济圈最终将会形成，对陕南的辐射，特别是对汉中、安康的辐射也必将逐步增强。因此，立足长远，陕西省要积极联手重庆、四川争取国家政策，尽快改善西安至重庆、成都的交通条件，提升对汉中、安康的经济辐射强度，使西三角经济圈早日形成。目前，西城高铁已经开工建设，但西安到重庆的高铁还在勘探设计中，安康到重庆的高速公路也还在建设中，如最终开工建设，三地将形成一日即可周游一圈的“铁三角”及陆上高速公路和铁路客运专线“三小时经济圈”。

（四）促进汉中、安康互动协作发展，按照循环经济模式大力发展工业，尽早形成汉江工业走廊

汉中、安康两市在“西三角”经济圈中虽地处腹地，看似可以接受三地辐射，实则左右不顾，因此，两兄弟城市如能抱团发展也未必不是良策。如联合争取国家生态经济补偿资金，联合争取成为国家级生态示范区，联合开发生态农业，联合宣传旅游产业，联合构建循环经济产业

链条等。对此，陕西省政府要制定相关政策促进汉中、安康互动协作发展，按照循环经济模式大力发展两地工业，尽早形成汉江工业走廊。

（五）要重新审视陕南三市突破发展的地域顺序，可优先发展商洛，通过线面推进带动陕南整体发展

自2006年陕西省省政府提出“关中率先发展、陕北跨越发展、陕南突破发展”的全省协调发展思路以来，陕南一直没有“突破”。其原因固然与陕南的资源禀赋有密不可分的关系，但也不能排除至今对陕南如何发展政府还没有一个明晰的思路，这其中包括明确发展的难点与突破口、率先突破的产业、率先突破的区域等。[①] 笔者认为，必须重新审视陕南三市突破发展的地域顺序，由于商洛在三地中具有接受西安辐射的绝对地域优势，而且商洛的一部分县区已经被规划到关中—天水经济区中，因此，可以考虑优先发展商洛，通过线面推进带动陕南整体发展。

第三节 我国区域中心城市经济辐射效应研究

一、区域中心城市对外经济辐射效应的表现

（一）研究方法

如前所述，对区域中心城市经济辐射效应阶段的判断可以通过计算中心城市与周边地区的经济发展差异来实现。本书即通过计算历年来区域中心城市人均GDP与所在省份的人均GDP比值来判断其对外经济辐射的效应表现，即究竟表现为极化效应还是扩散效应以及效应强弱。如果中心城市人均GDP与所在省份的人均GDP比值随时间变化越来越大，则说明极化效应强于扩散效应占据主导地位，反之扩散效应强于极化效应而占据主导地位。为使数据更具代表性，本书根据国家统计局对我国四大经济地区的分类，分别选择浙江省和杭州市代表东部地区，选择辽宁

① 何龙斌：《西安对陕南的经济辐射力测度评价与提升对策》，《安康学院学报》2012年第3期。

省和沈阳市代表东北地区，选择湖北省和武汉市代表中部地区，选择陕西省和西安市代表西部地区，数据从改革开放以来的 1978 年一直到 2013 年共计 26 年。表 5.5 为四个经济地区代表性省市的人均 GDP 及其比值变化。

表 5.5 1978—2013 年四大经济地区代表性省市的人均 GDP 及其比值

年份	东部地区			东北地区			中部地区			西部地区		
	杭州市人均GDP（元）	浙江省人均GDP（元）	人均GDP比值	沈阳市人均GDP（元）	辽宁省人均GDP（元）	人均GDP比值	武汉市人均GDP（元）	湖北省人均GDP（元）	人均GDP比值	西安市人均GDP（元）	陕西省人均GDP（元）	人均GDP比值
1978	565	331	1.71	819	680	1.20	735	332	2.21	513	291	1.76
1979	659	417	1.58	914	717	1.27	835	409	2.04	550	336	1.64
1980	791	471	1.68	1013	811	1.25	950	428	2.22	623	334	1.87
1981	904	531	1.70	958	823	1.16	983	466	2.11	640	356	1.80
1982	957	599	1.60	1054	884	1.19	1087	506	2.15	650	385	1.69
1983	1054	650	1.62	1312	1012	1.30	1161	543	2.14	674	420	1.60
1984	1298	810	1.60	1558	1203	1.30	1402	671	2.09	817	504	1.62
1985	1675	1067	1.57	1824	1413	1.29	1610	801	2.01	1049	604	1.74
1986	1917	1237	1.55	2024	1633	1.24	1732	882	1.96	1178	688	1.71
1987	2276	1478	1.54	2452	1917	1.28	1995	1018	1.96	1409	794	1.77
1988	2717	1853	1.47	3041	2285	1.33	2462	1216	2.02	1711	1004	1.70
1989	2928	2023	1.45	3368	2574	1.31	2606	1373	1.90	1861	1124	1.66
1990	3310	2138	1.55	3587	2698	1.33	2673	1541	1.73	1932	1241	1.56
1991	3952	2558	1.54	3856	3027	1.27	3088	1668	1.85	2224	1402	1.59
1992	4996	3212	1.56	4923	3693	1.33	3752	1962	1.91	2662	1571	1.69
1993	7263	4469	1.63	6373	5015	1.27	5192	2361	2.20	3661	1981	1.85
1994	9924	6201	1.60	8252	6103	1.35	6980	2991	2.33	4563	2424	1.88
1995	12797	8149	1.57	10017	6880	1.46	8609	3671	2.35	5131	2965	1.73
1996	15095	9552	1.58	11032	7730	1.43	10970	4311	2.54	6246	3446	1.81

续表

年份	东部地区			东北地区			中部地区			西部地区		
	杭州市人均GDP（元）	浙江省人均GDP（元）	人均GDP比值	沈阳市人均GDP（元）	辽宁省人均GDP（元）	人均GDP比值	武汉市人均GDP（元）	湖北省人均GDP（元）	人均GDP比值	西安市人均GDP（元）	陕西省人均GDP（元）	人均GDP比值
1997	17113	10515	1.63	12021	8525	1.41	12673	4884	2.59	7424	3834	1.94
1998	18611	11394	1.63	13025	9415	1.38	13765	5287	2.60	7906	4070	1.94
1999	19961	12036	1.66	13765	10086	1.36	14751	5452	2.71	8599	4415	1.95
2000	22342	13461	1.66	14911	11226	1.33	15082	6293	2.40	9484	4968	1.91
2001	25074	14655	1.71	16245	12040	1.35	16515	6866	2.41	10628	5511	1.93
2002	28150	16841	1.67	18227	13000	1.40	17971	7436	2.42	11831	6161	1.92
2003	32819	20147	1.63	20504	14258	1.44	19569	8378	2.34	13341	7057	1.89
2004	39293	23817	1.65	24041	15835	1.52	23148	9897	2.34	15294	8638	1.77
2005	44871	27062	1.66	28089	19074	1.47	26548	11554	2.30	16406	10674	1.54
2006	51908	31241	1.66	33379	21914	1.52	30921	13360	2.31	18890	12840	1.47
2007	61315	36676	1.67	40896	26057	1.57	36347	16386	2.22	22463	15546	1.44
2008	70948	41405	1.71	48230	31739	1.52	46035	19858	2.32	27794	19700	1.41
2009	74761	43842	1.71	53794	35149	1.53	51144	22677	2.26	32411	21947	1.48
2010	86691	51711	1.68	62357	42355	1.47	58961	27906	2.11	38343	27133	1.41
2011	101370	59249	1.71	72648	50760	1.43	68315	34197	2.00	45475	33464	1.36
2012	111758	63374	1.76	80480	56649	1.42	79482	38572	2.06	51166	38564	1.33
2013	118589	68462	1.73	82112	61686	1.33	89000	42613	2.09	57464	42692	1.35

资料来源：根据表中城市及所在省 1978—2013 年统计数据计算整理。

（二）计算结果

四个经济地区代表性省市的人均 GDP 及其比值变化也可以通过散点图表示，从图 5.6 中可以发现，改革开放以来，东部地区中心城市在 1990 年以前有一定程度的扩散效应，但到 1990 年以后逐步表现为极化效应，到 2013 年中心城市人均 GDP 与所在省份的人均 GDP 比值从 1.71 拉大到 1.73。东北地区中心城市从改革开放以后一直表现为极化效应，到

2013 年中心城市人均 GDP 与所在省份的人均 GDP 比值从 1.20 拉大到 1.33。中部地区在 1990 年以前也有一定程度的扩散效应，但从 1990 年至 2000 年逐步表现为较强的极化效应，到 2000 年以后再次表现为扩散效应，到 2013 年中心城市人均 GDP 与所在省份的人均 GDP 比值从 2.21 缩小到 2.09。西部地区在 2000 年以前，中心城市极化效应与扩散效应同时存在，以极化效应略占主导，但 2000 年以后，扩散效应较为明显。总体上来看，改革开放以来，我国中心城市人均 GDP 与所在省份的人均 GDP 比值变化不大，说明我国制定的以中心城市为增长极通过经济辐射带动周边地区经济发展的战略并未达到预期效果。在一些地区甚至出现中心城市极化过度而扩散不足的现象。

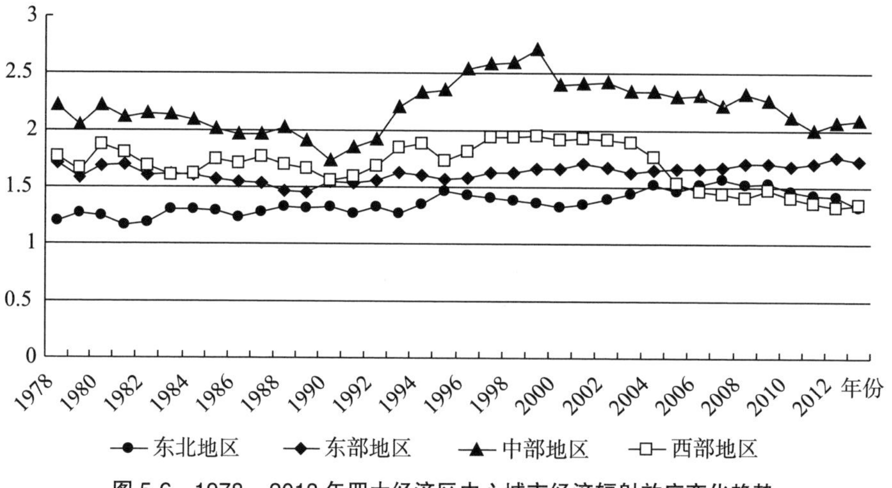

图 5.6　1978—2013 年四大经济区中心城市经济辐射效应变化趋势

二、区域中心城市经济辐射效应表现的引申

（一）从区域发展角度看，向东部沿海城市极化过度，向中西部城市扩散不足

改革开放以后，为促进我国经济整体快速增长，中央吸收了以增长极理论为代表的经济辐射理论精髓，制定了优先发展沿海地区中心城市，通过这些城市带动沿海地区，再依次向内地推进发展的区域经济发展战

略。从现实表现来看，这一战略的实施，使得以长三角、珠三角及环渤海三大经济圈得以形成，有力地推动了我国沿海地区经济的快速成长。然而，从全国来看，这种增长仅集中于沿海地区，并未实现全国性的发展，是不均衡的增长。换言之，中央希望沿海率先发展然后带动内地发展的初衷并未完全实现。衡量区域经济发展差距最有代表性的指标为人均国内生产总值，如图 5.7 所示，从这一指标看，国内东、中、西三个经济区域在改革开放初期的 1980 年的水平为 1.87∶1.20∶1，沿海地区经过 20 多年的高速发展，到 2000 年变为 2.42∶1.28∶1，即使到 2013 年，国家西部大开发中战略实施 13 年后这一比值依然是 2.05∶1.11∶1。这一指标的变化表明，从 20 世纪 80 年代以来我国实施的倾向于东部沿海地区的非均衡发展战略，导致东部同中西部的经济差距进一步拉大。

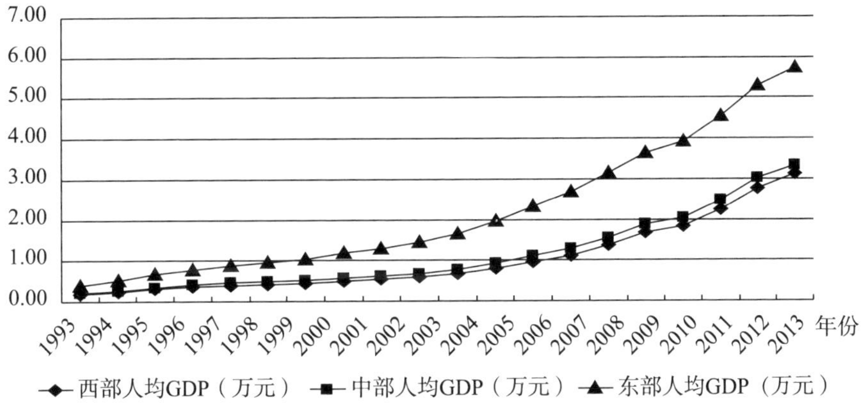

图 5.7　1993—2013 年东、中、西部人均国内生产总值变化

显然，自改革开放起直至 20 世纪末始终围绕东部沿海地区，以其促进全国经济迅速成长的区域非均衡发展方针，虽然使得全国经济得以快速增长，但也进一步加大了东、中、西部三个经济区域之间的差距，带来了严重的区域发展不平衡问题。造成这一现象的原因在于这个阶段生产要素出现了向沿海地区，特别是沿海中心城市的单方向大量集中，甚至吸引了中西部城市的生产要素。这充分证明，在这一时期，我国经济辐射向东部沿海城市极化过度，向中西部城市扩散不足。而这一特征甚至在今天仍一直存在。

（二）从城乡发展角度看，向城市极化过度，向农村边缘地区扩散不足

改革开放以前，我国实行的计划经济强调重工业的发展，注意力多集中在具有工业化基础的城市之中，这就导致城市现代工业部门成长速度加快，而农村农业落后的问题却并未得到妥善的处理。改革开放以后，伴随以城市为发展重心的增长极战略的实施，虽然极大地促进了城市经济的增长，但也进一步强化了城乡二元经济结构，使城乡居民收入差距继续拉大。如果以城镇居民家庭人均可支配收入与农村居民家庭人均纯收入之比衡量城乡居民收入差距，那么我国城乡居民收入差距经历了由小到大的变化过程。统计数据表明，改革开放以来，仅 1985 年一年城乡人均收入比例低于 2，其余年限均高于 2，而且从 2002 年至今该比值则扩大到 3 以上。如果从绝对收入来看，差距更大，如图 5.8 所示。可见，从城乡发展角度来看，经济辐射在我国表现为向城市极化过度，向农村边缘地区扩散不足。

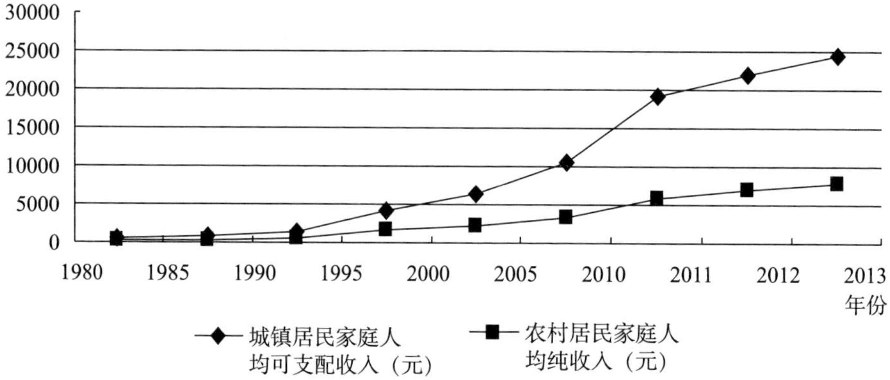

图 5.8 1980—2013 年城乡居民收入差距变化趋势

三、区域中心城市经济辐射效应表现的原因分析

（一）不完善的市场经济体制阻碍了要素的自由流动

扩散效应也是生产要素按照市场规律自由流动的表现。只有市场经济体制相对健全，推动了市场竞争及空间经济的良性发展，中心城市的扩散效应才能得以顺利完成。但是，当前国内市场经济体制并不健全，对要素自由流动产生了很大的影响。如在城市发展中压低土地价格，给予失地农民很低的补偿，压低农产品和农村劳动力的价格，使其收入水平远低于城市居民。所有这些制度因素都会导致生产要素在城乡之间表现为不情愿的非自由流动。虽然近年来也有生产要素向农村流动的现象，但分量仍然很小，城乡之间生产要素流动的基本格局依然是农村向城市的单一方向流动。其原因有二：首先，生产要素从城市流向农村的风险较大。按现行农村土地制度和管理体制，农村土地产权不仅使用期限比较短，而且缺乏制度保障，不确定性很大，影响了城市生产要素向农村的流动。其次，城乡生产要素双向流动的成本很高。在一些地方城乡要素流动的成本甚至超过了跨国出境的成本。这无疑降低了整个经济的效率，也减少了全社会福利。客观地说，我国各级政府在制定政策和分配资源时往往有一定的倾斜性，中央政策一般习惯于向直辖市倾斜，地方政策则习惯于向省会和重点地级市倾斜。这些倾斜性的政策直接影响了生产要素的流动方向，如果这样的政策今后不做调整，让边缘落后地区持续作出牺牲，那么不仅会使中心城市的经济增长失去支撑，同时也会使社会矛盾加剧。

（二）区际产业结构趋同弱化了增长极的带动效应

产业结构趋同是指在经济发展过程中，区域内或区域间在主导产业的选择、主要产业门类、组织规模和技术水平等方面的雷同或相似现象。产业结构趋同现象直接反映一个国家产业布局的合理程度。通常，一个地区的产业部门可分为两大类：一类是基础服务部门，主要是直接为本

地区的生产、生活服务，这一类部门的产业结构在不同地区不存在区际分工，是可以相同的；另一类是专业化部门，这一类部门则应按照本地区的资源禀赋在区际之间进行合理的分工，体现一定的差异性，这样才能提高区域经济效率。改革开放以来，随着国家对地方经济发展权力的不断下放，以及利益主体与投资主体日益多元化，在行政区经济思维的影响下，我国区际之间一直存在着产业结构趋同的问题。中山大学城市与区域研究中心曾经对珠三角地区 9 个城市进行调查，结果显示 9 个城市中有 5 对工业结构相似系数超过 90%，其中，东莞与深圳的相似系数达到 97.02%，珠海与东莞的相似系数达到 95.83%。区际产业结构趋同现象是多种因素共同作用的结果，既有地方保护主义的因素，也有市场价格扭曲的因素。不管何种因素造成，区域产业结构趋同对区域经济有着极大的负面影响，不仅会导致不同区域内主导产业规模减小、发展能力减弱和发展水平低下等问题，并且使区域经济恶性竞争，不能形成科学合理的分工体系，产业融合难以达成，不仅降低了资源配置效率，而且使区域间的要素无法自由流动，进一步导致作为增长极的中心城市的辐射带动效应难以发挥。

（三）区域市场分割致使产业分工与合作体系难以形成

在我国，地方政府长期以来受政绩考核和地方分权的影响，一直围绕着发展地方经济这一主线开展工作，在发展过程中表现出明显的各自为营、相互封锁的特性。客观地讲，中心城市同周边地区间存在互为依托的紧密关系，是同甘苦共患难的共同体，中心城市离开周边地区的支持，必然难以实现可持续性的发展。但是，在经济发展的实践过程中，部分地区不能从整体、大局的角度考虑问题，仅考虑自身利益，强调地方的发展，在地区经济发展中，甚至设卡刁难，地方政府的人为干预导致地区间协调性的弱化，对区域经济协调发展及产业互动产生了极为不利的影响。可以说，目前我国许多区域经济增长极城市在区域经济发展中的作用表现为明显的只极化不扩散，或极化有余而扩散不足，导致区域经济差距持续扩大。我国在制定区域经济发展战略中引入增长极理论，其目的在于通过辐射机制促进区域经济发展，其前提是区域间要有合理的产业分工与合作体系。但可惜的是，很多地区的产业分工仅限于区域内部。如从某种程度上讲，我国沿海地区“两头在外”的外向型经济就是一种区域内分工合作的经济模式，这一模式没有形成对沿长江流域的产业带动，也不会实现对更远的内地的经济辐射。

（四）边缘地与核心地区的梯度落差抑制了扩散效应的发挥

梯度推移理论认为，一个国家或地区产业结构的优劣、主导产业部门在其生命周期中所处的阶段，往往直接影响着地区的经济发展能力与水平。经济发展能力与水平的不同又决定了每个国家和地区都处在不同的经济发展梯度上。而全球每一种新的行业、产业及产品的出现，伴随时间的不断推移均会呈现出由高梯度向低梯度的转移。换句话来讲，地区经济能力较强、发展水平较高的地区，也就是高梯度地区，最终会通过向经济水平低的低梯度地区转移产业，从而带动其发展。从理论上讲，这是可行的，而且这一理论也获得了全球很多国家一致的认可，并将其运用于政策的制定。然而，低梯度地区受高梯度地区的扩散及辐射并非绝对的，而是有着一定的条件限制。在现实的经济活动中，周边地区同中心城市在工业化及社会化方面相似程度越高，获得辐射效应的强度就越高；周边地区的生产经验越丰富，金融资本越雄厚，其接受扩散效应的能力就越强。反之，假如周边地区同中心城市的经济实力存在显著化的差距，梯度差异十分明显，那么产业的转移难度就较大，中心城市的扩散效应就将难以发挥。当前我国东南沿海地区正处于工业化中期发展阶段，但是中西部地区经济最发达的地方当前也仅处于向工业化中期迈进的过程之中，工业化初期是大多数地区的发展特征。外向型经济是东南沿海地区的代表性发展模式，对外贸有着很强的依赖性，这种“以进带出”的经济增长模式，中西部地区对其需求及供应方面的影响微乎其微。显然，中西部地区的市场需求及人均收入水平都不高，东、中、西三个地区在经济发展上存在显著的差异，区域间产业转移缺乏必要的客观条件。

（五）非均衡的制度供给限制了边缘地区的发展

制度是一种重要的生产要素。区域发展差异本质上是制度方面的差别，这在制度的各个方面均有所体现，包括制度安排、制度结构和制度利用效率。按照制度经济学的观点，国内经济发展之所以呈现出非均衡性主要是由制度的失衡引发的，中心城市凭借独特的区位优势，加上政策优惠和制度创新的支持，形成了经济增长的强大动力，促进经济快速增长，并逐步形成自我发展的良性循环。从我国对外开放的区域发展政策来看，东部地区中心城市与中西部边缘地区由于政策的差异，导致不同区域之间在对外开放的时间、开放的范围、开放的力度等方面均存在很大的不同。显然，对外开放早、对外开放程度高的东部沿海城市更容易获得国内外大量的资金、技术、人才，这些生产要素的大量聚集，推动着东部地区区域经济快发展。而这种快速发展的成果使沿海地区投资环境进一步改善，反过来又吸引了更多的资金、技术和人才流向东部地区，形成马太效应，使本身就落后又处于制度供给劣势的中西部地区始终难以缩小与发达地区的差距。可以说，东部沿海地区享受了我国改革开放的绝大部分政策红利，中西部地区则需对改革的成本埋单。中西部地区从 20 世纪 90 年代以后才开始实行对外开放政策，实施西部大开发战略也是从 21 世纪初期才开始，而且最初的对外开放范围仅限于沿边和沿江的少数城市，与东部沿海地区的经济特区、沿海开放城市相比，这些地区对外开放程度较低，享受的优惠政策相对较少。综上可见，制度供给的非均衡性限制了边缘地区的发展，是造成边缘落后地区与发达地区经济发展呈现显著差异的重要原因。

（六）辐射力衰减规律制约了边缘地区的发展

根据经济辐射理论，中心城市对周边地区的经济辐射效应与距离成反比，距离越远，辐射效应越小，反之越大。其原因在于存在中心城市辐射力随着距离扩大而逐步衰减的规律，而且，从衰减速度上看，扩散效应的衰减远大于极化效应，因此，处于同等距离范围内的边缘地区，从中心城市接受到的经济辐射扩散效应强度远远小于中心城市的极化效应的强度，从而造成边缘地区经济发展水平与速度大大落后于中心城市。当前，我国虽然已经形成了以三大经济圈为代表的一些增长极城市，但由于受空间距离影响，这些增长极难以起到带动距离较远的边缘地区经济增长的作用。三大经济圈增长极城市仍以极化效应占主导地位，从短期来看在全国范围内难以实现产业的合理分工。如上海制造业的供应商大多分布在上海周边的江浙地区，深圳、广州制造业的供应商甚至大多分布于广东省，距离这些增长极较远的地区很难加入它们的分工体系中。[①] 另外，外部力量也会导致辐射力的衰减，如发达省份为了促进地方经济发展，往往会制定一些政策推动其传统产业向本省落后的郊区就近转移，这种对产业转移的政策干预也制约着与中心城市对边缘地区的经济辐射。

四、区域中心城市经济辐射表现的负面影响

（一）中心城市过度膨胀降低了经济效率

理论上，中心城市的极化效应可以促使各种生产要素在地域上集聚，从而形成经济增长极，此后又发挥扩散效应，通过产业转移等经济活动带动整个地区乃至整个国家经济的发展。但是，如果极化效应过强，对生产要素的过度吸引则会导致中心城市过度膨胀，如果不及时采取干预措施，则会导致规模不经济，使中心城市自身经济效率降低，进而影响区域甚至国家经济的整体竞争力。全世界有很多大都市都曾经历过恶性膨胀的发展阶段，造成了很大的后期治理成本。当前，由于我国中心城市的极化效应远远超过扩散效应，许多超大城市不同程度地出现了人口

① 刘乃全、陶云、张学良：《中国区域经济增长协整分析与区域政策选择：兼论“中部塌陷”现象》，《财经研究》2006 年第 4 期。

密度过大带来的人地矛盾、人水矛盾和人与环境的矛盾，使城市自身发展受到严峻挑战。特别是土地资源日趋紧张，北、上、广、深等超大城市土地供求矛盾日益突出，建设用地“地王”频出。有关统计数据表明，从2005年至2014年的10年间，我国35个大中城市的同质居住用地价格平均上涨了3倍，其中北京地价上涨了6倍多。地价、房价成本已成为在这些城市投资的巨大负担，使企业经营成本不断增加。此外，城市的过度膨胀也会对生态环境造成负面影响，生态环境又通过影响人居环境、生产环境，进一步影响城市对人才和企业的吸引，从而影响一个城市的竞争力。以北京为例，近年来的快速发展导致人口密度过大，加上汽车尾气和工业废气等因素的综合影响，2013年空气质量优良的天数仅为176天，占48.2%，而重污染累计58天，占15.9%。在31个省会及直辖市城市空气质量排名中倒数第6，以前极少出现的雾霾天气也在近年频频出现。大量事实证明，中心城市适度的极化效应可以形成规模经济，提高资源配置效率，促进城市经济发展，但是过度的极化则不仅降低了经济效率，还会给政府带来沉重的基础设施建设负担。

（二）收入差距的扩大影响社会稳定

改革开放以来，由于中心城市极化效应过度和扩散效应不足的双重作用，导致不管是区域之间还是城乡之间呈现出收入差距不断扩大的趋势。根据国家统计局数据，1985年，我国城市居民人均收入是农村居民人均收入的1.9倍，2004年上升为3.2倍，到2008年进一步上升到3.4倍，城乡收入差距呈现不断上升的趋势。即使近几年国家构建和谐社会战略提出后采取了一些政策，到2013年城镇人均可支配收入为26955元，农村人均纯收入为8896元，二者相差仍在3倍以上。虽然近年来国家出台了一些惠农政策，中国农民收入增长较快，但增长速度仍然落后于城镇居民。从地区人均收入来看，东西差别明显，东部地区居民人均可支配收入比西部地区几乎高出1倍。2013年，城镇居民可支配收入最高的上海地区达到了43851元，与只有18965元的最低的甘肃地区居民年收入差距为 24866 元，其收入之比为 2.3:1。如果用国际上通用的基尼系数衡量贫富收入差距，我国居民收入差距也非常大。据国家统计局公布的数据，2013 年我国居民收入基尼系数为 0.473，高于国际公认的收入差距警戒线 0.4，远高于一般发达国家的 0.24 到 0.36 的水平。纵观古今中外，任何时期任何国家，一旦其国内区域之间经济差距过大，就会形成社会矛盾，影响社会稳定甚至威胁到国家政权的稳固。目前，由于我国区域收入差距不断拉大，使中央政府在制定政策时很难兼顾不同地区的利益诉求。一项政策，对发达地区有利，可能又会伤及落后地区，必然是东部地区支持，西部地区反对；反之，可能西部地区支持，东部地区反对。中央在制定政策时必须寻找一个平衡点。

上述研究表明，四大经济区中心城市的辐射效应各不相同，总体上看，改革开放以来，我国中心城市人均 GDP 与所在省份的人均 GDP 比值变化不大，说明我国制定的以中心城市为增长极通过经济辐射带动周边地区经济发展的战略并未达到预期效果。在一些地区甚至出现中心城市极化过度而扩散不足的现象。造成这一结果的因素是多方面的，鉴于极化效应会使中心城市过度膨胀而降低经济效率，以及中心城市与周边地区收入差距长期过于扩大会影响社会稳定。因此，建议中央政府制定相关政策对此现象予以干预。

第六章　经济辐射理论实践的国际经验借鉴

经济辐射理论包括核心—边缘理论、点轴开发理论、增长极理论和梯度转移理论等，这些理论大多是由20世纪初、中期的欧美经济学家所提出。在它们被提出之后，不仅发达国家，还有发展中国家，都对其产生了极大的兴趣。许多国家都使用这些理论，以解决它们国内经济发展中所存在的区域经济发展不均衡问题，并出现了许多成功的案例。而我国只是在改革开放之后，才开始关注并应用这些理论，虽然也取得了一定的成效，但仍存在一些不足。为了更好地应用这些理论，有必要学习和借鉴国外的做法。本章总结了美国、日本、意大利等发达国家和印度、巴西、马来西亚等发展中国家运用经济辐射理论，来解决边缘落后地区发展问题所取得的经验与教训，希望对促进我国省际边缘区的发展提供一些有益启示。

第一节　发达国家对经济辐射理论的实践

一、美国

在运用经济辐射理论解决区域发展不均衡的发达国家中，美国最具有代表性。美国和我国一样，幅员辽阔、自然条件复杂多样，而其经济发展史，也是一部颇具典型的非均衡增长的历史。具体来说，美国东北部和中北部自然条件较为优越，其他地区特别是西部地区与之相比存在着一定的劣势。由于历史原因和自然条件各方面因素影响，致使早期的美国经济发展出现了不平衡趋势。为了解决这个问题，建国后美国政府陆续制定了一系列区域综合开发规划，试图对其相对落后的西部地区进行开发。经过数十年的艰苦努力，取得了较为理想的成就。这些经济较为落后的地区，发展速度已经超越了原来经济发达的中、东北部地区，促使田纳西、阿巴拉契亚等贫困地区的面貌得以改观，人均收入逐步接近了全国平均水平。

从经济辐射效应的演变来看，美国西部开发主要经历了两个阶段。第一阶段是从建国到 20 世纪 60 年代，这是西部点轴开发框架的建立和以"极化效应"为主的开发阶段。在此阶段，基本确立了西部点轴开发框架，其标志是以铁路为主的交通网的形成和西部城市、城镇的崛起。① 随着大量移民和资金的涌入，美国西部地区的农业逐步兴起，农业产品变得十分具有竞争力。这种情况又为当地的工业化和城市化建立了基础。随着两化较为顺利地实现，该地区的聚集开发效应开始呈现，出现了许多不同等级的点轴开发系统，为后期的经济辐射奠定了基础。第二阶段是在 20 世纪 70 年代后，在美国通过点轴开发战略取得成效之后又实施了第二期开发，进入"扩散效应"为主的阶段，即在中心城市和交通干线构建的点轴系统形成后，为促进经济辐射效应的发挥，又制定了向西部倾斜的产业扶持政策，使西部广大区域的产业得以飞速发展。此举不仅使当地百姓生活得到了极大的改善，也让落后的西部地区在经济上赶上了东部，促使美国各区域基本上实现了均衡发展。

总体来看，美国政府制定的经济辐射战略，是以中心城市为主体，以交通干线为基础，从东部发达地区逐步推向西部落后地区，从中心城市逐步向周边的中小城镇推进与扩展的过程。这种开发活动，使西部与东部各个中心城市之间、西部的城市与其周边的落后地区之间，形成了较为顺畅的交通系统。美国的经济辐射战略主要应用了增长极理论和点

① ［美］吉尔伯特·C. 菲特、吉姆·E. 里斯著：《美国经济史》，辽宁人民出版社 1981 年版，第 273 页。

轴开发理论，具有以下特征。

一是对增长极和“点”的构建。在对西部的开发过程中，美国政府从城镇到中心城市建设了许多具有增长极作用的“点”。在这一时期，美国在西部地区兴建的城镇有以下几类：一是通过土地出售与开发而发展起来的城镇；二是通过矿业资源开发兴起的城镇；三是由传教士通过传教而建立起来的城镇；四是因铁路等交通设施的修筑而兴起的“铁路城镇”。这些城镇对西部地区商业、农业、工业以及信息产业的兴起，起到了至关重要的作用，使其成为了西部的“增长极”。如在美国中北部的五大湖地区，首先形成了以芝加哥为首，逐步辐射到匹兹堡、布法罗、辛辛那提等地区的城市系统开发区域。在开发该地区的进程中，芝加哥连续修建了30多条铁路，通往全国各地。[①] 使一个曾经仅有350名居民的边远农村，在不到30年的时间里，迅速发展成为美国的中心城市，甚至和东北地区的纽约一样在世界上享有盛名。在1860年，由于芝加哥已经成为美国最大的交通枢纽与工业制造中心，使得它在开发西部地区的过程中，发挥了巨大的增长极辐射作用。而类似这样建立起来的增长极在西部地区还有很多。

二是对“轴”的构建。美国政府大力提倡西部交通大发展，并制定了一些倾斜性的发展政策，导致该地区一度出现了“开凿运河热”“修筑收费公路热”“兴建铁路热”等交通实施的建设热潮，甚至贯穿于早期西部开发整个进程。尤其是铁路建设，由于其中存在较大的商机，许多铁路建设公司为了获得政府无偿赠予的土地，趁东部等地区的移民在西部正式定居之前，便把铁路修建到这些地区。尽管在当时，这些地区的土地还未曾开发，甚至渺无人烟，但这些公司在巨大利益的推动下，仍通过修建铁路力图占有更多、更肥沃的土地，以期从中获取预期中理想的

① ［美］H.N. 沙伊贝等著：《近百年美国经济史》，中国社会科学出版社1983年版，第170页。

回报。[①] 除了铁路，这一时期还在西部地区修建了大量的收费公路、运河和机场等交通基础设施。[②] 这些交通设施把西部地区城镇连接起来形成了实现经济辐射的发展“轴”。

以开发阿巴拉契亚地区为例。首先，经济开发署对该地区设立开发专区，并进行了整体规划。经济开发署所设立的开发专区，由一个“增长中心”及两个或两个以上的再开发地区构成，它们共同组成一个基本开发单位，并以“增长极”的形式存在。而“增长极”的主要作用就是作为区域发展的引擎，通过它带动周边落后地区的经济发展。由于这种发展方式取得了较大成效，经济开发署陆续成立了多达 137 个相类似的经济开发专区，希望以此改变西部地区的落后面貌。其次，经济开发署把解决当地的交通问题作为主要任务。阿巴拉契亚地区的自然资源丰富，蕴藏着大量的矿藏，但交通却十分落后。虽然位于发达的东海岸特大都市与落后的中西部地区之间，然而没有一条公路与之连接，极大地阻碍了它的经济发展。针对这种情况，联邦政府在 1961—1971 年下拨了约 8 亿美元，占总拨款的四分之三，用于修建长达 3300 英里的特别“开发公路”和地方公路。

显然，由这些发达的交通网络与建立起来的增长极，不仅构成了众多“点轴”式的开发网络，而且还有力地促进了西部地区的经济发展。美国就是通过这种方式，奠定了其西部区域开发的基本格局。[③]在“增长极”发展之初，其具有的扩散效应已经显现，有力地促进了区域内的初级加工业的发展，也聚集了大量的人口。不仅扩大了当地市场容量，而且兴起的以原材料、食品为主的初级产业，还进一步推动了区域内其他产业的发展。可见，这一时期美国政府采取的各项措施是有效的，总结其主

① ［美］贝阿德·斯蒂尔著：《美国西部开发纪实 1607—1890》，光明日报出版社 1988 年版，第 167 页。

② ［美］塞缪尔、埃利奥特、莫里森等著：《美利坚共和国的成长》，天津人民出版社 1980 年版，第 505 页。

③ 黄绍湘著：《美国史纲 (1492—1823)》，重庆出版社 1987 年版，第 359 页。

要经验有：

第一，优先发展邮电业，保证边缘地区的信息畅通。为了让“每一个农民的家门都通向全世界”，美国政府在1896年制定了农村免费投递制度。该项制度不仅加强了农村与外界的联系，让农民可以方便地获得所需信息，而且也促进了农民涌入城市。之后随着电话、电视的普及，使全国各地的信息交流更加方便，范围也更加扩大，有力地促进了生产要素的自由流动。①

第二，积极倡导中西部地区的交通建设，促进东西部地区之间的经济联系。特别是高速公路的建设，可以让运输货物的卡车将西部需要的商品方便地送达。为了保证货物的顺利运输，西部地区客观地要求高等级公路的建设。基于这种情况，美国政府适时地制定了资助公路建设的计划，包括联邦领地道路修建计划和州际公路建设实施计划，政府还对国家公园、自然保护区等联邦领地上的各级道路，进行大量建设。与之相应的筑路公债，由1950年的44亿美元增至1970年的196亿美元。另外，为了用于修建联结全国各大城市之间的空中桥梁，联邦政府还向西部各地方政府提供援助资金，使各级政府共修建了多达1763个机场。②这些措施极大地加强了美国东西部之间的经济联系。

第三，在财政税收方面予以积极支持。1933年罗斯福提出的“新政”，标志着政府放弃一如既往的自由放任政策，而开创了“凯恩斯主义”主导下的、政府介入经济事务和区域发展的新时代。特别是二战以来美国政府对西部地区军工企业的财政支持，包括大批的军事装备订单有力促进了西部信息等产业的崛起。不仅如此，政府还通过从中、东北部征收大量税收，借助于财政转移支付等各种渠道，用于支持西部地区的发展。③

① ［美］雷·艾伦·比林顿著：《向西部扩张：美国边疆史》，商务印书馆1991年版，第330页。

② ［美］J.T. 施莱贝克尔著：《美国农业史》，农业出版社1981年版，第165页。

③ 章嘉琳著：《变化中的美国经济》，学林出版社1987年版，第97页。

最后，通过立法的形式，促进落后地区的经济发展。在20世纪60年代的初、中期，国会通过了《地区再开发法案》（1961年）、《加速公共工程法案》（1962年）、《人力发展和训练法案》（1962年）、《经济机会法案》（1964年）、《公共工程与经济开发法案》（1965年）等，这些法案均旨在推动美国相对落后的地区的经济发展。并于1965年在国会通过《阿巴拉契亚区域开发法案》的基础上，以成立经济开发署的方式将之具体落实。

综上所述，美国政府在点轴开发理论、增长极理论等辐射理论的指引下，通过一系列的政策与措施，有力地促进了落后地区的经济发展，使之人均收入达到了全国平均水平，最终赶上了经济发达地区的水平，成为应用经济辐射理论促进边缘地区经济发展的典型案例。

二、日本

第二次世界大战结束之后，一片凋零的日本制定并实施了重振该国经济的计划。到了1960年，日本经济不仅全面恢复到了第二次世界大战前水平，而且仍旧持续高速增长。此时原有的四大工业圈的发展已经趋向饱和，不能满足日本工业的进一步发展，向外经济辐射成为现实的需要。而此时国内的“外日本”与“里日本”、城市与农村的发展差距却是越来越大。在20世纪60年代，这种经济发展上的不平衡几乎达到了顶点，导致落后地区的极度不满。基于缓解国内社会矛盾、促进社会稳定与维持经济持续增长的双重压力，日本政府着手制定新的发展战略。具体而言，就是实施由发达的工业圈，向其他落后地区（即开发过疏地区）经济辐射的发展战略。这一战略的出现，意味着日本开始了从非均衡发展向相对均衡的协调发展过渡。

在这一时期，日本颁布了《未充分发展地区工业建设促进法》（1961年），制定了《国民所得倍增计划》（1960年）以及第一个《全国综合建设计划》（1962年），作为开发过疏地区的法律依据和政策指导。在这些政府文件中明确规定，根据各地区的发展水平和经济特征，将全国各地划分为经济“过密区”“整治区”“开发区”等三种类型，不同地区实施不同的经济政策。对于经济“过密区”，要限制新建企业数量，同时鼓励现有企业积极外迁，降低“过密区”企业与人口密度等。对于“整治区”，要积极完善基础设施和城市功能，承接“过密区”产业转移。对于“开发区”，日本政府根据辐射理论，专门制定了“据点”开发战略。具体来说，就是选择一些落后地区大力发展工业，以此为工业基地创建自成体系的核心城市作为增长极，即通过经济辐射促进落后地区的发展。

在实施“据点”开发战略时，日本在全国“开发区”选取了21个地方作为大型开发据点，选取了91个地方作为中小型开发据点。国家不仅对据点的基础设施进行了投资建设，而且还对到这些地方投资的企业给予优惠政策，以提升来此投资建厂的积极性，如提供特别贷款，免除事业税、固定资产税等，对地方财政由此造成的税收减少，国家给予适当的补贴。日本政府起初的设想是美好的，但由于选取的112个开发据点太多，涉及面超过了日本国土的四分之一，最终国家财力不堪重负，结果是“后进县居民的梦想没有实现，地区开发的高潮事实上仍停留在三大都市圈的周围地区”。另外，在这一时期，日本只注重经济发展而忽视了对环境的保护，还导致日本的环境污染问题加剧。

20世纪60年代末到80年代初，针对此前经济发展过程中存在的各类问题，日本政府又先后制定了《城市政策大纲》（1968年）、《新全国综合开发计划》（1969年）和《经济社会基本计划》（1973年）。这些新计划逐步取代了“据点”开发战略，其核心在于通过兴建大型基础项目，即通过实施大规模公共设施投资战略，解决日本普遍存在的过密、过疏问题，同时兼顾环境保护问题。新的发展规划标志着日本的经济辐射战略进入第二个阶段。根据这一战略，日本不仅修建了连接“里日本”和“外日本”之间的高速公路，在全国建设了铁路新干线网，架设了连接本州与四国岛的跨海大桥，建设了联通全国的通讯网络，实现了“一日交通国、一日经济国”的建设目标。而且与此同时，政府还制定了严格的环境保护政策，要求各地在制定工业发展计划时，必须同时制定防止公害、保护环境的方案措施，确保了环境不遭到破坏。

新战略的实施不仅为企业通过产业转移提高劳动生产率创造了基础条件，而且为钢铁等过剩产能创造了巨大市场。更重要的是，在实施这一战略的过程中，日本政府还实现了对工业布局的重新调整。首先，引导企业到落后地区投资建厂。政府制定了企业在新建工厂时，必须建于工业企业稀疏的落后地区的方针。其次，确定了工业转移的主要区域。政府明确提出将四大工业区存在的过分集中的工业，搬迁到其他地区。为了鼓励企业产业转移，国家给转出去的企业提供贷款、补贴和减免税收等优惠政策。同时，政府还划定北海道、东北、北陆、山阴、四国、冲绳等地区作为四大工业区企业的迁入地。最后，减少开发“据点”数量并重点开发。吸取前期开发“据点”太多政府无力顾及的教训，新战略把据点数量减少了一半以上，并把国内一些大型企业由东京等地集中搬迁到北海道苫小牧东部、东北陆奥小川原和南九州志布志湾等据点，将电子、医疗器材、家电、玩具、体育用品等一些劳动力密集企业转移到这些待开发的据点上。①

然而，由于日本20世纪80年代经济的高速发展，落后地区科技研发能力和高层次人才的缺乏，国家经济“向东京一极集中”的现象重新抬头，致使其他地区再次出现“空心化”。为了根本性地解决这一问题，确保中心城市对外经济辐射的持续，最终实现均衡发展，1987年6月，日本前瞻性地制定了面向21世纪的《第四次全国综合开发计划》，明确提出“在安全、富裕、有活力的国土上建立有特色机能的多极中心，形成多极分散型国土”②的目标，使日本对落后地区的开发步入到了第三个阶段。从辐射理论的观点看，这一新的计划具体措施包括了“点”和“轴”

① ［日］田中角荣著：《日本列岛改造论》，商务印书馆1972年版，第48、204页。

② 余郇雕著：《日本经济新论》，吉林大学出版社1999年版，第229页。

的构建，在点的构建上，首先，制定了《头脑立地法》(1988)和《据点城市法》(1992)，通过立法保证为培养研发人才的机构提供资金，提升落后地区的研发能力和地方据点城市的吸引力。其次，积极引导落后地区发展信息技术等高科技产业，提升这些地方据点的竞争力。在轴的构建上，一方面是政府提出构建四条国土轴，即西日本国土轴、日本海国土轴、东北国土轴和太平洋新国土轴，希望以此使国内各地区得到均衡的发展。另一方面加快“环日本海圈”国际合作地区的建设与开发，以缩小落后地区与太平洋沿岸地区的经济差距。

综上可见，日本在制定经济发展战略中大量应用了增长极理论、梯度转移理论、点轴开发理论等经济辐射理论中的相关理念，制定了多项针对性的措施，促进了国内地区均衡快速发展。

三、意大利

意大利地处南欧，濒临地中海，第二次世界大战之后在所有的西欧发达国家中，该国的地区差距最为严重，南北方地区经济发展极不平衡。在意大利的北方，由于土地肥沃，不仅拥有全国最先进的农业基地，而且工业也十分发达。该地区的人均 GDP 和人民生活质量可以与其北部的德国相媲美。但在该国南部，却被人们称为发展中地区。该地区的面积占全国总面积的 40%，人口也占到全国总人口的 36%，当北方地区蒸蒸日上，经济出现一片生机时，南方地区却仍旧保持着较为传统的农业生产方式。其产业经济严重落后北部地区。意大利南北方之间经济上存在的巨大差异，不仅阻碍了该国整体经济的健康持续发展，而且也成为了国内矛盾激化的主要因素。

为了改变这一不利的经济、政治局面，自 20 世纪 50 年代开始，意大利政府就以经济辐射理论为指导积极对其南部地区进行大规模的开发。1950 年，当局通过了全面开发其南部地区的第 646 号法律，意味着国家振兴其南部地区的发展战略开始实施。根据该法律政府成立了南方基金局，同时注入了多达1万亿里拉，相当于意大利当年国民总收入的10%的政府资金，对意大利南部地区进行产业投资。到1982年，意大利政府共为南部地区注入了大约94万亿里拉的开发资金，极大地促进了该地区的经济发展。[①] 从整个开发过程来看，意大利政府运用经济辐射理论对南部地区的开发经历了四个阶段。

第一个阶段：20世纪50年代的经济辐射准备阶段。政府在这一时期对发展南方地区所采取的主要措施有：首先，实施较为彻底的土地改革，以便废除仍旧存在的南部庄园经济，为振兴新型农业建立基础。在此期间，共在南部地区征收了49.3万公顷的土地，并以优惠贷款和分期付款的方式，分配给需要土地的农民。该做法使南部10多万农户获得了可以耕作的土地。同时在这一时期，政府将其主要精力投入到了农业上，投入开发资金约占总资金的60%。其次，政府还进行大规模的基础设施建设。政府将总资金的另外40%用于基础交通建设以及居民饮用水、生活排水改造等两方面上。尽管政府作出了诸多努力，但由于北方地区的发达程度远远超过南方地区，致使双方的经济差距并没有立即缩小。虽然如此，但政府在这一时期所做的工作，仍有力地提高了南方地区的农业生产率，同时也开拓了南方地区的农村市场。不仅如此，该措施也明显改善了南方地区的交通设施和当地居民的生活基础设施，为今后南方地区有效地开发奠定了厚实的基础，为后来的工业化创造了有利条件。

第二个阶段：20世纪60年代的增长极培育阶段。随着南方地区基础设施的改善，南方基金局将其重点放在了工业建设与发展上，希望以工业发展推动增长极的形成。在这一时期，他们把大部分资金都用在发展工业上。并采取了两大措施：一是选择一些发展条件较好而且具有发展潜力的企业和地方确定为开发核心和重点开发区域，通过它们的辐射功能带动周边地区的经济发展。而成为地区开发扶持的核心企业，是能够

① 马述强：《巨额投入十年免税：透视意大利南方开发计划（二）》，《光明日报》2000年3月10日第Z03版。

利用当地的材料作为加工的原材料向市场供应自己产品的中小企业。由此可见，政府制定的标准较低，所在企业能够很容易达到，且其还可以得到基金局的一定支持。而国家确定重点开发地区的标准则是，至少拥有20万以上的居住人口，并且有一定的公共基础服务设施和工业基础。到了20世纪60年代中期，南方地区就成立了16个重点开发区域和5000多个地区工业开发核心。二是政府鼓励国家控股公司和私营企业在南方地区大力投资建厂。为了配合这些企业采取行动，政府专门制定了保障南部地区开发计划实施的法律。根据这一法律，国有企业在进行工业投资时，必须将投资总额的40%投向南方地区。如果它们计划新建企业，那么这一投资比例则达到60%。到1971年，意大利政府又颁布了新法律，将其投资比例再次分别提高到60%和80%。其结果是，在1958—1973年的16年间，国有企业在南部地区的投资大幅增加，总额达到1.6万亿里拉，超过南部地区工业总投资的二分之一，这些投资大部分分布在钢铁、水泥、石油、化工等资源与资金密集型工业上。[①]由此可见，这些国家控股公司，在振兴南部地区经济过程中，起到了重要的作用。除此之外，意大利政府为了鼓励私人企业参与南部地区的开发，还实行了一些优惠的税收政策和金融政策。在这些政策的激励下，许多私人企业，包括菲亚特集团、蒙特爱迪生集团等企业纷纷去南方进行投资，他们以其先进的管理理念和技术，为南部地区的经济发展提供了新的活力。

第三个阶段：20世纪70年代的经济辐射拉动阶段。经过20世纪60年代十余年的努力，意大利南部地区的工业化进程明显加快，在1963—1966年间，全国平均增长率为4%，而此时南部地区为5.8%；到1970—1973年间，全国平均水平仅为3.8%，但南方地区却高达6.1%。这种情况的出现，不仅使意大利遏制住了南北经济差距持续扩大的趋势，而且使双方的经济发展水平越来越接近。增长极的经济辐射拉动作用已经显

① 马述强：《50年和10000项：透视意大利南方开发计划（一）》，《光明日报》2000年3月9日第Z03版。

现。但在 1973 年以后，由于全球范围内石油危机的出现，南部地区刚有起色的经济再次遭遇了挫折，此时该地区的工人失业率激增。[①] 为了缓解南部地区的经济恶化趋势，降低该地区的工人失业率，自 20 世纪 70 年代中期开始，意大利政府改变了以单纯依靠大型企业来促进南部地区工业化的做法，逐步将其关注的重点放在了扶持与发展中小企业和当地的失业率方面。在 1976 年，国家通过第 183 号法令，同意政府拨款 18.2 万亿里拉，用来扶持和帮助南部地区发展中小企业，给这些企业提供了固定资本投资 40%的优惠贷款。随后的 1977 年，国家又颁布第 675 号法律，该法律旨在增加新的贷款范围，即对于有些急切需要资金用于进行更新设备和改造的企业，政府同意给予其投资总额多达 70%的优惠贷款。为了让企业做到轻装上阵，国家还特意降低了这一地区企业的法人所得税和经营增值税。另外，为了让该地区的中小企业以较为低廉的价格租到先进的设备，政府还成立了南方金融租赁公司，希望以此帮助该地区的中小企业更新生产设备，从而提升它们的生产率。总之，在政府的大力扶持下，南部地区的企业，尤其是中小企业得到迅猛的发展，当地居民就业水平得到提升，生活水平得到了较大改善。

第四个阶段：20 世纪 80 年代的全面发展阶段。为了促进南部地区经济的进一步发展，意大利在 1986 年又颁布了第 64 号法律。该法律设立了直接隶属中央政府的南方局，以此取代了早先存在的南方基金局。该局下设南方发展促进公司等执行部门。在这一时期政府工作的重心，从单纯发展经济改为经济、社会的均衡发展。首先，政府放宽了对企业扶持的优惠条件，大力推动企业进行技术革新，希望以此进一步增进该地区的工业化发展进程。其次，在民生方面，政府除了提供基础和服务设施的建设以外，还加大了环保的力度。此外，政府还通过各种途径保障各类投资者在南方地区所应该享有的各种权益，为此国家还实施了扫黑

① 孔云峰著:《文明古国的雄风》，黑龙江人民出版社 1998 年版，第 236 页。

反腐行动，其主要目的就是为了在当地营造一个较为安全的社会环境和营商环境。到了20世纪90年代，南部地区的社会环境良好，不仅让当地百姓感到了社会秩序井然，而且还对南部地区的经济发展起到了极大的促进作用。

总之，政府实施振兴南部地区的各种政策，使得该地区获得了上百万亿里拉的巨额资金，建设了上万个项目，使南部地区的面貌得到了巨大的改变。虽然南北地区的工业化程度还有一些差距，但已经没有过去那么严重了。这种让南部地区从落后的农业社会进入到现代的工业社会的变化，证明意大利半个世纪以来实施的振兴战略基本上是成功的。

虽然意大利制定的政策大体上取得了成功，但是仍旧存在一些问题。国家在南方地区建设的以重工业为其主要特征的增长极，在20世纪70年代一度深陷结构性困境，表面上看与1973年的全球石油危机有关，但本质原因是国家一些开发政策的失败。具体来说，尽管政府在其南部地区建立起了增长极，但却在各产业之间未形成顺畅、有一定影响的通道效应，而且这些增长极也没有与当地的经济建立紧密的联系。政府制定的某些政策与当地产业的实际情况有偏离，结果导致了国家政策与南部地区的经济发展不协调。如政府在此处建立起的重化企业，与当地自然发展产生的榨油、家具等行业缺乏有机的联系，这种情况导致了两者之间不能有效融合，使南部地区的传统产业与现代资本密集型产业并存，形成了二元结构的经济格局。它们之间不仅难以互相融入，而且还在某种情况下形成了经济对立，导致南部地区增长极扩散效应难以有效发挥。

意大利政府的初衷是想通过建立一些大型企业，通过后者的辐射与扩散效应，来提升整个南部地区的工业化水平。但他们没有过多地关注当地中小企业的发展，也没有对后者进行有效的扶持，最终的结果不仅造成了政府投资效率的低下，而且也阻碍了当地经济的进一步发展。除此之外，制约南部地区经济发展还有另外一个因素，虽然当地的劳动力较为丰富，但由于素质不高不符合大型资本密集型企业的需要，导致这一地区在劳动力匹配上出现了矛盾，不仅削弱了企业对当地劳动力的需求，甚至使南部地区的一些地方形成了“飞地”现象。

第二节　发展中国家对经济辐射理论的实践

一、印度

印度是南亚大国，地处印度洋要冲，不仅人口众多，而且国土辽阔，在国内各地区经济发展上也存在严重的不平衡现象。针对于此，从20世纪90年代以来，印度政府试图实施比较完整的经济辐射战略，希望以此来改变这些情况。由印度联邦计划委员会负责的发展增长极计划，包括“乡村地区良好城市化计划”（Providing Urban Amenities in Rural Areas）和“乡村基础设施和服务共同区计划”（Rural Infrastructure and Services Commons）等，充分体现了经济辐射理论的精髓。[①]纵观印度经济辐射战略，它是采用逐级设立区域经济增长极的方式来推行的，具体包括四个层次：

一是建立区一级的服务中心。这是最低层次的区域社会经济活动中心，它所服务的人口规模约为5000—10000人，广泛分布在农村，其任务是建立一些最基本的生活服务设施，从而把一些信息有效地传向广大农村，目的是疏通城市深入农村的渠道。

二是在邦内设立市一级的增长点。这些增长点为10—20个的服务中心提供服务，而辐射的人口规模约为5万—20万人。它们依托于农业部门，主要的任务就是从事农产品的生产、加工、储运和管理。增长点与服务中心的不同之处，不仅体现在规模和服务范围方面存在差异，还在于前者能够吸收一定的农村剩余劳动力，从而减轻他们对农村土地产生的压力。

三是设立邦一级的增长中心。它们是增长极体系中的第三级，其辐

① 候景新著：《落后地区开发通论》，中国轻工业出版社1999年版，第78页。

射的人口规模约50万—100万人。由于它们多从事制造业，是增长点所生产的半成品或最终产品的必要消费者，同时也是一些服务中心和农村地区所生产产品的消费者，故其作用十分重要。增长中心的主要职能，是将增长点等地方不能完全吸纳的农村农业剩余劳动力，通过企业等组织吸收进来，这样就可以有效地减轻大城市的人口压力。因此，它具有虹吸效应，将流向那些大城市的人群吸引到该中心来，是大城市的反磁力中心。此外，它与增长点的不同之处还表现在，增长点较为均衡地分布在各个区域，是按照“中心论”的理念来设立的，而增长中心则是根据工业区位论原则和区域发展的实际需要建立的，它的集中程度更高，数量相对更少，且主要以创造经济效益为其主要目标。

四是建立全国一级的增长极。对印度政府来说，它在增长极体系中位居最高的层次。其辐射人口规模约100万—250万人，因为印度计划委员会认为，当人口规模超过250万之后，就会出现管理困难的问题，结果造成总体规模不经济。全国一级的增长极，政府将第三产业放在其中的重要位置，希望其能够积极地向增长中心和增长点辐射资金、技术、系统化的信息和关键性的物质生产要素等。在印度政府的心目中，它们应是带动区域发展的引擎。

另外，印度政府还曾设想划定一定数量的经济特区，来作为增长极的一种类型，为此它们于2006年2月通过了《经济特区法案》。政府这样做的原因，是考虑到印度各地的基础设施较为落后，会严重妨碍贸易的发展，而这种情况难以在短时间内消除。因此它们希望先在一些经济特区内，建成较高水平的基础设施，这样就会有助于吸引外商投资。显然印度推行经济特区的做法，颇似对区域经济增长极的培育，希望能够在短时间内创造一些有经济活力的区域性“增长极”，以此发挥其对周边地区的经济辐射功能，进而带动周边地区乃至整个国家的经济增长。但由于经济特区计划在选址、资金配套等方面存在反对和质疑的声音，实行得并不成功。

综上可见，印度政府通过建立各级增长极，并赋予不同的功能，希冀通过建立辐射网络，以接力的方式实现经济辐射带动各级区域经济的发展。

二、巴西

第二次世界大战结束之后，巴西政府积极开展了工业化运动，使得巴西的经济发展卓有成效。到了20世纪60年代，该国的工业产值超越农业，不仅使国家脱掉了农业国的帽子，还大大改善了巴西国民的生活水准。到20世纪70年代，巴西每年的GDP增长率都在10%以上。经济上所取得的成就，使巴西成为当时世界上发展最快的国家之一，国内生产总值进入当时的世界前10位。虽然巴西经济发展强劲，但是其国内各区域发展极不平衡。众所周知的亚马逊河流域，虽然水力、木材等资源丰富，但由于其人口稀少、交通落后、市场狭小，经济发展困难，更为严重的是，该地区甚至连粮食都不能自给，是巴西政府认定的最为落后的区域。与落后的亚马逊河流域相比，该国的东南部经济相对发达，且两者之间的差距越拉越大。正是由于这种情况的存在，使人们产生了发达与落后的巴西并存的印象，且这种印象反差是如此之大，以至于人们不知该如何评价该国在经济上所取得的成效。

为了改变这种状况，在20世纪五六十年代，巴西政府就开始着手实施经济辐射战略，以图缩小两者之间的差距。为此，国家采取市场机制与政府管控相结合的措施，目的就是促使发达地区所具有的各类资源逐步地向亚马逊河流域流动。为了有效地实施这一战略，彰显其决心，早在1960年，巴西政府就将其首都从繁华的里约热内卢迁到了落后的巴西利亚新城，希望以首都作为增长极带动其落后的中北部区域，包括亚马逊等地区的经济发展。1970年，政府经过细致的考察，又专门制定了全国一体化发展规划，采取一些优惠政策和积极措施，以吸引生产要素向这一区域集聚。

首先，大力建设基础设施。为了改变该地区交通落后的面貌，他们构建了总长一万多公里，能够贯穿整个亚马逊河流域的公路交通网。在一些有条件的地方，适时地实施了水陆联运业务，以促进该流域交通的顺畅。此外，政府与其他企业，合作兴建了800万千瓦的大型水电站，以保证能源供应。其次，通过人口迁移带动产业发展。巴西政府组织大量人口向亚马逊河流域迁移，并发动他们通过开荒和开辟牧场，大力发展畜牧业。在农牧业发展取得一定成效后，政府又积极推动工矿业的发展，如冶炼工业和各类加工制造业，包括钢铁、铝土等行业。显然巴西政府实施的是亚马逊河流域的综合开发，这不仅使这些落后地区的经济得到了较快的发展，也使当地社会保持了稳定。最后，设立自由贸易区。政府在北部地区设立了玛瑙斯自由贸易区，与之相配套的机构是东北部开发管理局、亚马逊经济开发计划管理局以及东北教育基金和东北银行等。这些机构的主要工作就是充分利用各种优惠政策，吸引企业投资，促进商业贸易，进一步发展当地经济。①

总之，巴西政府对边缘落后地区的开发，成果是显著的。不仅有效地改变了这些地区贫困落后的面貌，而且推动了全国经济的发展，使巴西的GDP增长迅速，GDP总额一度位居世界第八位，吸引了全世界的眼光。而政府主张建立的“玛瑙斯自由港”，成为了巴西中北部地区最重要的增长极，也是当时世界上最主要的经济特区之一。正是它对周边地区有力的辐射，推动了这些地方的经济发展，在一定程度上消除了巴西区域发展不均衡的现象，为巴西的社会和谐及经济发展作出了巨大贡献。

三、马来西亚

马来西亚曾经是世界上经济增长最快的国家之一。在1997年东南亚金融风暴发生之前，该国经济不仅得到了飞速增长，而且令人羡慕的是，

① 他山之石编写组编著:《他山之石：国外欠发达地区开发启示》，中国林业出版社2000年版，第45页。

其国内各地区之间发展的较为均衡，个人收入差距较小，社会和谐稳定。马来西亚取得如此巨大的成就，其原因是该国政府根据其具体国情，采取了针对性的发展战略。具体来说，就是马来西亚政府为了发挥先进地区的经济辐射能力，专门制定了一些针对性的政策，意在激励这些发达区域内的各类资源，如技术、人才和资金等资源，适时地向落后、欠发达地区转移、扩散。其结果是，在不影响发达地区经济利益的同时，促进了落后地区经济的快速增长。[①]

20世纪中期的马来西亚，东部地区相对落后，而西部地区则显得先进发达。面对这种情况，该国政府选用了西方流行的增长极理论中所主张的区域发展政策，来改善该国落后地区的经济面貌。首先，选择并培育区域增长极。马来西亚政府选择了帕朗地区作为发展的重点区域，因为该地区的基础设施相对完善，而且具有较为理想的发展潜力，对于其他区域也容易形成辐射。另外，在这一地区投资，可以避免发达地区的回流效应，这种效应常常对落后地区的发展造成不利影响。为了建立起一个效果明显的增长极，马来西亚政府向帕朗地区进行了规模较大的投资，主要用于发展电子等高新技术产业。此举不仅使帕朗地区及其周边地区摆脱了经济停滞不前、相对贫穷落后的帽子，而且还成功地带动一些其他地方的企业在此发展，最终使该区域成了一个世界性的电子产品出口基地。其次，建立了特定的垄断机制。马来西亚政府有针对性地建立了特定的垄断机制，使该国将其经济增长的重点集中在了西部发达地区和一些特定的产业。随着其经济发展达到了政府制定的预期目标，在不影响经济发展及根本利益的前提下，政府又会逐步遏制人口和资金向这些地区流入。同时积极引导它们向中等发达区域辐射。最后，国家还扶持其他较为落后的中小城市，为此还针对性地制定了若干政策措施积极推动它们的经济发展。

① 王磊、赵大新等著：《大开发：世界各国开发落后地区实录》，北京图书馆出版社2000年版，第132页。

总体来说，马来西亚政府通过制定区域开发战略，利用增长极的“扩散效应”来带动周边地区发展，有效地解决了区域发展差距问题，使社会步入良性的发展轨道。

第三节 国外经济辐射理论实践对我国的启示

由于世界各国的国情不同，所以各国政府在对经济辐射理论的应用上千差万别，表现在对区域经济开发中所采取的政策与措施也就各不相同，其效果也各有千秋，留给我们的既有成功的经验，也有失败的教训。总体上，这些国家都是将经济学上的经济辐射理论与本国的实际国情紧密地结合起来，通过制定适合自己的发展战略并将之有效地推行下去，因此大多取得了较为理想的成效，不仅快速地提高了边缘落后地区的经济水平，也提高了国家整体经济实力。他们的做法对我国制定具有中国特色的经济辐射战略推动省际边缘区经济发展有着重要的启示与借鉴作用。

一、实施经济辐射战略离不开政府的推动

从国外应用经济辐射理论的实践经验来看，对落后地区实施经济辐射大多通过先培育增长极，然后通过增长极来带动与辐射周边地区的发展，从效果来看，这是一个比较成功的发展模式。但是落后地区增长极的培育如果仅仅依靠自身力量是很难实现的，大多情况下，政府有效地进行政策干预，给予特殊的政策和资金支持，对其形成起着举足轻重的作用。因为只有国家进行适当的干预，才能够吸引人、财、物等各类资源到落后地区，吸引企业投资设厂，形成集聚效应，推动增长极逐步形成。而且，政府的必要干预，还能调节失灵的市场，使增长极形成中出现的消极现象得到有效遏制。在这些区域经济还没有发展到成熟阶段，并且市场条件也不够完善时，如果政府不干预，不对市场机制进行约束，

而是任其自由地发展，必然会导致区域间的发展差距拉大，落后地区将难以发展，更不可能形成增长极，经济辐射也将无从谈起。显然，实施经济辐射战略离不开政府的推动。如美国对田纳西和阿巴拉契亚等地区的开发和意大利对其南部地区的开发，皆体现出政府对市场的规制干预特征，显示了政府的力量。日本在推动北海道地区发展时，政府设立专门的机构，来实施其制定的经济辐射战略。从我国当前情况来看，增长极主要集中在省会城市，这些增长极对距离较远的省际边缘地区辐射力度很弱。因此，借鉴国外经验，要想促进省际边缘地区的发展，必须通过政府力量在这些地方建立新的增长极。中央政府应设立专门机构，提供专项资金，用于省际边缘区的基础设施建设，完善这些区域的投资环境，从而有效地吸引国内外投资。除此之外，政府还应根据各地区的实际状况，有针对性地推进区域中心城市向省际边缘地区进行产业转移，制定一些推动国内产业合理转移的干预政策，以促进当地的经济发展。当然有效的产业梯度转移活动，是建立在落后地区具有一定的市场规模和拥有较低的生产成本之上的。因此，若想使产业在国内有效地进行转移，政府还应在省际边缘区营造发达地区进行产业转移所需要的经济环境。

二、完善的基础设施是实现经济辐射的必要条件

完善的基础设施，是区域经济发展的前提，也是实现经济辐射的必要条件。因此许多国家对边缘落后地区的开发，首先要建设与完善这些地区的基础设施，优先发展基础产业；其次才发展其他产业，最终达到促进落后地区经济发展的目的。基础设施主要包括铁路、公路、水运等交通设施和通讯、能源等设施，一个落后地区如果具有良好的基础设施，对它们的经济发展就会提供十分有利的条件。如美国在对其西部地区的开发中，意识到了基础建设的重要性，就优先大力发展当地的基础建设。一方面加强水运基础设施建设，政府与私人一起积极修建、疏通运河等

水面交通，并要求达到汽船可以自由无碍航行的标准。另一方面政府还积极推进铁路的建设，促进其铁路系统的完善与畅通。政府投入重金建设的基础设施，不仅带动了西部地区农牧业经济的发展，还有效地沟通了美国东西部地区之间的联系，促进了东西部地区之间的经济辐射，也为建立全国统一的市场提供了条件。同样，在意大利对其南部地区的开发中，也将基础设施建设放在了重要地位，将之作为实现经济辐射的必要条件。南方基金局将开发基金的 40%用在了基础设施的建设上，进行了居民饮用水和生活排水的改造，加强了交通的建设。另外，巴西对其北部地区，尤其是对亚马逊河流域的开发，也是从基础设施建设开始的。政府首先引入各种投资，兴建了发电量多达 800 万千瓦的水电站，为当地企业生产提供了充足的能源供应。此外，在政府的主导下，该地区还修建了相对完善的公路网，可以贯穿整个亚马逊河流域，总运营里程达 1.3 万公里。目前，我国的许多省际边缘区与国外的落后地区情况一样，都遭受着地理环境闭塞和基础设施不完善的困扰。这种尴尬的状况，阻碍了省际边缘区对中心城市经济辐射的有效接受，极大地制约着它们的产业发展和经济增长。因此，要想根本性地解决这一问题，加快省际边缘区的发展速度，必须加大基础设施建设的力度。

三、健全机构、完善法律是促进经济辐射的关键

许多国家在实施经济辐射战略解决区域经济发展不平衡的问题时，不仅会进行针对性的立法，还会成立专门的机构，以统一协调各区域的发展。由于各国的实际发展情况不同，采取的方法存在一定差异，但它们的基本做法具有惊人的相似性。美国政府从 20 世纪 60 年代起，就陆续设置了一些专门机构，如经济开发署、地区再开发署等，专门负责西部地区的经济建设。为了保证这些地区的开发工作卓有成效，国家还针对性地颁布了一系列与之相关的法令，如《地区再开发法案》（1961）、《公共工程与经济开发法案》（1965）等。由于各开发区都有管理机构主

持工作，从而有效地防止了各地区、各部门之间的工作推诿扯皮，提高了工作效率。如美国政府在对田纳西河流域的开发中，设立了由总统直接领导的田纳西流域管理局（TVA），后者被授予具有调配流域内各类资源的权力，承担统一规划、开发、使用和保护该流域各种资源的任务。负责的区域范围，主要是田纳西州全境及其周边6个州的各部分。该管理局在进行日常工作时，各州不得干涉其具体事务，这些措施使田纳西流域的开发效率之高成为了区域开发的典型。日本对落后地区的开发也是从立法开始，而且其立法工作内容全面，具有较强的系统性。他们制定的一系列区域开发的法令，既有国家层面的，也有地方层面的，但都以区域发展为核心。制定的法律不仅包括特定的地区法，而且还有一些较有针对性的产业振兴法。除此之外，该国还在其北部的北海道地区，专门成立了"北海道开发厅"，主要负责该地区的经济开发工作。当前，在我国的省际边缘区进行的经济开发过程中，还几乎没有一个机构，能够有效地协调隶属不同省份各地区的发展，更没有形成一套完善的区域政策制度。所以为了促进我国省际边缘区发展，政府应设立各级区域经济管理机构，不仅有国家级的，还应有省级的，并赋予它们相关的权力。同时国家还应通过立法的形式，明确中央与地方政府之间各自对推进省际边缘区发展所具有的权责，其目的就是使之能够保障中央制定的区域经济协调发展的各类政策得到根本的落实。

四、实施经济辐射战略应逐级逐步推进

纵观国外对经济辐射理论的运用还发现，国外政府对边缘落后地区的开发，是通过制定逐级辐射的战略，一般先在落后地区构建增长极等，再向周边地区逐步推进发展，并不是一种孤立的、直接的开发。如日本的"据点"开发战略，他在开发据点的选择上就表现出层级性，既有21个大型开发据点，还有91个中小型开发据点，其本意就是先培育不同等级的增长极，实现由中心城市先向大型开发据点辐射，再由大型开发据

点向中小型开发据点辐射，最后由中小型开发据点再向最偏远的地区辐射，实现经济辐射的全国覆盖。除日本外，印度在开发边缘落后地区时，其战略也体现出了这一点，首先政府将其国内的区域经济增长极划分为4个层次，要求全国一级的增长极向邦一级的增长中心进行经济辐射，然后由邦一级的增长中心再向市一级的增长点进行辐射，最后由市一级的增长点向区一级的服务中心辐射，从效果来看，该战略还是比较成功的。而马来西亚政府则是首先鼓励人才和资金，先由发达区域流向中等发达区域，并非要求这些私人投资直接转移到落后地区，这种战略同样体现了梯度性、时序性的特征，实施效果也比较理想。借鉴这一经验，我国省际边缘区在接受中心城市经济辐射时，也需要考虑先后顺序，先由省会级中心城市向省际边缘区地市级增长极城市辐射，再由地市级增长极城市向县级城镇辐射。

五、强化增长极与周边地区的经济关联性

从国外通过培育增长极带动落后区域发展的案例来看，都十分强调增长极与其周边地区的经济关联性。经济关联性越强，不仅有利于增长极的形成，而且也有利于实现经济辐射，对周边地区的经济带动效应较强。反之，即使人为培育了增长极，也可能难以发挥出应有的扩散效应。意大利起初制定的发展战略效果不明显的主要原因，就是规划与南部地区的实际状况相脱节。他们在当地建立的许多企业与周边以农业为主的经济结构严重不匹配，加剧了该地区二元经济结构，与当地产业不能协调发展。究其原因，就是新建企业不仅规模大，而且资本有机构成过高，与当地产业形成不了紧密的经济联系。这种情况产生的恶果就是增长极即使培育了也不能发挥出应有的扩散效应。另外，南部地区建成的资本密集型企业，只能吸收专业素质高的劳动力就业，但该地区的劳动力却不具备这种要求，因此企业与当地劳动力之间也没有相关性。而美国则较好地处理了两者之间的关系。在政府对西部地区的开发进程中，采取

的首要政策就是积极发展农牧业。政府这样做的原因是：首先，西部地区有适合农牧业发展的环境和气候，因此该政策符合西部地区经济特征；其次，该政策可以培育出相当规模的消费市场，这是东部地区所急切需要的；第三，它为西部地区的产业升级奠定了物质基础。鉴于这一政策实施的成功，美国政府又根据南部地区的地理环境和资源条件，进一步发展了电子、航空航天、尖端武器等产业，随着这些产业的兴起，最终使美国西部和南部地区成为了国家新的经济中心。无论是意大利的失败教训，还是美国的成功经验，给予我们的启示就是，在政府制定区域政策时，必须协调好新建企业与当地产业、增长极与周边地区的产业联系。新中国成立初期，中央政府基于国家安全战略以及为了使全国各地得到均衡发展，曾将一些企业针对性地布局到了中西部“三线”地区。此举虽然在一定程度上改变了这些地区的落后面貌，然而由于企业与当地经济缺乏紧密的联系，致使这些企业没有起到推进当地经济发展的作用，改革开放后，有很多企业面临发展困境，甚至不得不搬迁到发达地区。有鉴于此，建议政府在培育省际边缘区增长极时，必须考虑其与当地经济的关联度，建立能够适合当地劳动力就业和与当地产业有较强关联性的企业，以便充分发挥这些增长极的扩散效应。

六、边缘落后地区培育增长极应注重自我发展能力

与经济发达地区相比，落后地区的优势主要体现在当地的劳动力成本和拥有丰富的自然资源等方面。如果从落后区域的资源禀赋出发，似乎它们发展劳动密集型产业和资源输出型产业效果比较理想，这也是比较优势理论提出的主张。但是以这种理论为指导会使落后地区经济的发展陷入困境，因为它们在全国性甚或世界级的产业分工体系中，只能处于产业链的最低端，长期来看只能被动地接受发达地区的产业转移。显然，落后地区若想改变这种被动的局面，就必须提升增长极的自我发展能力，只有形成具有自我发展能力的增长极，才能够具有可持续的、较

强的经济辐射力，使其经济得到快速的发展。在这一方面，国外有很多成功案例。如美国对阿巴拉契亚山区的开发，就根据其资源特点，通过投资政策引导其产业结构的调整，提升其自我发展能力，使该地区的就业率和人均收入大幅增长。再如，日本政府对北海道地区的开发，也是大力推进适合当地经济健康发展的各类产业，努力实现当地产业结构优化，促进生产力的提高。这些具有自我发展特征的措施，使北海道地区的人均收入迅速地赶上了其中部的发达地区，而且还实现了产业现代化。另外，马来西亚在对其落后的西北地区开发中，也强调增长极的自我发展能力，在对帕朗进行重点投资时，将其产业发展重点放在了电子等高新科技方面。通过该增长极的“扩散效应”，逐步使其周边地区发展成为了富裕地区，改变了该区域经济长期停滞不前的尴尬局面。借鉴国外经验，省际边缘区为了能有效接受中心城市经济辐射，在培育增长极时要积极利用后发优势，提高自我发展能力，变被动发展为主动发展。一方面，可以通过引进高级人才，利用先进技术和新型知识，来增强自身的发展能力。另一方面，可以积极模仿和创新管理方式和管理制度，来增强自身的发展能力，培育出具有强大的辐射作用的增长极。

第七章　省际边缘区接受中心城市经济辐射的模式选择

我国地域辽阔，经济欠发达的省际边缘区遍布全国，不管是东部、东北地区，还是中部、西部地区，都或多或少地存在本书所界定的省际边缘区。由于这些省际边缘区经济实力、地理位置、产业结构、自然条件等各不相同，因此，在接受中心城市经济辐射时要结合自身特点，选择适合自己的接受经济辐射模式。本章根据地理位置的不同，提出了省际边缘区接受区域中心城市经济辐射的三种模式，即通过创造条件积极融入省会城市经济圈的主动融入模式，通过先构建区域新经济增长极吸引辐射的自建“中心”模式，通过战略联盟打破壁垒形成经济辐射洼地的区域结盟模式。

第一节　主动融入模式：通过创造条件积极融入中心城市辐射圈

一、模式含义

这一模式适合于相对省会等中心城市距离较近，通过积极创造条件具有接受省会城市经济辐射较大可能性的省际边缘区。一般情况下，这类省际边缘区处于中心城市两小时车程范围内，而且两地之间具有经济、文化交往的传统，它们往往是省际边缘区中具有相对地理优势的城市。

经济辐射的媒介主要是交通网、信息网和关系网等，即经济辐射是通过交通、信息和各种关系进行的。因此，边缘区要融入省会城市辐射圈，就要着力创造以下条件：

一是形成完善的交通体系。研究表明，中心城市以主城为核心，在交通一小时可通达的范围内，会形成一个具有明显聚集效应、具备竞争优势的地区。换言之，中心城市的“一小时经济圈”属于强辐射区。一般情况下，如果超过“一小时经济圈”，但在“两小时经济圈”内，仍存在一定的辐射效应，但相对要弱些。而如果超过“两小时经济圈”，经济辐射效应就非常小。显然，要接受中心城市经济辐射，首先要改善边缘区与中心城市之间的交通条件，在论证可行的情况下，尽早修建高速公路、高速铁路、机场以及现代物流中心，缩短两地之间的时间距离，以时间换空间，争取通过形成完善的交通体系，使省际边缘区进入中心城市“两小时经济圈”内。

二是搭建畅通的信息平台。21 世纪是信息社会时代，信息是一种重要的生产要素，因此，接受经济辐射必须构建畅通的信息平台。这里的信息平台构建不仅指电信、电话等信息基础设施建设，更主要指一些信息服务平台建设，包括项目招商、物流贸易、市场推广、产品销售、技术服务、人才招聘等信息平台的建设。

三是构建有效的关系网络。省际边缘区接受经济辐射的主体是企业，而企业的核心是企业家。因此，构建有效的关系网络，特别是企业家关系网络，是有效接受经济辐射的关键。省际边缘区应充分利用在中心城市的本地企业家资源，设立专门机构搜集外地老乡信息，并联系成立老乡联谊会，邀请回乡访问、投资或牵线引资。①

二、模式应用：以陕南融入西安都市圈为例

都市圈是指以大城市为核心，周边城市共同参与分工、合作，城市

① 何龙斌：《省际边缘区接受省会城市经济辐射研究》，《经济问题探索》2013 年第 8 期。

人口和产业较为密集，逐步实现一体化发展的地域。根据2007年陕西省建设厅组织编制的《陕西省城镇体系规划》，西安都市圈的主城为西安中心城市，辅城为咸阳中心城市，诸多城镇沿国道线呈放射状分布。事实上，这一界定只是狭义的西安都市圈。按照国际上都市圈的基本定义，都市圈通常以中心城市市区为中心半径不超过80公里或一小时车程，因此本书界定的西安都市圈包括西安及其周边的咸阳、杨凌、渭南、铜川等，即以西安市区为中心半径小于80公里的关中经济区。

（一）西安都市圈与陕南经济关联度分析

1. 研究方法

借鉴前人成果，结合本书研究目的，引入引力模型，并将区域内空间相互作用的经济联系强度模型设定为：

$$R_{ij}=\frac{\sqrt{P_iG_i}\times\sqrt{P_jG_j}}{D_{ij}^2} \tag{7.1}$$

$$F_{ij}=\frac{R_{ij}}{\sum_{j=1}^{n}R_{ij}} \tag{7.2}$$

经济联系强度是用来衡量区域间经济联系程度大小的指标，既能反映经济中心城市对周围地区的辐射能力，也能反映周围地区对经济中心辐射能力的接受程度。式中，R_{ij}为城市的经济联系强度；F_{ij}为经济联系隶属度，即区域内的城市经济联系强度占整个区域经济联系强度总和的比例；P_i和P_j为城市非农业人口数（单位：万人）；G_i和G_j为城市的GDP（单位：亿元）；D_{ij}为两个城市的距离（单位：公里）。

2. 西安都市圈与陕南经济联系强度分析

根据公式（7.1）计算出西安都市圈与陕南的经济联系强度值，见表7.1。

表 7.1　西安及周边城市与陕南三市的经济联系强度值（2013 年）

	西安	铜川	咸阳	渭南	杨凌
汉中	2.10	0.11	0.60	0.45	0.03
安康	1.56	0.07	0.43	0.30	0.02
商洛	7.34	0.22	1.27	2.29	0.08

3. 西安及周边城市与陕南经济联系隶属度分析

根据公式（7.2）计算出区际经济联系层面，西安都市圈与陕南的区际经济强度总和，进而求出西安都市圈与陕南的经济联系隶属度，见表 7.2。

表 7.2　西安都市圈城市与陕南三市的经济联系隶属度

	西安	铜川	咸阳	渭南	杨凌
汉中	0.49	0.02	0.14	0.10	0.01
安康	0.61	0.03	0.17	0.12	0.01
商洛	0.62	0.02	0.11	0.20	0.01

从经济联系强度数值和经济联系隶属度可以看出：（1）在区际经济联系层面，陕南三市的主要经济联系方向显然是西安市，咸阳、渭南次之，而与铜川、杨凌的经济联系强度最弱。因此，对陕南总体而言，西安都市圈中的西安可作为其核心联系城市，咸阳、渭南可作为其次核心联系城市，而铜川、杨凌可作为其战略性联系城市。（2）对陕南三市分别而言，三市与西安都市圈城市的经济联系特点也不相同。与汉中经济联系最为密切的是西安、咸阳，与安康经济联系最为密切的是西安、咸阳、渭南，而与商洛经济联系最为密切的则是西安、渭南、咸阳。因此，三市与西安都市圈互动发展的区位重点也将有所差异。[①]

① 何龙斌：《“西三角”中心城市对周边地区辐射力的比较与启示：以陕南为例》，《开发研究》2012 年第 1 期。

（二）西安对陕南辐射能力的测度

城市规模和城市间距离是决定城市经济辐射范围的两大基本要素。采用单项指标（如人口）分析城市规模往往导致结论片面，难以准确把握城市辐射范围。因此，本书采用人口（具体指非农业人口数）和GDP的几何平均数作为城市规模，城市间距离为直线距离，根据电脑测距得出。为便于比较西安对陕南的辐射能力，本书还选择了宝鸡和铜川作为比较对象。根据2013年各地社会经济发展公报数据可计算西安与周边主要城市之间的断裂点及场强，见表7.3。

表7.3　西安市与周边主要城市的断裂点及场强（2013年）

	汉中	安康	商洛	宝鸡	铜川
城市人口（万人）	158.65	116.24	104.67	185.25	51.62
城市GDP总量（亿元）	881.73	604.55	510.88	1545.91	321.98
城市规模	374.01	265.09	231.24	534.78	128.92
至西安的交通距离（公里）	260	218	120	152	76
西安至断裂点的距离（公里）	182.14	160.31	89.81	100.59	60.75
断裂点场强	0.0617	0.0797	0.2538	0.2023	0.5546

资料来源：表中经济数据根据各城市社会经济发展公报整理，城市间距离根据百度地图电脑测距得出。断裂点场强计算方法详见本书第五章第二节相关内容。

（三）西安与其他中心城市对陕南经济辐射的比较

陕南与川、渝、鄂、豫等省市毗邻，理论上，还会接受这些地区中心城市的经济辐射。因此，有必要将西安与陕南周边其他区域中心城市对陕南经济辐射进行比较。本书仍根据各地2013年统计年鉴有关数据，利用断裂点模型，计算出成都、重庆、武汉、兰州、郑州五个中心城市对陕南三地经济辐射的强度，见表7.4。

表 7.4 陕南周边其他中心城市对陕南经济辐射的比较

		汉中	安康	商洛
陕南至周边中心城市的交通距离(公里)	成都	455	680	837
	重庆	620	530	860
	武汉	942	719	778
	兰州	450	610	603
	郑州	1112	764	560
中心城市至陕南三地断裂点的距离(公里)	成都	344.37	535.24	668.21
	重庆	483.38	428.13	703.63
	武汉	668.78	535.00	588.85
	兰州	261.29	379.34	385.87
	郑州	773.56	558.35	416.66
断裂点场强	成都	0.0306	0.0127	0.0081
	重庆	0.0200	0.0255	0.0095
	武汉	0.0050	0.0078	0.0065
	兰州	0.0105	0.0050	0.0048
	郑州	0.0033	0.0063	0.0113

结合表 7.4，可得出陕南周边六大区域中心城市对陕南经济辐射的强度对比图，如图 7.1 所示。

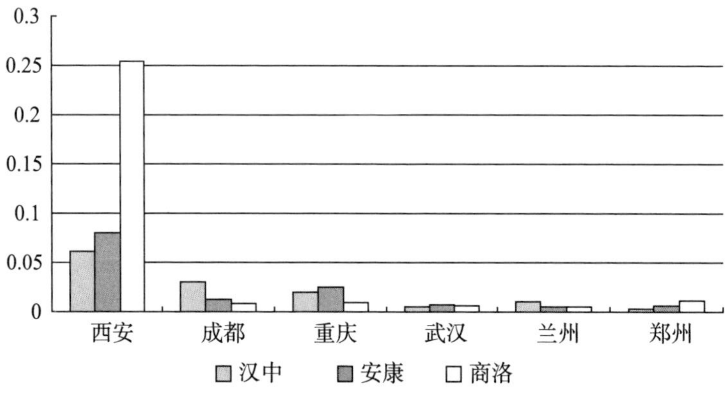

图 7.1 西安与其他中心城市对陕南经济辐射强度对比图

（四）西安对陕南的经济辐射力评价

1. 对陕南三地目前的经济辐射仍以西安为主

根据上文计算的断裂点场强，就六大区域中心城市对陕南整体而言，可以分为三个强度等级，西安对陕南的经济辐射强度最大，重庆、成都次之，而武汉、兰州、郑州最弱，可以忽略不计。西安对陕南的辐射总强度（西安对陕南三市辐射强度之和）为 0.3952，大约是重庆、成都的 7 倍，是武汉、兰州、郑州的 20 倍。可见，对陕南三地目前的经济辐射仍以西安为主。陕南三地争取早日融入以西安为主的大关中经济圈是当前实现经济突破发展的上策。

2. 商洛是陕南接受西安辐射最大的城市

就西安对陕南各城市而言，商洛接受的辐射强度最大，安康次之，汉中最弱。商洛接受西安的辐射强度高达 0.2538，甚至高于省内的宝鸡，是安康 3.18 倍，是汉中的 4.11 倍。可见，商洛在三地中具有接受西安辐射的绝对地域优势，是陕南三市中最容易融入西安都市圈的城市。商洛在陕南整体发展中可发挥带头与突破作用，可考虑优先推动商洛融入西安都市圈，通过线面推进带动陕南整体发展。

3. 西安对陕南经济辐射与陕南三地经济增长高度正相关

西部大开发以来，西安作为西北地区的经济增长极，发挥着巨大的经济辐射带动作用。陕南三地也在一定程度上受到其辐射影响。根据对 2001 年以来陕南三市 GDP 总量数据进行计算，可以得出三地在陕南总量中的占比，如图 7.2 所示。由图可见，三地中，接受西安辐射最大的商洛的占比在逐年上升，接受西安辐射居中的安康的占比基本保持不变，而接受西安辐射最小的汉中的占比在逐年下降。可见，西安对陕南经济辐射与陕南三地经济增长速度高度正相关，积极融入西安经济圈对发展陕南经济影响巨大。[①]

① 何龙斌：《西安对陕南的经济辐射力测度评价与提升对策》，《安康学院学报》2012 年第 3 期。

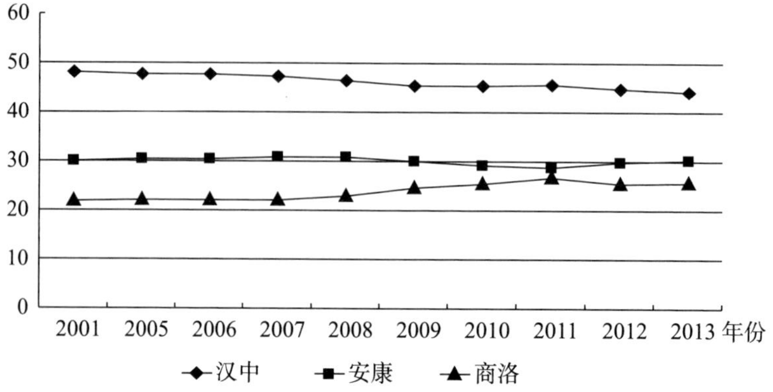

图 7.2 西部大开发以来陕南三市 GDP 在总量中的占比

（五）陕南融入西安都市圈的模式

1. 优势产业互动

产业互动是区域经济发展中依据市场规律而实现的产业互补、互利、互促的一种经济合作与竞争行为，是区域经济互动发展的最主要方式。通过产业互动，可以促进产业升级和区域经济一体化，形成合理分工、优势互补、错位发展的产业分布格局。产业互动主要体现在优势产业之间的合作。西安是国家规划的国防军工基地、综合性高新技术产业基地和重要装备制造业聚集地，有很多优势产业。如表 7.5 所示，根据对西安都市圈行业区位商进行分析，可以得出其优势产业主要是石化工业、有色金属开采与冶炼工业、装备制造业等。而陕南的优势产业主要是有色金属、钢铁、装备制造、能源、生物制药、非金属材料、油气化工、绿色食品、蚕桑丝绸、旅游等优势产业。因此，两地有极大的产业合作互动空间。如在装备制造业上，关中的西安飞机制造公司可以与陕南的陕西飞机制造公司加强合作，组建国家级飞机制造产业园。在有色金属与钢铁工业上，两地可以在陕南的钢铁、锌、镍、钼、钛以及石油天然气（镇巴）等战略性资源上开展合作，如延长产业链条形成资源开采，深度加工的产业合作等。再如，可以加强杨凌与陕南生态农业的合作，共建两地现代农业等。

表 7.5　西安都市圈优势行业区位商

行业	区位商	行业	区位商
石油和天然气开采业	7.35	烟草制品业	1.49
煤炭开采和洗选业	3.57	交通运输设备制造业	1.48
石油加工、炼焦及核燃料加工业	2.77	有色金属冶炼及压延加工业	1.34
有色金属矿采选业	2.06	电力、热力的生产和供应业	1.09
饮料制造业	1.65	专用设备制造业	1.07
医药制造业	1.51	印刷业和记录媒介的复制	1.01

2. 商品、市场互动

按照 2009 年制定的《关中城市群建设规划》，西安都市圈到 2020 年城镇人口拟达到 1100 万人。可见，西安都市圈市场容量大、集中度高，是西北地区第一大商品和工业品消费市场。而从陕南的地理位置来看，与周边的商业核心城市成都、重庆、武汉的物理距离均大于西安。因此，从降低物流成本角度来讲，两地扩大商品互动是一种必然和明智的选择。两地可以建立商业流通的互动平台，提高商品流通效率，可以以连锁经营为手段，以连锁超市、商场、大卖场、专卖店为载体，推动两地连锁商业网络建设，加大两地商贸交流的深度和广度。陕南可以利用西安的西北物流中心枢纽优势，如西安国际物流港，提高陕南商品在全国乃至国际市场上的占有率。

3. 旅游、文化互动

西安都市圈历史文化悠久，是华夏文明的重要发祥地，先后有十三个王朝在西安建都，三万多处文物景点遍及全区，堪称中国的人文历史博物馆，而陕南生态旅游资源丰富，素有西安的“后花园”之称，两地旅游资源具有极强的互补性，因此可以以两地培育共同旅游市场为目标，依托各自旅游景点，以旅游产品联手开发与组合、旅游市场整体规划与开拓、旅游景点共同拓建为抓手，共同宣传、联手促销、相互利用、共同开发建设贯穿两大区域的关中—陕南旅游专线，构筑旅游新格局。如积极打造连接西安与陕南主要景区的精品旅游线路，规划与实施环秦岭生态旅游项目等。

4. 技术、人才互动

西安都市圈拥有近80多所高等院校、100多个科研院所、100多万科技人才，技术与人才密集，而陕南有丰富的劳动力资源，两地在技术、人才领域合作空间巨大，可以在三个方面展开合作。一是两地广泛建立技术合作关系，充分利用西安的科技优势和高等教育优势。二是积极加强干部互访和挂职交流，推动信息与观念互动。三是加强两地人才互动，陕南在向西安都市圈输送劳动力的同时，积极引进其高层次科研、管理人才。

5. 自然资源互动

陕南秦巴山区是我国重要的成矿带，已发现矿产83种，以有色金属、贵金属、黑色金属和非金属矿产为主，铁、钒、钛、银、锑、铼、镁、重晶石、毒重石等20种矿藏探明储量全省最多，金红石、钾长石储量亚洲第一，汉中的勉（县）略（阳）宁（强）、商洛的山（阳）镇（安）柞（水）和安康的旬（阳）汉（阴）宁（陕）及南部钛磁铁矿多金属带，是省内已探明资源中最重要的多金属矿产资源富集区，为发展有色、钢铁、黄金、化工、建材及非金属矿产加工奠定了基础。西安都市圈企业可以利用陕南的这一资源优势，延长产业链条，实现资源互动。[①]

（六）推动陕南融入西安都市圈的对策建议

1. 成立互动协调机构

要建立一个能够统筹区域全局的综合性权威区域协调发展机构，如西安与陕南互动发展领导小组、互动发展促进会等，隶属于省发改委，该机构主要负责制定和落实有关区域互动发展规划与政策，对互动发展

① 何龙斌：《关中—天水经济区与陕南经济互动发展对策》，《陕西理工学院学报》（社会科学版）2012年第1期。

过程中存在的地区之间的关系进行协调，对跨地区投资者利益保障进行协调，对保障合作协议的约束力进行协调，统筹全局，打破行政壁垒和地区封锁，充分发挥市场对资源配置的基础性作用。

2. 提前布局互动规划

如前分析，两地区大的互动格局目前还未展开，但今后必将出现，因此，目前应提前布局规划。应充分发挥各级政府的作用，省政府应着眼于统筹区域协调发展，制订促进区域协调发展的战略和规划，并用这些战略和规划来引导社会或民间力量参与区域发展，发挥他们在推进区域协调发展中的作用，地方政府在制订本地发展规划时应具有区域视角，符合区域总体规划的要求。西安都市圈在制定战略规划时，要考虑到陕南的资源与优势产业等有利条件，将陕南定位为战略发展腹地、产业转移基地。陕南地区应该认真研究国务院关于西部开发西安都市圈的有关规划和政策，提前做好准备，加大与西安都市圈之间的交通基础建设力度，规划相关产业发展战略，主动接受其经济辐射和拉动作用。

3. 认真搞好利益协调

省际边缘区各地在进行区域合作时，由于各地实际情况不同，势必会导致区域利益在两地之间的不均等分配。换一句话讲，合作的某一方可能会利益受损，这就需要受益的一方给予一定的经济补偿，使双方都能在合作中受益，否则，合作将很难实现。因此，为协调区域利益，省政府应出面建立区域利益分享与补偿机制，确保陕南与西安都市圈各城市在区域合作中获取相应的利益，化解区域矛盾，调动双方区域互动合作的积极性，如对陕南进行生态补偿，以鼓励承接关中的落后产能等。

4. 大力改善交通条件

陕南与西安存在秦岭这一天然屏障，严重制约了西安对陕南的经济辐射作用，目前尽管交通条件得以改善，但仍不能满足两地经济互动的需要。因此，应继续改善西安至陕南的交通条件，尽快建成西安至安康铁路复线，抓紧“西成”高铁、宝鸡—巴中高速公路建设；尽快开工建设安康、汉中机场改迁建工程、西安汉中第二高速公路以及陕南物流中心建设工程。建议对陕南至西安高速公路全面免费。通过以上努力，实现陕南与大西安经济区的通畅连接，使陕南尽早融入西安两小时经济圈，提升陕南的区位优势，促进陕南突破发展。

5. 科学实施产业转移

对两区域产业互动进行充分论证，在合理分工、优势互补、错位发展、互利双赢的原则下，科学实施产业转移。西安都市圈可以考虑把需要利用陕南自然资源和劳动力资源的产业转移到陕南地区，如矿产资源、水资源、生物资源等资源依赖性产业，为承接国际和国内东部地区产业转移腾出空间，促进产业结构升级；陕南可以在西安建立“飞地型”产业区，把需要利用西安物流优势、科技优势和市场优势等的企业搬到西安，西安可按照“飞地经济”模式提供相应政策，与陕南按生产要素投入比例分享利益。①

6. 完善、统一市场体系

在市场经济条件下，西安都市圈与陕南之间的经济互动更多是要通过市场来完成。如果没有一个完善、开放的区域市场体系，生产要素就不可能实现跨区域流动，经济互动、经济辐射也就无从谈起。在信息技术日益发达、互联网广泛应用的今天，两地要积极推动要素市场联网，建立全方位的、跨区域的共同市场体系，通过资源共享实现生产要素自由流动。如建立两地商品交易共同市场、人才交流共同市场、科技成果共同市场等。与此同时，还要规范市场秩序，打破形成地方市场壁垒的制度性因素，废除阻碍区域共同市场形成的各种不合理的地方性行政法规，确保市场的公平性、开放性。

7. 积极搭建互动平台

要充分发挥行业协会、商会的桥梁和纽带作用，积极利用展会搭建

① 何龙斌：《关中—天水经济区与陕南产业对接研究》，《新西部》（理论版）2011 年第 12 期。

区域协调互动平台，推动区域合作。如主动参加“中国东西部合作与投资贸易洽谈会”“杨凌农业高新科技成果博览会”等展会，积极筹办具有地方文化特色的节会等。据统计，在第十四届西洽会上，陕南仅汉中就签约项目107个，总投资554.48亿元。其中合同项目64个，总投资348.38亿元；协议项目43个，总投资206.1亿元。可见，通过搭建互动平台，可以推动两大地区间的合作与交流，为西安都市圈与陕南经济互动发展创造了机遇。

8. 大力促进两地人才流动

落后地区对经济辐射的接受效果与本地的开放性有很大关系。陕南经济的落后很大程度上归因于思想观念的保守，因此，必须解放干部群众的思想，要认识到与兄弟地区、毗邻地区的巨大差距，坚决克服小富即安、安于现状的小农意识，克服口号大于行动、形式多于内容的漂浮行政作风，增强危机感和紧迫感，树立发展意识和创业意识，真正抓住与西安互动发展接受辐射的重大机遇。一个可行的措施就是促进两地人才流动，一方面，陕南要有意识地选派青年干部到西安学习、考察、挂职，把转变观念和作风、培养锻炼干部与加强与西安合作有机结合起来。另一方面，陕西省政府应积极推动建立西安与陕南县区的对口合作关系，通过帮扶、拉带作用，实现陕南经济快速协调发展。如鼓励技术干部到陕南挂职，促进两地信息与观念互动。

第二节　自建“中心”模式：通过培育区域经济增长极吸引辐射

一、模式含义

这一模式适合于距离各省会城市都比较远，而且经济总量较小，与中心城市经济梯度落差太大，短期内难以对省会城市产生辐射引力的省际边缘区。对于这一类地区，通过先构建区域新经济增长极，做大经济总量，缩小与中心城市的经济落差梯度，形成较强的经济引力和较好的投资环境，再去吸引辐射。一般情况下，这类省际边缘区处于中心城市两小时车程范围外，它们往往是省际边缘区中不具有相对地理优势的城市。

为了使省际边缘区增长极城市充分发挥区域经济辐射带动作用，增长极城市的选择尤为重要。一般情况下，可遵循的原则有：一是经济实力原则。增长极城市首先应该是区域经济强市，具有区域中心性大城市发展的经济基础和潜力。二是辐射空间原则。增长极城市是要尽量处于省际边缘区的地理中心位置的城市，以便实现对周边的均匀辐射。三是地理位置原则。增长极城市应是地理位置偏远、相对最近的中心城市仍难以接受其经济辐射的城市。四是发展潜力原则。增长极城市所处地域土地应相对平坦，具有发展成为大城市的地理地貌条件。五是扶贫带动原则。城市周边地区贫困人口较多，对区域扶贫攻坚的带动效应要明显。对于省际边缘区增长极城市的培育，国家一定要给予特殊政策支持，推动城市经济总量和城市规模的扩大。增长极城市最好选择本身已是“鹤立鸡群”的区域中心城市，这种城市只需要提高其“中心性”和“辐射力”，依托现有主导优势产业，建立多元化多层次的产业链，即可通过极化中心城市带动周边地区共同发展。

二、模式应用：以培育陕甘川省际边缘区增长极为例

陕甘川省际边缘区主要包括陕西的汉中、安康二市，四川的达州、巴中、广元三市以及甘肃的陇南市。以陕甘川省际边缘区为主的秦巴山集中连片特殊困难地区，是我国面积最大和人口最多的特困连片地区，也是国家新一轮扶贫开发攻坚战最大的主战场，陕甘川省际边缘区长期不能摆脱“贫困陷阱”，这与边缘区在某种程度上难以接受省会城市经济辐射有很大的关系。边缘区的发展离不开中心城市的支持和辐射，以布代维尔为代表的增长极理论，以弗里德曼为代表的核心—边缘理论等，

都强调增长极和中心地在经济发展中的支配与辐射作用。但是，与其他落后地区相比，陕甘川省际边缘区不仅远离西安、成都、重庆、兰州等省会城市，而且还有秦岭、巴山等天然屏障，其共同作用导致对省会城市经济辐射的强力阻隔，使陕甘川省际边缘区在某种程度上成为省会城市经济辐射的盲区。从国外对落后地区的开发经验来看，对于不利于接受中心城市经济辐射的边缘和落后地区，重新培育新的增长极城市是一个可行之策。因此，在当前背景下，陕甘川省际边缘区有必要在本区域内选取并培育一个中心城市作为区域经济增长极，从而带动区域经济发展，破解“贫困陷阱”困局。

（一）陕甘川省际边缘区城市经济实力评价

陕甘川省际边缘区主要有六个地级城市，分别是陕西的汉中、安康二市，四川的达州、巴中、广元三市以及甘肃的陇南市，六市经济基本情况见表 7.6。为选取一个具有增长极意义的中心城市，必须首先对这些城市进行综合经济实力评价。[①]

表 7.6 陕甘川省际边缘区六大城市主要经济发展数据（2013 年）

经济指标 \ 城市	安康	汉中	达州	巴中	广元	陇南
2012 年常住人口（万人）	263	342	549	331	253	256
城区面积（平方公里）	34	32	32	20	40	14
GDP（亿元）	604.55	881.73	1245.41	415.94	518.75	249.50
人均 GDP（元）	22938	25769	22674	12572	20506	9710
财政收入（亿元）	58.65	83.75	60.31	37.35	55.98	44.1
城镇居民人均可支配收入（元）	22533	22167	18915	18937	18713	15554
社会消费零售总额（亿元）	171.62	248.05	493.39	180.30	219.46	65.48
全社会固定资产投资（亿元）	482.56	679.27	1002.86	651.01	541.19	438.80

资料来源：根据陕甘川省际边缘区六大城市 2013 年国民经济和社会发展统计公报及统计年鉴整理。

① 何龙斌：《省际边缘区增长极城市培育研究：以陕西省汉中市为例》，《陕西理工学院学报》（社会科学版）2014 年第 3 期。

1. 评价方法

本书采用因子分析法对城市综合实力进行评价。因子分析法是将具有相关性的多个原始指标的评价问题转换为较少的、新的综合指标的评价问题的一种方法。新的综合指标称为主成分或公因子，这些主成分不仅保留了原始指标的绝大多数信息，并且彼此不相关。利用各主成分的因子得分计算出每个评价对象的综合得分，并以此作为综合评价的依据。

因子分析法的出发点是用较少的相互独立的因子变量来代替原来变量的大部分信息，其原理可以通过以下公式表示：

$$x_1=a_{11}F_1+a_{12}F_2+\cdots+a_{1m}F_m+e_1 \tag{7.3}$$

$$x_2=a_{21}F_1+a_{22}F_2+\cdots+a_{2m}F_m+e_2 \tag{7.4}$$

……

$$x_p=a_{p1}F_1+a_{p2}F_2+\cdots+a_{pm}F_m+e_p \tag{7.5}$$

式中，x_1，x_2，…，x_p 为 p 个原有变量，是均值为 0、标准差为 1 的标准化变量；F_1，F_2，…，F_m 为 m 个因子变量，m 小于 p，e_i 为 x_i 的特定因子，只对 x_i 起作用。表示成矩阵为：

$$X=AF+e \tag{7.6}$$

式中，F 为公共因子，A 为因子载荷矩阵，e 为特定因子，表示原有变量不能被因子变量所揭示的部分。在实际问题中，要根据观察数据 x_a，求 A 及公共因子 F，再进行具体分析。

2. 评价指标的选择

本书遵循系统性、完整性、有效性和可比性的原则，利用《中国城市统计年鉴》（2012）和 2011 年各市国民经济和社会发展统计公报有关数据，选取 GDP（亿元）（x_1），财政一般预算收入（亿元）（x_2），金融机构存款余额（亿元）（x_3），城乡居民储蓄余额（亿元）（x_4），外贸总额（亿美元）（x_5），实际利用外资（亿美元）（x_6），全社会固定资产投资（亿元）（x_7），人均 GDP（元）（x_8），社会消费品零售总额（亿元）（x_9），职工人均工资（元）（x_{10}），货运量（万吨）（x_{11}），客运量（万人）（x_{12}），城区面积（平方公里）（x_{13}），人口（万人）（x_{14}），工业增加值（亿元）（x_{15}），城镇居民人均可支配收入（元）（x_{16}）等 16 个指标评价陕甘川省际边缘区六大城市综合经济实力。

3. 计算与分析

本书运用 SPSS 统计分析软件，从 16 个评价指标中选取了 3 个主成分，利用各主成分的因子得分计算出每个城市的综合得分，并以综合得分作为评价依据。

（1）判定适用性。本书数据原始变量之间的相关系数矩阵绝大部分相关系数均大于 0.3，表明相关性较强。另外，KMO 抽样适度测定值（Kaiser-Meyer-Olkin Measure of Sampling Adequacy），本例是 0.741，此值大于 0.5，故可认为，本书数据可用于进行因子分析。

（2）提取的主成分及主成分的特征根和贡献率。从表 7.7 可知，根据特征根的选取原则，选取前 3 个主成分作为新的综合评价指标，这 3 个主成分已反映了原始指标中 96.975% 的信息。

表 7.7　解释的总方差

成分	初始特征值			提取平方和载入			旋转平方和载入		
	合计	方差的 %	累积 %	合计	方差的 %	累积 %	合计	方差的 %	累积 %
1	11.223	70.143	70.143	11.223	70.143	70.143	10.014	62.591	62.591
2	2.972	18.577	88.719	2.972	18.577	88.719	3.785	23.655	86.246
3	1.321	8.255	96.975	1.321	8.255	96.975	1.717	10.729	96.975
4	0.287	1.791	98.766						
5	0.197	1.234	100.000						
6	0	0	100.000						

（3）正交旋转后的因子载荷矩阵。为了能更加明确地表示主成分与原始指标间的关系，经过对因子矩阵载荷矩阵 7 次方差最大正交旋转得

到正交旋转后的因子载荷矩阵（K），见表 7.8。选取因子载荷矩阵各个主成分与原始指标载荷系数较大的指标，构成各个主成分的因子。

从表 7.8 可以看出，第一主因子在 GDP、财政一般预算收入、金融机构存款余额、城乡居民储蓄余额、实际利用外资、全社会固定资产投资、社会消费品零售总额、货运量、客运量、人口、工业增加值这些指标上的载荷大，定义为总量因子；第二主因子在人均 GDP、职工人均工资、城镇居民人均可支配收入、城区面积这些指标上的载荷大，定义为人均因子；第三个因子仅在外贸总额指标上的载荷大，不具代表性，故定义为其他因子。

表 7.8 旋转成分矩阵

	成分		
	1	2	3
GDP	0.966	0.241	−0.073
财政一般预算收入	0.964	0.155	0.162
金融机构存款余额	0.876	0.376	0.149
城乡居民储蓄余额	0.948	0.272	−0.042
外贸总额	0.037	0.139	0.979
实际利用外资	0.963	0.135	0.193
全社会固定资产投资	0.950	−0.046	0.273
人均 GDP	0.619	0.760	0.158
社会消费品零售总额	0.974	0.158	0.083
职工人均工资	−0.067	0.919	0.237
货运量	0.921	0.200	0.128
客运量	0.668	0.628	0.379
城区面积	0.352	0.784	0.512
人口	0.972	−0.124	−0.119
工业增加值	0.975	0.212	−0.029
城镇居民人均可支配收入	0.071	0.944	−0.257

（4）各城市的综合因子得分。对每个城市的3个主成分的因子得分，以对应主成分的贡献率为权数进行加权累加，计算得出每个城市的综合得分和排名，结果见表7.9。在因子1的得分上，达州因经济总量最大，得分最高，汉中次之，陇南最低；在因子2上，安康、汉中因人均GDP较高，得分居前一、二位，而陇南仍然最后；在因子3上，广元因外贸出口额最高居第一位，达州第二，安康最后。综合得分来看，仅达州、汉中、广元得分为正，其中达州经济实力最强，汉中次之，而其余城市综合实力相对较弱。显然，从城市经济实力上，达州、汉中两城市适合作为陕甘川省际边缘区增长极城市。

表7.9 综合评价结果

城市	因子1得分	因子2得分	因子3得分	综合得分	排名
安康	-0.59445	1.15242	-0.67021	-0.17	4
汉中	0.13253	1.00203	-0.55694	0.27	2
达州	1.94286	-0.37606	-0.08041	1.14	1
巴中	-0.43476	-0.70074	-0.41394	-0.5	5
广元	-0.28006	0.31403	1.99676	0.12	3
陇南	-0.76611	-1.39169	-0.27527	-0.87	6

（二）陕甘川省际边缘区增长极城市的选取

如前文所述，由于省际边缘区远离省会城市，难以接受省会城市的经济辐射，因此省际边缘区要在本区域选取一个中心城市作为经济增长极进行培育，最终实现对边缘区的经济拉动与辐射。从这一战略出发，省际边缘区增长极城市的选取既要考虑城市的经济实力或辐射能力，还要考虑城市在边缘区的地理位置、地理条件和相对中心城市的边缘性等。

1. 从地理中心的角度选取

为了评价各城市在陕甘川省际边缘区的地理中心性，本书选用国家基础地理信息系统中心提供的1∶400万数据地图，使用ArcGIS中的

PointDistance 工具测得省际边缘区六大城市的两两距离，见表 7.10。从表中各城市之间的最远距离来看，汉中距离其他五个城市的最远距离最小，为 202 公里，巴中次之，而陇南距离其他五个城市的最远距离最大。从距离其他五个城市的平均距离来看，巴中距离其他五个城市的平均距离最小，为 164 公里，汉中次之，陇南仍居最后。显然，综合以上两因素分析，从地理中心的角度，汉中当之无愧为陕甘川省际边缘区的中心城市，具有作为增长极城市的地理优势。

表 7.10 陕甘川省际边缘区六大城市间直线距离

单位：公里

城市	汉中	安康	达州	巴中	广元	陇南	最远距离	平均距离
安康	194	0	219	234	302	391	302	268
汉中	0	194	211	140	134	202	202	176
达州	211	219	0	101	206	341	341	215
巴中	140	234	101	0	108	241	241	164
广元	134	302	206	108	0	236	302	199
陇南	202	391	341	241	236	0	391	282

资料来源：根据百度地图使用 ArcGIS 电脑测距得出，均为直线距离。

2. 从与省会城市的边缘性角度选取

边缘区城市与省会城市的边缘性，主要通过计算省际边缘区城市与省会城市的经济辐射进行测度，边缘区城市接受省会城市的经济辐射强度越弱，则意味与省会城市的边缘性越强。为此，本书引入断裂点模型进行计算。[①] 表 7.11 为陕甘川省际边缘区六大城市与最近省会城市的断裂点及其辐射场强。从表中可见，安康和达州在六个城市中接受省会城市的经济辐射最强，巴中和广元居中，而汉中和陇南接受省会城市的经济辐射最弱。由此可见，在六个城市中，汉中和陇南相对省会城市具有较

① 计算方法详见本书第五章第二节相关内容。

大的边缘性。如从与省会城市的边缘性角度选取陕甘川省际边缘区增长极城市，这两个城市均具有较高的可能性。

表 7.11　省际边缘区六大城市与省会城市的断裂点

距离单位：公里

城市	最近省会城市	与最近省会城市直线距离	经济实力	断裂点到最近省会城市距离	断裂点处场强	断裂点处场强排序	断裂点到本市距离	断裂点到本市距离排序
安康	西安	175	158.88	132.22	0.08677	2	42.78	1
汉中	西安	225	229.01	162.05	0.05776	5	62.95	5
达州	重庆	202	433.81	149.82	0.15927	1	52.18	3
巴中	重庆	254	188.06	206.62	0.0837	3	47.38	2
广元	成都	258	168.03	204.26	0.05817	4	53.74	4
陇南	兰州	312	103.31	215.94	0.01119	6	96.06	6

资料来源：与最近省会城市直线距离根据百度地图使用 ArcGIS 电脑测距得出。

3. 从扶贫攻坚的效应角度选取

以陕甘川省际边缘区为主的秦巴山集中连片特殊困难地区，是我国面积最大和人口最多的特困连片地区，选取和建设陕甘川省际边缘区增长极城市对落实国家扶贫攻坚战略具有重大意义。而从扶贫攻坚的效应角度选取，增长极城市应处于特困地区中间位置，换言之，增长极城市周边的国家特困县区越多，则增长极城市对其经济拉动形成的扶贫效应越明显，效果越好。根据国务院扶贫办公布的 2012 年全国连片特困地区分县名单，在秦巴山集中连片特殊困难地区，四川省有国家特困县区 16 个，其中最多的为广元市，有 7 个县区，总人口 310 万；陕西省有国家特困县区 30 个，其中最多的为汉中市，有 11 个县区，总人口 380 万；甘肃省仅有陇南的 9 个县区，总人口 280 万。显然，从扶贫攻坚的效果角度选取，汉中作为陕甘川省际边缘区增长极城市具有较强的扶贫攻坚效应。

4. 从成为区域中心的地理优势角度选取

地理地貌是城市规划、建设和开发考虑的重要因素。地貌环境影响城市的分布格局、地域结构、发展空间和区域地位等。纵观世界城市发展史，不论是国外还是中国的城市分布，绝大部分大城市分布于平原、河谷、山间盆地等海拔较低、地形平坦的地带。从大城市的形成与发展来看，平缓地形是最有利于城市建设发展的外部条件之一；从大城市内部的空间结构布局来看，平缓地形也是最有利于布局的；从大城市的整体建设角度来看，平缓地形为城建投资省，丘陵地区施工较困难，山地地区的城建则需要更大的经济投资和工程措施，同时城市发展往往也受到限制。陕甘川省际边缘区六大城市从地表起伏看，总体上地势起伏大，地形复杂多样。在地形地貌特征上，以山地、丘陵为主体，见表 7.12。除汉中平地面积占 10% 左右，其余各市均不足 4%，其中安康只有 1.8%，达州只有 1.2%。因此，从发展区域中心大城市的地形地貌条件来看，汉中具有其他五座城市无与伦比的地理优势。即使根据 1999 年中国科学院可持续发展研究组设计的陆地表面起伏度（Relief Degree of Land Surface，RDLS）指数计算公式，在六大城市的地表起伏度排名中，汉中也以 0.2693 位居第三。

表 7.12　陕、鄂、川、甘省际边缘区主要城市地理结构

城市	平地占比 (%)	丘陵占比 (%)	山地占比 (%)	平地面积（万平方公里）	最高海拔（米）	最低海拔（米）	地表起伏度
安康	1.8	5.7	92.5	0.04	2912	168	0.2993
汉中	10.2	14.6	75.2	0.28	3071	371	0.2693
达州	1.2	28.1	70.7	0.02	2458	222	0.2478
巴中	2.1	7.9	90	0.22	2513	267	0.2443
广元	2.5	12.5	85	0.03	3837	352	0.3775
陇南	3.5	5.2	91.3	0.10	4187	550	0.3899

资料来源：根据表中各地政府网站公布数据计算整理。

综上分析，如以各方面排名顺序赋予分值，排名第一赋6分排名，第二赋5分，以此类推，排名第六赋1分，则可得出表7.13。汉中综合得分为27，具有绝对优势。显然，选取汉中作为陕甘川省际边缘区增长极城市是一个最佳选择。

表7.13　陕甘川省际边缘区增长极城市选择评估指标得分

城市	经济发展基础	在边缘区的中心性	与中心城市的边缘性	地形地貌条件	扶贫带动效应	综合得分	综合得分排序
安康	3	2	1	2	5	13	6
汉中	5	5	5	6	6	27	1
达州	6	3	3	1	1	14	5
巴中	2	6	2	3	2	15	4
广元	4	4	4	4	3	19	2
陇南	1	1	6	5	4	17	3

（三）促进陕甘川省际边缘区增长极城市发展的对策

选取汉中作为陕甘川省际边缘区增长极城市的目的就是要对这一城市加大投入力度，加快发展速度，使之尽早成为本区域的经济增长极，尽快发挥经济带动和辐射作用。但是，从前面对各城市的经济综合实力进行定量评价来看，汉中作为区域增长极城市还有一定的差距，如经济总量还比较小，城市框架还不够大等。为此，从发挥增长极的拉动辐射作用出发，建议从以下几方面着手加快发展速度。

1. 争取成为国家贫困地区，率先发展试点城市

根据《中国城市竞争力蓝皮书：中国城市竞争力报告（2011年）》，在全国294个地级城市中，汉中市排名259位，属于一个典型的四线城市，距离二三线城市有很大差距，向二三线城市发展也存在很多制约因素。其中最大的制约因素就是相对省会城市的边缘性，导致汉中市难以融入周边三大都市经济圈，接受经济辐射。另外汉中是国家南水北调中线工程的重要水源涵养地，它的发展还存在生态约束。但是，正如一枚

硬币具有正反两面一样，汉中相对省会城市的边缘性又造就了它的在边缘区的中心性，这一中心性又是它成为区域增长极城市的一大优势，而南水北调中线工程水源地这一国家级的生态制约也可以转变为生态补偿，成为汉中发展的机遇。考虑到这一边缘区域既是生态限制开发区，又是我国最大的贫困地区，迫切需要打造一个真正的区域中心城市作为经济增长极。因此，建议汉中从国家扶贫攻坚、打造经济增长极和生态补偿多个角度出发，积极申报成为国家贫困地区率先发展试点城市，使汉中成为贫困地区中的“经济特区”，尽快摸索出一条特殊地区发展道路，为我国其他省际边界区域（城市）、特困地区的发展提供典型示范。通过申报成为国家贫困区率先发展试点城市争取国家优惠政策和资金支持，以此推动汉中城市的快速发展。要争取国家在土地、财政、税收、信贷等方面给予特别扶持和倾斜，尤其是在产业转移与产业对接等方面给予更多的政策支持，支持重大产业和项目布局汉中，支持更多的汉中本地企业上市融资，做大做强汉中企业，提升城市经济实力。

2. 加强区域合作，推进区域经济协调发展

汉中市作为省际边缘区增长极城市，它的发展离不开与周边地区的经济互动，因此必须克服“边界性”所带来的不利影响，加强陕甘川省际边缘区区域合作，实现优势互补、协调发展。目前，陕甘川省际边缘区虽然有陕甘川宁毗邻地区经济联合会等区域合作组织，也取得了一些合作成果，但成效仍十分有限。由于以各级地方政府为代表的诸多利益主体的存在，陕甘川省际边缘区目前仍旧是一种以行政区经济为主体的各自为政的发展模式，恶性竞争仍然存在，很多基础设施还处于分割状态，尚未形成行业布局协调、经济能量集聚、产业分工合理的理想范型。以省际高速公路建设为例，贯穿陕西和甘肃的十天高速陕西段在 2010 年就已经通车，但从陕西到甘肃的高速公路 2015 年才通车；贯穿陕西和四川的京昆高速陕西段在 2006 年就已经通车，但连通陕西到四川之间的高速公路到 2011 年才建设好。因此，为加快汉中作为陕甘川区域增长极城

市的发展，建议成立陕甘川边缘区区域合作联盟，在汉中设立区域合作联盟长期办公机构，赋予其协调边缘区区域经济发展与合作的权力，推动建立区域互动发展的长效机制，增强区域经济发展的自主性，实现资源共享、信息互通、合作共赢、协调发展。

3. 积极创造条件接受周边省会城市经济辐射

从国内外城市发展经验来看，积极接受高一级中心城市经济辐射是一条实现快速发展的捷径。汉中接受省会城市的经济辐射较弱，但不等于不能接受经济辐射。鉴于汉中相对省会城市的边缘性，建议汉中要积极创造条件接受周边省会城市经济辐射。首先是接受西安的经济辐射。要继续改善西安至汉中的交通条件。如尽快建成“西成”高铁、宝鸡—巴中高速公路建设，尽快开工建设汉中机场改迁建工程、西安到汉中第二高速公路以及汉中物流中心建设工程。建议对汉中至西安高速公路减免过路费，降低两地之间的物流成本。通过以上努力，实现汉中与大西安都市圈的通畅连接，使汉中尽早融入西安两小时经济圈。其次，从长远发展和国家战略角度看，以重庆、成都和西安为中心的“西三角”经济圈最终将会形成，并成为我国第四大经济圈，因此汉中还要提前做好准备与筹划，改善与重庆、成都的交通条件，积极接受成、渝等中心城市的经济辐射，成为“西三角”经济圈的重要节点。

4. 着眼未来，重新规划拉大城市整体框架

作为陕甘川省际边缘区增长极城市，汉中市的重要职能是对周边地区的发展引领和经济辐射。因此，在城市规划上，汉中要着眼未来，拉大城市整体框架。首先，以交通为先导，通过建设两条铁路（西成高铁、阳安铁路复线），三条高速（西汉高速、十天高速、宝巴高速），一个机场，沟通秦岭、巴山南北，打通大西北与大西南的联系，使汉中承担区域重要的枢纽职能。其次，以产业为重点，实施接轨西安和成都为重点的区域合作发展战略，使汉中发展成为“西三角经济圈”产业格局的重要节点。最后，以城建为突破，积极推进汉中、南郑、城固、勉县一体

化，拉大城市整体框架，尽早通过将勉县、城固撤县改区，提高城市化率，使城市总面积突破1000平方公里，城镇人口突破200万。争取5—7年内，实现城市发展的“331”目标，即到2020年之前，在城市综合实力方面，进入全国三线城市之列，成为陕西省第三大城市、陕甘川省际边缘区第一大城市。①

第三节 区域结盟模式：通过战略联盟打破壁垒形成经济辐射洼地

一、模式含义

这一模式适于任何省际边缘区。

战略联盟是时代发展的产物。在全球经济一体化的大背景下，不仅涌现了大量的企业战略联盟，多种多样的地区级、国家级战略联盟也应运而生，如欧盟各国间开展了形式多样、富有成效的跨境经济合作，就产生了大约60多个边境合作地区。实施区域战略结盟，对省际边缘区经济发展有着重要意义。首先，通过战略联盟，可以打破省际、区际之间的各种行政壁垒，促进生产要素自由流动，实现区域经济一体化，形成经济辐射洼地，有利于接受省内外经济辐射。其次，通过战略结盟，可以合理配置公共资源，实现公共资源共享，提升资源使用效率，降低区域城市经营成本。再次，通过战略结盟，可以通过合理分工，准确定位，构建有各自特色的产业集群，避免恶性竞争和重复建设，克服边缘区自发发展混乱的“边缘负效应”。最后，通过战略结盟，可以实现市场一体化，联合发展和建设一些大产业、大项目，如联合发展大旅游，拉长旅游产业链；联合发展大交通，消除交通设卡、断头路等。

实施区域战略结盟的主要做法就是构建经济协作区。经济协作区的

① 何龙斌：《陕甘川省际边缘区增长极城市研究》，《开发研究》2014年第4期。

本质是变“行政区经济”为“经济区经济”，其内在要求和最终目标是实现区域经济一体化。[①] 通过建立经济协作区，突破行政壁垒，强化整体意识，整合区域内经济资源，协调区域内产业分工，实现在交通、旅游、科技、环保等各个领域合作，最终促进与省外中心城市的经济互动。如在旅游方面，通过联合促销，共同推介，形成区域旅游业联动，促进区域旅游业的共同发展。在基础设施方面，相邻地区增强合作，共同建设铁路、公路，消灭省际、县际“断头路”，共同争取高等级交通通道建设项目过境。

二、模式应用：以构建秦巴山区经济协作区为例

经济协作区是国家为了促进毗邻有关省、自治区、直辖市之间经济协作而按一定区域划分的经济组织形式。我国在“十三五”规划纲要中明确提出，“要促进区域协调发展，积极稳妥推进城镇化”。2009 年 6 月 10 日，国家正式批准《关中—天水经济区发展规划》。2011 年 5 月 5 日，又批准实施《成渝经济区区域规划》。由此可见，进入“十二五”规划时期以后，将是我国打破省际行政边界，从行政区经济走向经济区经济，推动区域经济协调发展的重要时期。但遗憾的是，上述规划均未将陕、川、渝、鄂、豫五省市边缘地区相关市县列入规划范围，使秦巴山区成为西部区域规划“真空地带”。在这种背景下，秦巴山区作为我国人口最多的连片贫困地区，完全有必要通过构建“秦巴山区经济协作区”上升为国家战略，推进区域跨越发展，缩小与周边地区的发展差距。

（一）“秦巴山区经济协作区”的概念及范围

秦巴山区泛指秦岭和巴山山区，位于陕西、四川、重庆、湖北、河南五省市省际边缘区，具体包括陕西的汉中、安康、商洛三市，四川的达州、巴中、广元三市，湖北十堰、襄樊两市，以及重庆和河南南阳的

---

① 何龙斌：《省际边缘区接受中心城市经济辐射研究》，《经济纵横》2013 年第 6 期。

部分县区。国土总面积为27.9万平方公里，约占全国土地总面积的2.9%，其中，山地、丘陵面积占土地面积60%以上。总人口为4178万人，其中农业人口为3784万人，占90%。

秦巴山区经济协作区是将陕西、四川、重庆、湖北、河南五省市省际边缘区相关市县组织起来，打破行政区划界限，以经济发展为纽带，在秦巴山区建立一种协商为主、相互合作、共同发展的区域性战略联盟。通过构建秦巴山区经济协作区，将使秦巴山区成为西部三大中心城市成都、重庆、西安纵深发展的战略腹地、国家战略资源接续地、西部地区重要的经济增长带。

（二）构建“秦巴山区经济协作区”的意义

秦巴山区是省际边缘区、国家集中连片贫困地区、国家红色革命老区、国家南水北调中线工程水源涵养区和国家集中连片贫困地区，基于此，构建“秦巴山区经济协作区”，推动秦巴山区加快发展，具有重要现实意义。

1. 秦巴山区是我国连片特困地区，建立协作区对实施扶贫攻坚具有推动作用

在国务院2010年确定的我国14个国家级连片特困地区中，秦巴山区是人口最多、面积最大的一个地区，是我国扶贫攻坚中的一个最大的战场。从这些年扶贫效果来看，以地域为界的封闭式发展已经暴露出很多问题，行政壁垒严重制约了这一区域的发展，也影响了扶贫的效果。通过建立秦巴山区经济协作区，有利于打破秦巴山区长期以行政区为边界的封闭发展格局，建立起大合作、大交流、大发展平台，为这一地区创造更多的发展机遇，因此建立秦巴山区经济协作区本身也是一个扶贫攻坚的新思路，也必然会对实施扶贫攻坚具有推动作用。

2. 秦巴山区是我国的地理中心，建立协作区对形成西部大经济区具有重要促进作用

秦巴山区位于我国地理中心，也正好位于西部三大中心城市成都、

重庆、西安所构成的“西三角”腹部，目前这三大中心城市已经成为西部地区经济发展的三个增长极城市，并对周边形成经济辐射，但是，如果要对更远的地区实现辐射，形成真正意义的大西部经济区，成为我国仅次于长三角、珠三角、环渤海经济区的第四大增长极，则必须突破秦巴山区这一屏障（这里指经济落后导致的区域经济阻隔）。秦巴山区经济发展不起来，三个中心城市将难以形成密切的经济联系。因此，建立协秦巴山经济协作区，只有推动秦巴山区成为西部三大中心城市的重要经济缓冲带和辐射区，才能对形成西部大经济区具有重要促进作用。

3. 秦巴山区是我国战略大后方，建立协作区对提升我国国防安全具有保障作用

秦巴山区一直是我国的战略大后方，特别是在抗战期间发挥了巨大的国防作用。秦巴山区也是我国 20 世纪 60 年代到 80 年代“三线建设”的重点和核心地区，这里分布着大量的国防工业企业。当今世界仍然不太平，国际局势诡异多变，因此，建立协作区对提升我国国防安全具有保障作用。

（三）构建“秦巴山区经济协作区”的优势与劣势

1. 构建经济协作区的优势

一是政策优势。进入“十二五”时期以来，促进区域协调已成为我国经济发展的主题。为此，国务院制定的西部大开发战略和新的“十三五”规划将为秦巴山区协调发展提供政策保障。此外，2012 年 7 月，国务院出台《秦巴山片区区域发展与扶贫攻坚规划（2011—2020）》，各省市也陆续编制了相关扶贫开发规划纲要；目前，由国家发改委牵头的《川陕革命老区振兴发展规划》正在编制中。可见，当前阶段秦巴地区经济发展面临空前的政策优势。二是资源优势。秦巴山区生物、水能、矿产、旅游、农林特色产品资源丰富，区域经济后发优势明显。首先矿产资源丰富。陕西汉中的勉宁略地区金、铁、锰、铜、镍、铅、锌等金属矿产丰富，被誉为中国的“乌拉尔”；安康的汞、锑、钛、锌储量居全国前列；

重庆城口被誉为“亚洲钡矿之都”；河南南阳的天然碱、蓝晶石、红柱石储量全国第一。其次生物资源丰富。秦巴山区生物资源是我国最大的“基因库”之一，据统计，全区有各类生物资源6000多种，各种药物资源3291种。最后，红色文化深厚。秦巴山区同属川陕革命根据地核心地带，有镇巴烈士纪念塔及川陕革命史陈列馆，城口苏维埃政权纪念公园和川陕苏区城口纪念馆，素有“露天革命博物馆”的美誉，具有独特的红色旅游资源。三是区位优势。秦巴山区地处我国地理中心，具有承东启西、接北连南、辐射八方的独特区位。更重要的是地处成都、重庆和西安之间，是这三大中心城市经济联系的过渡地带，换言之，西南中心城市成都、重庆与西北中心城市西安之间产生经济活动，必然要经过秦巴山区。因此，从这一角度看，秦巴山区具有接受三大中心城市经济辐射的区位优势和巨大潜力。四是人文优势。秦巴山区山水相连，长期以来的相互交流形成了人文习俗相近的特点。历史上秦巴山区分属秦、楚和巴国，犬牙交错长期交流，使秦巴山区成为北方秦晋文化、南方荆楚文化和西南巴蜀文化的汇合地。秦巴山区血缘相亲、地缘相近、文缘相承，构建“秦巴山区经济协作区”，具有独特的人文优势。

2. 构建经济协作区的劣势

一是行政隶属不统一。秦巴山区位于陕西、四川、重庆、湖北、河南五省市，隶属不同的五个省级行政区，一定程度上会存在行政壁垒，增加了协调成本，阻碍了生产要素的跨区域流动，影响了区域经济协调发展。二是交通发展不同步。秦巴山区区域内交通比较闭塞，路网密度低，很多区、市、县之间还没有县际公路相连，更不用说高速公路和铁路。可以说，交通问题是秦巴山区区域发展的最大瓶颈。三是产业发展不充分。秦巴山区本应是承接周边大中城市要素流动、产业转移和产业配套的重要地区。但是，由于各产业发展不充分，区域内的资源优势没有通过产业转化为经济优势。四是区域发展不平衡。秦巴山区处于西安、郑州、武汉、重庆和成都的五点连线之间，受各省市交通、能源、民生等差别政策的影响，秦巴山区各县市之间发展极不平衡，一些县区贫困人口多，贫困程度深，经济发展水平差异较大。五是地理阻隔影响大。秦巴山区跨秦岭、大巴山，境内虽然有少量盆地，但面积小，总体以山地丘陵为主，许多地方山高坡陡，对出行形成严重影响，“蜀道难难于上青天”就是指的秦巴山区。地理条件是秦巴山区协调发展的一个很大制约因素。

（四）构建“秦巴山区经济协作区”的对策建议

1. 尽快成立“秦巴山区经济协作区”工作领导小组

经济协作区能否成功，关键在于区域协调，而协调工作的开展依赖于一个有为的组织机构。建议尽快成立“秦巴山区经济协作区”工作领导小组。领导小组由五省市主要主管领导组成，组长定期轮值，通过领导小组建立健全省际高层决策会商、专家咨询论证与地方协作共治制度，探索省际资源开发共谋、基础设施共建、市场营运共体、生态环保共治等经济社会发展新机制，建立制度化、经常化的议事协调机制，创新区域经济协作模式，形成互利双赢、协调发展的新格局。

2. 推动从国家层面制定“秦巴山区经济协作区”发展规划

秦巴山区是跨越五个省市的省际边缘区，而且是我国人口最多、国土面积最大的连片特困地区，对这一地区任何一个省份实施孤立发展战略注定事倍功半。建议积极推动从国家层面制定“秦巴山区经济协作区”的总框架，明确各地发展方向和发展重点，并在此框架下统一制定“秦巴山区产业发展规划”“秦巴山区综合交通枢纽规划”“秦巴山区旅游资源开发规划”“秦巴山区生态移民规划”和“秦巴山区城镇群建设规划”等规划编制，推动区域经济协调发展。

3. 加大加快秦巴山区基础设施建设

完善的基础设施体系是区域经济发展的重要保障。秦巴山区经济协作区要加快构建功能配套、安全高效的现代基础设施体系，把交通、通信、物流等基础设施建设作为推进区域突破发展的首要任务和重中之重，促进区内外生产要素流通，加快农村劳动力向非农业转移，提高城镇化水平，促进对中心城市经济辐射的接受。

4. 营造良好的发展环境

秦巴山区的落后首先是观念落后，因此一定要解放思想、创新思路，全力实施大发展战略，营造良好的发展环境。加快转变政府职能，打造创新型、服务型政府，提高服务水平，建设一流营商环境。高度重视招商引资工作，积极承接发达地区和周边中心城市产业转移。通过实施开放带动战略，使秦巴山区成为西部三大中心城市成都、重庆、西安的重要经济缓冲带和辐射区。[①]

5. 全力争取国家政策支持

秦巴山区不仅是连片特困地区，还是南水北调中线工程的重要水源涵养区，经济发展存在较大的生态制约。因此，应全力争取国家政策支持。特别是在区域主导产业发展、重点投资项目、财政税收支持、基础设施建设、生态环境保护及高级人才引进等方面，协作区各地政府齐心协力共同争取国家相关政策支持，促进秦巴山区探索出一条以市场主导、政府推动、产业带动的省际边缘区区域经济跨越发展之路。

第四节　省际边缘区接受中心城市经济辐射的模式比较

本章提出了省际边缘区接受中心城市经济辐射的三种模式。模式一是主动融入模式：即通过创造条件积极融入中心城市辐射圈。这一模式适合于相对省会城市距离较近，通过创造条件，短期内具有接受中心城市经济辐射较大可能性的省际边缘区。并以陕南融入西安都市圈为例进行研究。研究认为，在区际经济联系层面，陕南三地的主要经济联系方向显然是西安市，咸阳、渭南次之，而与铜川、杨凌的经济联系强度最弱。因此，对陕南总体而言，西安都市圈中的西安可作为其核心联系城

① 卢鹏飞：《关于构建秦巴山区经济协作区的战略思考》，《决策导刊》2011 年第 5 期。

市，咸阳、渭南可作为其次核心联系城市，而铜川、杨凌可作为其战略性联系城市。对陕南三地分别而言，三地与西安都市圈城市的经济联系特点也不相同。与汉中、安康经济联系最为密切的是西安、咸阳，而与商洛经济联系最为密切的则是西安、渭南。因此，三地与西安都市圈互动发展的区位重点也将有所差异。模式二是自建“中心”模式，即通过先构建区域新经济增长极吸引辐射。这一模式适合于距离各省会城市都比较远，而且经济总量较小，短期内难以对中心城市产生辐射引力的省际边缘区。对于这一类地区，通过先构建区域新经济增长极，做大经济总量，形成较强的经济引力和较好的投资环境，再去吸引辐射。如以培育陕甘川省际边缘区增长极（区域中心城市）为例，研究认为，陕甘川省际边缘区是我国面积最大和人口最多的特困连片地区，也是中心城市经济辐射的盲区，有必要通过发展本区域中心城市培育经济增长极，实现对边缘区的经济拉动和辐射。从城市经济基础和实力上，达州、汉中两城市适合作为陕甘川省际边缘区增长极城市。但结合从地理中心、与中心城市经济圈的边缘性和扶贫攻坚的效果角度对增长极城市进行了比较分析，最后选取汉中市作为陕甘川省际边缘区增长极城市，并提出争取成为国家贫困区率先发展试点城市，加强区域合作推进区域经济协调发展，积极创造条件接受周边中心城市经济辐射以及着眼未来重新规划拉大城市整体框架等对策建议。模式三是区域结盟模式，即通过战略联盟打破壁垒形成经济辐射洼地。这一模式适于任何省际边缘区。并以构建秦巴山区经济协作区为例进行来研究。研究认为，构建秦巴山区经济协作区，一是尽快成立“秦巴山区经济协作区”工作领导小组，二是推动从国家层面制定“秦巴山区经济协作区”发展规划，三是加大加快秦巴山区基础设施建设，四是切实营造“秦巴山区经济协作区”发展环境，五是全力争取国家政策支持。需要强调的是，由于经济发展和交通条件的动态性，对于某一省际边缘区，上述模式的应用并非一成不变。换言之，过去适用的模式未来未必适用，甚至存在短期内两个模式并存的情况。省际边缘区接受中心城市经济辐射三种模式的比较见表 7.14。

表 7.14 省际边缘区接受中心城市经济辐射三种模式的比较

模式	主要含义	主要做法	适用区域	以陕南为例
主动融入模式	积极创造条件，融入中心城市经济圈，与中心城市一体化发展	积极创造条件，加强与中心城市的优势产业互动，商品、市场互动，旅游、文化互动，技术、人才互动，自然资源互动。其中重点在于积极承接中心城市产业转移	与中心城市距离较近，通过创造条件，短期内具有接受省会城市经济辐射较大可能性的省际边缘区	总体上，陕南三市应着眼融入西安城市圈，尤其是商洛市具有明显的融入优势条件
自建“中心”模式	培育形成新的区域增长极，提升经济梯度，创造接受中心城市辐射的条件	以增长极理论为指导，培育区域增长极城市。重点在于争取国家政策支持，大力改善基础设施，做大支柱产业，拉大城市框架	距离各省会城市都比较远，而且经济总量较小，短期内难以对省会城市产生辐射引力的省际边缘区	陕南汉中、安康距离中心城市较远。汉中具有成为区域“中心”的优势条件
区域结盟模式	通过战略联盟打破壁垒形成经济辐射洼地	成立经济协作区，建立相关机构，争取政策支持，加强区域协调	任何省际边缘区	适于陕南三市

第八章　省际边缘区接受区域中心城市经济辐射的实证研究
——以陕南为例

经济辐射是指中心城市对周边地区的综合影响力和发展带动力，是城市之间保持相互联系、相互作用的基本运动形式。相对一般城市而言，区域中心城市具有更为明显的辐射效应，其经济辐射力主要体现在城市综合经济实力、产业结构、企业规模、基础设施、开放活力与科技水平等方面对周边地区的覆盖范围。地处秦巴山区的陕南，是我国典型的省际边缘区，也是国家连片贫困地区，周边有重庆、成都、西安等区域中心城市，如何接受这些中心城市的经济辐射，对促进陕南经济发展和扶贫攻坚，最终实现西部地区整体经济快速发展以及全国经济协调发展具有重要现实意义。

第一节　陕南及其周边中心城市概况

一、陕南概况

陕南位于陕西南部，辖汉中、安康、商洛三市，是陕西三大地理板块之一。陕南北靠秦岭、南倚巴山，汉江自西向东穿流而过，地形以山地丘陵为主，间有汉中、西乡、月河、商丹等盆地，总面积为7.02万平方公里，占全省总面积的34.12%；2015年年末总人口为842.43万人，占全省人口总数的22.8%。陕南自然条件具有明显的南方地区特征，气候温和，雨水充沛，水资源、生物资源、矿产资源等较为丰富。但在陕西三大地理板块中，陕南总体经济实力薄弱。表8.1为2015年陕西各地GDP与人均GDP排名，2015年陕南GDP总量仅占全省的13.7%，地方财政收入占全省的7.2%，城镇居民可支配收入、农村居民人均纯收入比全省平均水平分别低2000多元和500多元。

表8.1 2015年陕西各地GDP与人均GDP排名

地区	地级市	GDP（亿元）	GDP排名	常住人口（万人）	人均GDP（元）	人均GDP排名
陕北地区	榆林	2621.29	2	338.39	77463.58	1
	延安	1198.63	6	221.43	54131.33	3
关中地区	西安	5810.03	1	862.75	67343.15	2
	宝鸡	1788.59	4	375.32	47655.07	4
	咸阳	2155.91	3	495.68	43493.99	5
	铜川	324.54	10	84.51	38402.56	6
	渭南	1469.08	5	534.3	27495.41	9
陕南地区	汉中	1064.83	7	343.15	31031.04	7
	安康	772.46	8	264.2	29237.70	8
	商洛	621.83	9	235.08	26451.85	10
全省		18171.86		3775.12	48135.85	

资料来源：陕西省统计局网站，表中全省数据未包括杨凌农业高新技术产业示范区。

（一）汉中

汉中位于陕西省西南部，汉江上游，北倚秦岭、南屏大巴山，地势南北高，中间低，中部是汉中盆地，母亲河汉江自西向东流经其内。北与西安市、宝鸡市相连，东与安康市相连，南与广元市、巴中市、达州市相连，西与陇南市相连。辖汉台区和镇巴、留坝、勉县、西乡、南郑、城固、宁强、洋县、佛坪、略阳10个县，总面积为27246平方公里，人口为380万人。整个陕南地区，汉中自然条件相对优越，矿产、生物、旅游资源富集，有一定的工业基础，已形成装备制造业、有色冶金、能源化工和食品工业四大支柱产业。2014 年，全市实现生产总值 991.05 亿元，占陕南 GDP 总量的 43.93%，人均生产总值达到 28908 元。第一二三产业增加值占比分别为 18.6%、46.2% 和 35.2%。

（二）安康

安康市位于陕西南部，辖汉滨、宁陕、石泉、汉阴、紫阳、旬阳、白河、平利、岚皋、镇坪一区九县。北与本省的西安市、商洛市分界；南与四川省的达县市、重庆市的万县市相通；东与湖北省的石堰市接壤；西与本省的汉中市毗邻，距省会西安市 160 公里。安康为陕西省第二大综合交通枢纽城市，阳安、襄渝、西康铁路在此交汇。人口为 303 万人，总面积为 23391 平方公里，全市面积占陕西省面积的 11.4%。安康是西北重要的水电能源基地，初步形成了以新型建材、汉江水电、富硒食品、生物医药、安康茧丝、金州矿产为主的工业体系。2014 年全市实现生产总值（GDP）689.44 亿元，占陕南 GDP 总量的 30.54%，人均生产总值达到 26117 元，第一二三产业占生产总值的比重为 13.5∶55.1∶31.4。

（三）商洛

商洛位于陕西省东南部，秦岭南麓，与鄂豫两省交界。辖商州区和丹凤县、商南县、镇安县、洛南县、山阳县、柞水县一区六县，总人口为 243 万。总面积为 19292 平方公里，占全省总面积的 9.36% 。地形地貌结构复杂，素有“八山一水一分田”之称。商洛距省会西安 110 公里。素有“西安后花园”之称。随着交通基础设施的逐步改善，商洛已融入西安一小时经济圈。已经形成现代材料、现代医药、绿色食品三大支柱产业。2014 年全市实现生产总值 576.27 亿元，占陕南 GDP 总量的 25.53%，按常住人口计算，全市人均生产总值达到 24538 元，第一二三产业增加值占比分别为 15.8%、52% 和 32.2%。

二、陕南周边主要中心城市概况

中心城市是指在一定区域内和在全国社会经济活动中处于重要地位、

具有综合功能或多种主导功能、起着枢纽作用的大城市和特大城市。陕南与河南、湖北、重庆、四川、甘肃相邻，周边的中心城市较多，其中省会城市就有西安、郑州、武汉、重庆、成都、兰州等，但考虑到距离因素，从接受经济辐射的现实角度出发，本书只研究三大主要中心城市。

（一）西安

西安，地处关中平原中部，北临渭河，南依秦岭，是陕西省省会，西北地区的政治、经济、文化中心，辖九区四县，总面积为10108平方公里，城市建成区面积为449平方公里，常住人口为855.29万人，户籍人口为795.98万人。2014年，全市实现地区生产总值5474.77亿元，人均GDP达到63748元。西安是国家实施西部大开发战略的桥头堡，是丝绸之路经济带起点城市和重要节点城市，是关中—天水经济区的核心城市，在全国区域经济布局上具有承东启西的重要战略地位。西安工业基础雄厚，产业门类齐全，目前已经形成了高新技术产业、装备制造业、旅游产业、现代服务业和文化产业五大主导产业。

（二）成都

成都，四川省省会，位于“天府之国”四川盆地西部，西部地区最大的城市，西南地区科技、商贸、金融中心和交通、通信枢纽。面积为1.24万平方公里，辖九区四市六县，总人口为1407.08万人。2014年，全市实现地区生产总值10056.6亿元，进入中国城市GDP排名前十位，人均GDP达到70337.68元。成都是中国西部对外开放的重要窗口、中国重要的综合性工业基地城市，已成为中国西部最具竞争力和影响力的发展热土，目前已经形成电子信息产品制造业、机械产业、汽车产业、石化产业、食品饮料及烟草产业、冶金产业、建材产业、轻工行业等八大特色优势产业。

（三）重庆

重庆位于我国内陆西南部、长江上游地区，总面积为8.24万平方公里，辖38个区县（自治县）。户籍人口为3375万人，常住人口为2991

万人，常住人口城镇化率达59.6%。是中国中西部地区唯一的直辖市，是国家重要中心城市、长江上游地区经济中心、重要现代制造业基地、西南地区综合交通枢纽、西部开发开放的重要战略支撑、国家“一带一路”重要战略节点和长江经济带、西部中心枢纽和内陆开放高地。2014年，全市实现地区生产总值GDP14265亿元，人均GDP达到48031.65元。汽车、电子信息、装备制造、综合化工、材料、能源和消费品制造等千亿级产业集群全面形成，农业农村和金融、商贸物流、服务贸易等现代服务业快速发展。

第二节　陕南主动接受区域中心城市经济辐射的意义

一、从陕南经济发展的角度看

（一）是对区域经济发展思路的主动突破

陕南是我国特困连片地区之一秦巴山区的主体部分，这一地区有80个国家级贫困县区，陕南就占了28个，国土面积占这一地区总面积的1/3，人口占这一地区总人口的1/4。多年来，由于地理位置偏僻，交通设施落后，自然资源优势不突出，而且自然灾害频发，90%的地区为限制开发区，生态制约较大，经济一直落后于本省其他地区。为促进陕南跟上兄弟地市的发展步伐，早在2006年省政府就立足全省经济发展态势制定了“陕南突破发展”的重大战略。但遗憾的是，时至今日陕南经济不但没有“突破”，而且与关中、陕北的差距更加拉大。2005年，面积占陕西全省面积的36.9%、人口占全省人口27.7%的陕南三市，GDP总量仅占全省GDP总量的12.4%，人均GDP仅为全省平均水平的53.1%，城镇居民收入为全省平均水平的78.2%。到2012年，GDP总量进一步降为全省GDP总量的10.9%，人均GDP为全省平均水平的48.2%，城镇居民人均可支配收入仅为全省平均水平的77.8%。实践证明，陕南这种省际边缘区仅仅依靠自身力量，是很难突破发展的，要突破必须要借“外力”。

这一外力就是中心城市的经济辐射力。主动接受中心城市经济辐射，就是对区域经济传统发展思路的主动突破。

（二）是对国家经济发展战略的主动适应

我国自改革开放以来，依照国外经济辐射理论制定了很多经济发展战略。从改革开放初期沿海四大经济特区的设立到21世纪内地一些经济区的设置与规划，无不体现对增长极理论、点轴开发理论、网络开发理论和梯度转移理论等经济辐射理论的准确运用。但根据缪尔达尔（1957）提出的循环累积因果理论，在经济循环累积过程中，同时存在着回流和扩散两种不同的辐射效应，前者表现为各生产要素从不发达地区向发达地区流动，使区域经济差异不断扩大；而后者表现为各生产要素从发达地区向不发达地区流动，使区域发展差异得到缩小。研究表明，经过三十多年的发展，我国很多地区已经完成建立以回流效应为主的经济增长极发展阶段，而进入对外扩散辐射阶段，很多中心城市回流效应逐渐减弱而扩散效应逐渐增强，如长三角地区的上海、珠三角地区的广州和深圳、京津唐地区的北京和天津等，都已经成为这些地区经济的增长极，对周边地区产生了巨大的经济辐射扩散效应，许多中西部地区也正在逐步构建区域经济增长极。因此，在当前阶段，作为省际边缘区的陕南主动接受区域中心城市经济辐射，积极融入其经济辐射圈，就是审时度势，是对国家经济发展战略的主动适应。

二、从构建“西三角”经济圈的角度看

（一）地理位置决定“西三角”经济圈中心城市对陕南经济必有辐射拉动作用

“西三角”经济圈是指以重庆、成都、西安三市为制高点，主要由重庆经济圈、成都经济圈和以西安为中心的关中经济圈所构成的“三角形”经济区。经济圈总面积为22平方公里，人口为1.18亿人，经济总量约占西部经济总量的40%以上，“西三角经济区”将中国西部较具潜力和实

力的三大城市整合了起来，突破秦岭屏障，使成渝经济带和关中经济带贯通，便于联合起来进行经济的整合和提升，成为促进中国西部发展的“第四极”，为西部大开发打造出引擎和龙头，而且可通过重庆沿长江实现与长三角经济区互动，通过兰渝铁路以及十天高速公路（十堰—天水）与更辽阔的西部地区互动，因此具有“承东启西、跨越南北”的战略价值，便于升格为国家发展战略高度，成为继珠三角、长三角和渤海湾经济区之后的又一经济区，得到国家的支持。由于陕南地区直接位于“西三角”经济圈的腹部，汉中位于成都至西安的直线连线上，安康、商洛位于重庆到西安的连线上，这种独特的地理位置和地缘优势，决定了“西三角”经济圈中心城市对陕南经济必有辐射拉动作用。

（二）积极接受“西三角”经济圈中心城市辐射有利于实现陕南经济突破发展

多年来陕西省政府提出的“陕南突破发展”目标一直难以实现。究其主要原因有三：一是地理位置封闭，陕南北有秦岭，南有巴山，两道天然屏障妨碍了与关中和川渝两大西部经济带的密切交往，使其长期处于封闭发展状态。即使现有的交通条件，也没有从根本上改变这一状态。二是思想观念保守，长期以来由于与外界交往少，陕南从民间到官方思想一直比较保守，不愿冒险、小富即安的小农意识、不求有功但求无过的为官理念在陕南根深蒂固，严重妨碍了当地经济的发展。三是工业基础薄弱。陕南三地除汉中工业基础较好外，其余两地基本上没有成规模的工业企业，即使中小企业数量也少于周边同级地区。因此在这种背景下，只有积极融入“西三角”经济圈接受中心城市辐射，才有可能实现交通的突破、观念的突破和工业的突破，最终实现陕南经济的整体突破发展。

（三）陕南经济突破发展是“西三角”经济圈成为中国经济增长第四极的前提

打造“西三角”经济圈的战略意义在于使其成为中国经济增长的第四极，成为西部经济增长的引擎，对西部地区增长起到重要拉动作用，为全国经济持续高速增长提供新的动力。这一目的能否实现，陕南经济能否突破至关重要。一是只有陕南经济突破发展才能使西部地区最大的三个中心城市连成一片形成经济圈，中间不会出现经济断裂带。纵观国内外发展成功的经济圈，不管是伦敦经济圈、东京经济圈，还是我国的长三角、珠三角、环渤海经济圈，这些经济圈中间都没有经济断裂带，没有发展盲区。因此，“西三角”经济圈战略能否顺利实施，一个关键的突破口就是陕南经济的突破。二是只有陕南经济突破发展才能使“西三角”经济圈的经济总量上升至全国经济第四极的水平。目前，我国提出打造第四增长极的地区不限“西三角”经济圈，还有大东北经济圈、北部湾（广西）经济区等，“西三角”经济圈如想顺利成为第四极，进入国家规划获得国家政策支持，则必须在经济总量上达到第四的位次，而这一指标的实现，必须有经济圈内落后地区的配合和支持。

第三节　陕南接受周边中心城市经济辐射的条件分析

经济辐射是指经济水平不同的两个地区之间各种生产要素相互流动的现象，包括产业转移、技术传播、资金流动、人才交流等。省际边缘区接受中心城市经济辐射的可能性与强弱取决于辐射通道（媒介）、辐射流（要素）、辐射动力等因素。

一、从辐射通道上看，陕南地理位置偏僻，交通不便，但具有一定的区位优势

陕南处于陕川渝边缘区，以三省市交接点为起点，距离省会城市1（西安）中心的直线距离为238公里，距离省会城市2（成都）中心的直线距离为435公里，距离省会城市3（重庆市区）中心的直线距离为336公里。陕南境内90%的面积被山体覆盖，山大沟深，地形复杂，故又称秦巴山区。秦岭是长江和黄河的分水岭，海拔多为1500—2500米。大巴

山是汉水和嘉陵江的分水岭，平均海拔在1300—2000米之间。由于北有秦岭、南有巴山阻隔，陕南不仅与西安、成都、重庆、武汉等省会城市距离遥远，见表8.2，而且交通不便，自古就有“蜀道难，难于上青天”之说，陕南三市与省会城市的各种交通方式及其交通距离，见表8.3，可以发现3个城市全部没有到达省会城市的高铁，两个城市没有机场，仅有汉中开通至个别中心城市的班机，现代立体交通网络还远未形成。对接受这些城市的经济辐射造成了很大障碍。

表8.2　陕南三市距离周边中心城市（500公里以内）直线距离

单位：公里

城市	第一中心城市	第二中心城市	第三中心城市	第四中心城市
汉中	西安225	重庆392	成都394	兰州442
安康	西安185	重庆419	郑州483	无
商洛	西安104	郑州348	太原498	无

表8.3　陕南三市与省会城市交通距离

单位：公里

城市	铁路	高铁	等级公路	高速公路	航空
汉中	499	无	347	274	240
安康	259	无	352	220	无
商洛	180	无	123	128	无

尽管如此，但陕南位于我国地理中心，一方面，具有承东启西、接南续北的交通枢纽优势、联通东西部地区实现经济互动的桥头堡优势；另一方面，陕南位于西安、成都、重庆构成的“西三角”腹地，处于关中—天水经济区、成渝经济区的交汇地带，具有承接三大经济区辐射的区位优势。目前已经建成的宝成、阳安、襄渝、西康等铁路，以及西汉、西康、十天等高速公路，已经使陕南与外界的通达性大大提升，未来随着西成高铁、宝巴高速的建成，与周边中心城市的交通也大为改善，陕

南将逐步融入西安、成都、重庆的“两小时经济圈”。三大中心城市雄厚的经济与科技实力，将进一步推动陕南潜在的资源优势转化为现实的经济优势，促进陕南发展进入快车道。

二、从辐射流上看，陕南自然条件较差，工业基础薄弱，但资源相对丰富

陕南自然条件较差。首先是地质灾害较严重地区，1949 年以来，每隔 4 年左右就有一次较大规模的自然灾害，包括洪水、滑坡和泥石流等。其次，陕南资源禀赋不足。与关中相比，陕南土地资源相对稀缺。由于地处大山之中，山高坡陡，不仅人均耕地少，而且机械化、工业化程度低。与陕北相比，陕南没有丰富的石油、天然气和煤炭等战略性资源。另外，陕南是国家南水北调中线工程的重要水源涵养地。中线调水的 70%，大约 256 亿立方米的水来自于陕南境内的汉江、丹江及其支流。为了保证南水北调水源地的水质达标，陕南地区自 20 世纪末以来先后关闭多家污染严重的工矿企业，不仅地方财政减收，而且还需要筹集大量资金治理污染。2000 年以来，为保护生态环境，陕南很多地区被国家规划为限制开发区，一定程度上也限制了经济的发展。正是这些原因，陕南工业基础薄弱，缺少大型骨干型企业，企业总体数量少、规模小，见表 8.4。三市除汉中外，安康、商洛几乎没有较大规模的工业企业。2013 年，陕南第二产业在 GDP 中的比重为 36.8%，比全省平均低 19.3 个百分点。支撑经济发展的大中型企业少，规模以上工业企业增加值占全省的 5.52%。三市规模以上企业数量少，产值低，与关中和陕北地区相比差距很大。

表 8.4　2014 年陕南三市规模以上企业户数分布

	产值 > 100 亿元户数	产值 > 50 亿元户数	产值 > 30 亿元户数	产值 > 20 亿元户数	产值 > 10 亿元户数	产值 >5 亿元户数	产值 >1 亿元户数
汉中	0	1	3	5	9	12	74

续表

	产值 > 100 亿元户数	产值 > 50 亿元户数	产值 > 30 亿元户数	产值 > 20 亿元户数	产值 > 10 亿元户数	产值 >5 亿元户数	产值 >1 亿元户数
安康	0	0	0	2	4	8	102
商洛	0	0	0	1	5	11	35

资料来源：根据表中各地 2014 年国民经济和社会发展统计公报整理。

但是，陕南自然资源相对丰富。首先，矿产资源丰富。陕南是我国重要的多金属成矿带，境内已发现矿产 83 种，占全省已发现矿种 138 种的 60%。经测算，陕南 32 种非能源主要矿产保有资源储量潜在价值为 10065.25 亿元，占全省矿产（除能源和岩盐外）保有资源储量潜在价值 13338.85 亿元的 75%。特别是 2009 年发现的汉中镇巴油气田，总油气资源量为 3061 亿立方米，总生气量为 132 万亿立方米，极有可能成为我国又一特大型油气田。二是水能资源丰富。汉江、丹江和嘉陵江流域水能总蕴藏量占全省总量的 55.9%，是全省水力资源最为富集和最优良的水电梯级开发地区。三是生物资源丰富。拥有黄姜、杜仲、绞股蓝等各类中药材资源 3000 余种，是我国重要的“天然药库”“中药材之乡”。茶叶主产区分布在大巴山和汉丹江两岸的丘陵和低山区，是西北地区最大的茶叶生产基地。

三、从辐射动力上看，陕南长期被行政边缘化，动力不足，但是面临重大机遇

省际边缘区由于远离省会城市，容易被“边缘化”而成为政策“盲区”。就目前我国区域经济发展的总体来看，沿海城市、中部中心城市的发展已比较成熟，但省际交界地带常成为各种政策难以惠及之地。安树伟在实证研究的基础上提出了“行政区边缘经济论”。他认为，由于省际边界地区远离本省经济核心地区，其所在的行政主管政府都客观地选择以原

有省域中心城市及邻近的周围地区为发展重点，使得省际边界地带很难得到应有的重视，由此造成省际交界地带接受相对发达的大中城市的辐射和带动作用较小，进而表现为经济的欠发达性。陕南地处川陕甘鄂的边缘地带，是中国南北两大经济文化板块的接合部，是中国西部与中东部的边缘过渡地带。千百年以来，因为地理屏障的制约，陕南在整个区域、国家的经济发展中经常处于边缘化地带，不仅难以享受到优厚的发展政策，甚至还需要为中心城市的发展作出牺牲。而由于长期被边缘化，使得陕南发展难以接受中心城市经济辐射，经济差距进一步拉大，在区域经济中的地位进一步降低，导致被进一步边缘化，从而步入“边缘化陷阱”和“贫困陷阱”。

但是，目前陕南也面临一些重大的发展机遇。一是国家政策机遇。党的十八大以来，习近平总书记已经明确提出到 2020 年要实现贫困地区全面脱贫。为此，国家对贫困地区发展提供了新的政策支持，建立新的扶贫开发工作机制。陕南作为连片特困地区有 30 个县是国家级贫困县，既面临扶贫攻坚的巨大压力，同时也将面临前所未有的发展机遇。二是辐射带动机遇。陕南周边有西部最大的两个经济区，一个是关中—天水经济区，一个是成渝经济区。随着成都、重庆、西安三大经济圈经济的大发展，以及西城高铁、宝巴高速等跨省交通干道的建成，一定程度上必将对陕南形成经济辐射，拉动陕南经济发展。此外，随着国家规划的长江经济带的发展，武汉、襄阳等城市也将对陕南经济形成辐射带动作用。三是南水北调工程及生态补偿机制带来的机遇。陕南是国家南水北调中线过程的水源涵养地，是我国重要的生态安全屏障，在陕西省三大经济板块中的发展定位是循环发展。南水北调工程在对陕南工业发展形成约束的同时，国家也通过生态补偿给陕南提供了新的发展机遇。如在绿色产业发展、节能减排技改项目等方面，国家将会给予陕南更多的政策和资金支持。

第四节　陕南与周边中心城市的经济联系分析

一、研究方法与数据

在城市经济学中，空间相互作用理论通常把城市与外界的空间交互作用抽象化，用一种比较简单的数学模型来模拟城市联系的实际状况，引力模型就是最常用的模型之一。通过引力模型，可以计算出经济联系强度，该指标用来衡量区域间经济联系程度大小的指标，反映了中心城市对周围地区的辐射能力。借鉴前人成果，结合本书研究目的，引入引力模型，并将区域内空间相互作用的经济联系强度和经济联系隶属度公式设定为：

$$R_{ij}=\frac{\sqrt{P_iG_i}\times\sqrt{P_jG_j}}{D_{ij}^2} \tag{8.1}$$

$$F_{ij}=\frac{R_{ij}}{\sum_{j=1}^{n}R_{ij}} \tag{8.2}$$

式中，R_{ij} 为城市的经济联系强度；F_{ij} 为区域内的城市经济联系强度占整个区域经济联系强度总和的比例，即经济联系隶属度；P_i 和 P_j 为城市内非农业人口数（单位：万人）；G_i 和 G_j 为城市市区的 GDP（单位：亿元）；D_{ij} 为两个城市的距离（单位：公里）。

陕南周边中心城市的经济数据及与陕南的交通距离见表 8.5。其中，汉中、安康、商洛三市 2013 年 GDP 分别为 881.73 亿元、604.55 亿元、510.88 亿元，非农业人口分别为 158.65 万人、116.24 万人、104.67 万人。

表 8.5　陕南周边中心城市的经济数据及与陕南的交通距离（2013 年）

	西安	成都	重庆	武汉	郑州	兰州
GDP（亿元）	4884.1	9108.89	12656.69	9051.27	6201.9	1796.14

续表

	西安	成都	重庆	武汉	郑州	兰州
主城区城镇人口（万人）	430.82	496.86	626.38	581.15	338.42	243.86
与汉中交通距离（公里）	260	455	620	942	1112	694
与安康交通距离（公里）	218	680	530	719	764	863
与商洛交通距离（公里）	120	837	860	778	560	765

资料来源：表中 GDP 及主城区人口资料来源于各地 2013 年社会经济发展公报，交通距离数据为两地主要交通方式距离，有铁路交通距离也有公路交通距离。

二、陕南与周边中心城市经济联系强度分析

根据公式（8.1）计算出关中—天水经济区与陕南的经济联系强度值，见表 8.6。

表 8.6 陕南与周边中心城市的经济联系强度值（2013 年）

	西安	成都	重庆	武汉	郑州	兰州
汉中	6.03	2.89	2.06	0.73	0.33	0.39
安康	7.31	1.10	2.40	1.06	0.59	0.21
商洛	23.80	0.72	0.90	0.90	1.09	0.27

三、陕南与周边中心城市经济联系隶属度分析

根据公式（8.2）计算出区际经济联系层面，陕南与周边中心城市的区际经济强度总和，进而求出关中—天水经济区与陕南的经济联系隶属度，见表 8.7。

表 8.7 陕南与周边中心城市的经济联系隶属度

	西安	成都	重庆	武汉	郑州	兰州
汉中	0.49	0.23	0.17	0.06	0.03	0.03
安康	0.58	0.09	0.19	0.08	0.05	0.02
商洛	0.86	0.03	0.03	0.03	0.04	0.01

上述数据表明：（1）在区际经济联系方面，目前西安是陕南的主要

经济联系方向，重庆、成都次之，而与武汉、郑州、兰州的经济联系强度最弱。因此，对陕南总体而言，西安可作为其核心联系城市，重庆、成都可作为其次核心联系城市，而武汉、郑州、兰州可作为其战略性联系城市。（2）对陕南三地分别而言，三地与西安和其他中心城市的经济联系特点也不相同。陕南三市与西安经济联系最为密切的是商洛，其次是安康，最后是汉中。另外，汉中与成都、安康与重庆也有一定的经济联系。总体上，商洛与中心城市联系最强，汉中、安康大体相当。因此，三地与中心城市互动发展的区位重点也将有所差异。

第五节　陕南接受周边中心城市经济辐射的定量研究

一、中心城市对陕南的经济辐射能力：基于断裂点理论模型

（一）断裂点理论模型

断裂点理论是目前城市经济辐射研究的主要分析工具，该理论认为城市对周围地区的影响力与城市规模成正比，与城市距离成反比。两个城市区域影响的分界点叫做断裂点，在此点辐射力达到平衡。断裂点的计算公式为：

$$D_A=D_{AB}/\left(1+\sqrt{M_B/M_A}\right) \tag{8.3}$$

式中，D_A 为断裂点到 A 城市的距离，D_{AB} 为两城市间的距离，M_A 为起点城市的规模，M_B 为终点城市的规模。

利用上述断裂点公式，通过计算某城市与周边城市的断裂点，然后把该城市周围所有的断裂点连接起来，就可以确定该城市的辐射范围。计算出中心城市到断裂点的距离以后，还可以通过计算断裂点处的场强来衡量某城市在该分界点处的辐射力大小。断裂点处场强的计算公式为：

$$F_{AK}=M_A/\left(D_{AK}\right)^2 \tag{8.4}$$

式中，F_{AK} 为 A 城市在 K 点处的辐射力大小。D_{AK} 为 A 城市到 K 点处的距离，M_A 为 A 城市的规模。

（二）“西三角”中心城市对陕南辐射能力的测度

城市规模和城市间距离是决定城市经济辐射能力的两大主要因素。实践中，采用某一单项指标（如人口）代表城市规模往往导致结论失准，难以准确把握城市辐射范围。因此，本书采用人口（具体指主城区城镇人口或非农业人口数）和 GDP 总量的几何平均数作为城市规模 M_A 和 M_B。本书中，根据各地社会经济发展公报，2013 年，西安的 GDP 为 4884.13 亿元，城市人口为 858 万人，成都的 GDP 为 9189.90 亿元，城市人口为 1442 万人，重庆的 GDP 为 12656.69 亿元，城市人口为 1732 万人，其余数据见表 8.8。然后，再运用断裂点公式计算指标 D_A，测度三中心城市在不同方向上到断裂点的距离，运用断裂点处的场强公式计算指标 F_{AK}，度量各城市在不同方向上断裂点处的场强。最后得出“西三角”三大中心城市与陕南三市之间的断裂点及场强，见表 8.8。

表 8.8 “西三角”中心城市与陕南三市的断裂点及场强（2013 年）

城市		汉中	安康	商洛
城市人口（万人）		158.65	116.24	104.67
城市 GDP 总量（亿元）		881.73	604.55	510.88
城市规模		374.01	265.09	231.24
至中心城市的交通距离（公里）	西安	260	218	120
	成都	455	680	837
	重庆	620	530	860
中心城市至断裂点的距离（公里）	西安	182.14	160.31	89.81
	成都	344.37	535.24	668.21
	重庆	483.38	428.13	703.63
断裂点场强	西安	0.0617	0.0797	0.2538
	成都	0.0306	0.0127	0.0081
	重庆	0.0200	0.0255	0.0095

资料来源：表中经济数据根据各城市 2013 年社会经济发展公报整理，交通距离根据百度地图电脑测距整理。

(三)“西三角”中心城市对陕南经济辐射能力的比较

根据以上计算，可以得出西安、成都、重庆三大中心城市对陕南的经济辐射强度柱形图，如图 8.1 所示。从表 8.8、图 8.1 可以得出以下结论：

就三大中心城市对陕南整体而言，西安对陕南的经济辐射强度最大，重庆次之，成都最弱。西安对陕南的辐射总强度（西安对陕南三市辐射强度之和）为 0.3952，分别是重庆的 7.18 倍，是成都的 7.65 倍。可见，对陕南三地目前的经济辐射仍以西安为主，西安应作为陕南的首选辐射源城市。

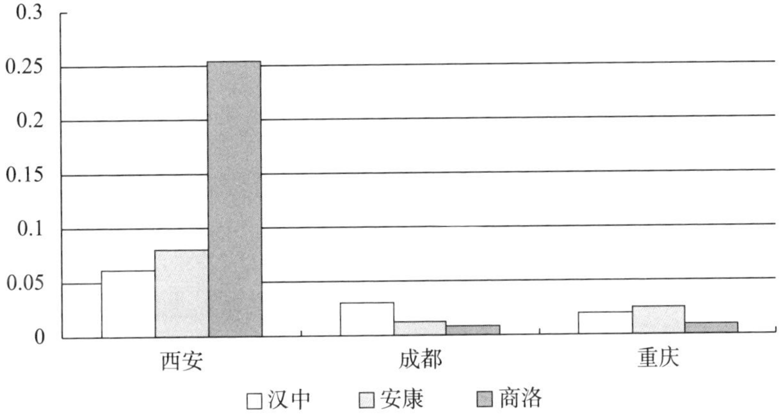

图 8.1　三大中心城市对陕南的经济辐射强度

就三大中心城市对陕南各城市而言，商洛接受的辐射强度最大，安康次之，汉中最弱。商洛接受的总辐射强度（接受三大中心城市辐射强度之和）为 0.2714，分别是安康的 2.30 倍，是汉中的 2.41 倍，其中商洛接受西安的辐射强度是安康 3.18 倍，是汉中的 4.11 倍。但是，商洛接受重庆与成都的辐射微乎其微，而汉中却能接受来自成都的一些经济辐射，安康则可接受来自重庆的一些辐射，尽管其辐射强度比较小。

二、陕南接受中心城市经济辐射的效应

本书在研究陕南接受西安经济辐射的效应程度时，采用的是区域

相对差距的测度方法。通过计算 1991 年以来西安人均 GDP 与陕南人均 GDP 的比值变化，来度量西安和陕南之间的极化、扩散程度。表 8.9 为 1991—2014 年西安、汉中、安康、商洛的人均 GDP。

表 8.9 1991—2014 年西安、汉中、安康、商洛的人均 GDP

单位：元

年份	西安	汉中	安康	商洛	年份	西安	汉中	安康	商洛
1991	1971	1195	826	681	2003	13341	4402	3577	3902
1992	2336	1461	991	783	2004	15294	5172	4141	4393
1993	3253	2027	1297	914	2005	16406	6255	5413	4800
1994	4590	2407	1504	1129	2006	18890	7158	6175	5787
1995	5156	2796	1818	1226	2007	22463	8562	7218	6737
1996	6332	3154	2091	1497	2008	27794	10435	9087	8272
1997	7607	3370	2322	1577	2009	32411	11819	10341	9383
1998	8376	3542	2433	1865	2010	38343	14907	12428	12194
1999	9105	3722	2500	2000	2011	45475	18952	15477	15513
2000	9484	3250	2561	2382	2012	51166	22084	18878	18097
2001	10628	3503	2758	2529	2013	57104	25796	22967	21814
2002	11831	3819	3107	2842	2014	63748	28935	26178	24562

资料来源：1991—2014 年《陕西省统计年鉴》。

根据表 8.9 中数据可以计算出西安与陕南人均 GDP 的比值变化，如图 8.2 所示。由图可见，在 2002 年之前，西安对汉中的经济辐射主要表现为极化效应，其结果是两地人均 GDP 差距拉大，直到 2002 年之后才表现为扩散效应，两地人均 GDP 差距在逐步减小，可见 2002 年是西安对汉中经济辐射效应变化的一个拐点；而这一拐点对安康发生在 2001 年，对商洛发生在 1997 年。显然，西安对陕南三地的经济辐射还存在一个时间顺序，即先扩散到商洛，再辐射扩散到安康，最后扩散到汉中。而这一规律恰好符合康弗斯的断裂点理论，即城市对周围地区的影响力与城市规模成正比，与城市距离成反比。

总之，在当前阶段，西安对陕南的经济辐射已经处于扩散阶段，这一阶段有可能要持续相当长的时间。因此，如果能主动接受西安的经济辐射，则可加速扩散过程，使陕南与西安的经济发展差距尽快缩短。

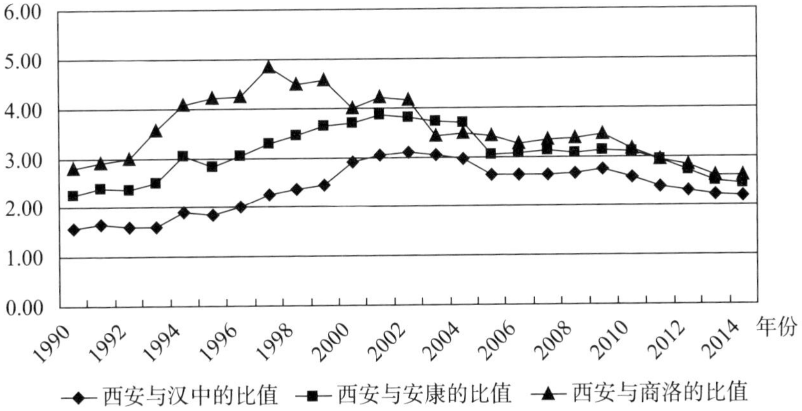

图 8.2　西安与陕南人均 GDP 的比值变化

第六节　陕南接受周边中心城市经济辐射的方式与途径

一、陕南接受周边中心城市经济辐射的主要方式

（一）优势产业互动

产业互动是区域经济发展中依据市场规律而实现的产业互补、互利、互促的一种经济合作与竞争行为，是区域经济互动发展的最主要方式。通过产业互动，可以促进产业升级和区域经济一体化，形成合理分工、优势互补、错位发展的产业分布格局。产业互动主要体现在优势产业之间的合作。重庆、成都、西安是西部地区三个最大的中心城市，有很多优势产业。重庆的优势产业有汽车产业、电子产业、化医产业、材料产业、装备制造和能源产业等；成都的优势产业有电子信息产品制造产业、汽车产业、食品饮料产业、冶金产业、机械产业、石油化工产业、建材产业、轻工产业等；西安的优势产业有汽车产业、电工电气设备产

业、装备制造业、电子产品产业等。而陕南的优势产业主要是有色金属、钢铁冶金、装备制造、能源、生物制药、非金属材料、绿色食品、油气化工等。因此，两地有极大的产业合作互动空间。如在汽车或装备制造业上，三大中心城市的汽车企业可以与陕南汉中的中航工业加强合作，组建汽车、飞机制造产业园。在有色金属与钢铁工业上，可以在陕南的钢铁、锌、镍、钼、钛以及石油天然气（汉中镇巴）等战略性资源上开展合作，如延长产业链条形成资源开采，深度加工的产业合作等。

（二）商品、市场互动

陕南周边三大主要中心城市重庆、成都、西安的总面积为10.49万平方公里，2014年年末总人口为5242万人，GDP达到29796亿元，人均GDP达56841元，单位国土面积GDP达2840万元/平方公里，均高于西部平均水平。可见，三大主要中心城市市场容量大、集中度高，是西部地区最大的商品和工业品消费市场。而从陕南的地理位置来看，从降低物流成本角度来讲，与三大中心城市扩大商品互动是一种必然和明智的选择。两地可以建立商业流通的互动平台，提高商品流通效率，可以以连锁经营为手段，以连锁超市、商场、大卖场、专卖店为载体，推动两地连锁商业网络建设，加大两地商贸交流的深度和广度。陕南可以利用三大中心城市的物流中心枢纽以及商品交易市场优势，积极推广本地优势特色产品，提高陕南商品在全国乃至国际市场上的占有率。

（三）旅游、文化互动

陕南与三大中心城市地缘相近，习俗相似，有深厚的历史文化渊源，而且旅游资源互补，可以广泛开展旅游与文化互动。以西安为例，西安历史文化悠久，是华夏文明的重要发祥地，先后有十三个朝代在西安建都，全区有三万多处文物景点，堪称中国的人文历史博物馆，而陕南生态旅游资源丰富，素有西安的“后花园”之称，两地旅游资源具有极强的互补性，因此可以以两地培育共同旅游市场为目标，依托各自旅游景点，以旅游产品联手开发与组合、旅游市场整体规划与开拓、旅游景点共同拓建为抓手，共同宣传、联手促销、相互利用、共同开发建设贯穿两大区域的关中—陕南旅游专线，构筑互动、一体的旅游新格局。如积极打造连接西安与陕南主要景区的精品旅游线路，规划与实施环秦岭生态旅游项目等。

（四）技术、人才互动

陕南周边三大主要中心城市也是我国重要的科技中心、文化教育中心，据统计，2014 年年末，西安全市普通高校为 63 所，在校学生为 90.53 万人；成都普通高校为 53 所，在校学生为 70.2 万人；重庆普通高校为 63 所，在校学生为 69.16 万人。国家级和省级重点科研院所有 300 多个。高层次人才资源丰富，对陕南地区具有较强的科技辐射作用，陕南有丰富的劳动力资源，两地在技术、人才领域合作空间巨大。目前，可以在三个方面展开合作：一是两地广泛建立技术合作关系，充分利用西安、成都、重庆的科技优势和高等教育优势。二是积极加强干部互访和挂职交流，推动信息与观念互动。三是加强两地人才互动，陕南在向三大中心城市输送劳动力的同时，积极引进其高层次科研、管理人才。

（五）自然资源互动

陕南秦巴山区是我国重要的成矿带，已发现有经济价值矿产 83 种，以有色金属、黑色金属、贵金属和非金属矿产为主，其中，铁、镁、锌、钒、钛、银、锑、铼、重晶石、毒重石等 20 种矿藏探明储量居全省之冠，金红石、钾长石储量亚洲第一。汉中的勉略宁、商洛的山镇柞、安康的旬汉宁是陕西省重要得多金属矿产资源富集区，为发展有色、钢铁、建材、化工、黄金及非金属矿产加工等产业奠定了基础。周边中心城市企业可以利用陕南的这一资源优势，延长产业链条，实现资源互动。陕南与周边中心城市互动模式如图 8.3 所示。

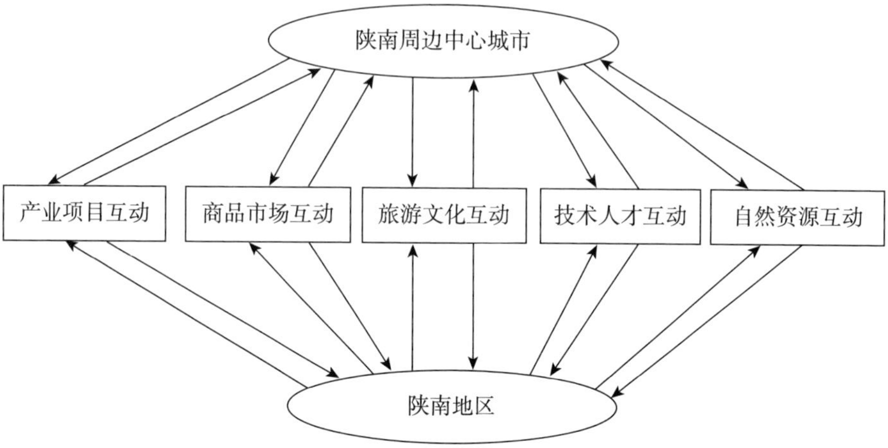

图 8.3　周边中心城市与陕南经济互动模式

二、陕南接受周边中心城市经济辐射的重要途径：产业对接

（一）产业对接的领域

1. 装备制造业

三大中心城市的主导产业均有装备制造业，以西安为例，如按照规划，西安将依托西安阎良国家航空高技术产业基地，重点发展大型运输机等主干产业、航空发动机和航空关键部件及配套产业，重点发展数控机床、汽车、工程机械和特种专用设备、特高压输变电设备、电子及通信设备、太阳能电池等产业。在这一产业领域，由于陕南境内有陕西飞机制造公司、汉川机床厂、中航电测等企业，而且按照规划，陕南重点发展中型运输机、支线客机、飞机零部件和机载设备生产，实施大型数控机床制造基地建设，建设安康、商洛专用汽车及关键零部件生产线。因此，两地具有极强的合作基础，有极大的产业对接空间，陕南企业既可为西安企业做配套生产，也可与企业建立战略联盟。

2. 材料加工业

对三大中心城市而言，由于矿产资源的地域限制，材料工业并非其今后重点发展的产业，以重庆为例，按规划今后将优化材料工业，以增强低碳性、开放性、创新性为重要发展导向，树立全球资源配置的理念，推进“走出去”战略。因此，三大中心城市将有一些材料产业产能转移出去。这为陕南地区发展材料加工业提供了重大机遇。按照规划，陕南今后依托丰富和优质的矿产资源，采用新技术、新工艺、新装备，发展新型材料加工产业。重点构建有色产业链、钢铁产业链和非金属新材料产业链。陕南是我国重要的多金属成矿带，资源十分丰富，因此，借力周边中心城市优化材料工业的重大机遇，陕南完全可以通过合作做大做强材料加工业。

3. 现代农业

农业在中心城市的 GDP 中所占比重不大，但由于其基础地位，陕南周边三大中心城市对其发展十分重视。如以西安为核心的关中—天水经济区规划中，将优化农副产品加工布局，促进农副产品加工聚集区建设。大力提升农业产业化水平，重点发展粮油、果蔬、畜禽、奶制品等深加工业。特别是加快发展杨凌国家级农业高新技术产业示范区，将其建设成为我国干旱半干旱地区农业科技创新中心、现代农业发展示范辐射高地，形成“核心示范—区内带动—区外辐射”的示范推广新格局。以重庆、成都为核心的成渝经济区规划中，明确要充分利用优良的农耕条件，大力发展粮油蔬菜等种植业，稳定提高粮食生产能力。由于陕南生物资源丰富，加上又是我国南水北调中线工程的水源地，陕南的战略性产业定位是绿色产业，其中的一个重要方向就是现代农业。因此，陕南与三大中心城市在这一领域也有较大的合作空间。

4. 旅游业

因旅游资源禀赋不同，陕南周边三大中心城市对旅游业的重视不尽相同，其中西安最为重视，在其规划中，今后将以西安为中心，加快旅游资源整合，大力发展历史人文旅游、自然生态旅游、红色旅游和休闲度假旅游，把西安建设成为国际一流的旅游目的地。西安与陕南两地旅游资源具有极强的互补性，共同推介、联动发展对两地旅游业均有巨大的推动作用，随着旅游业在我国的兴起，也将成为两地产业对接的重要领域。此外，随着西成高铁在 2017 年的开通运行，陕南与西安、成都可以共同打造陕川“三小时”旅游圈等。

（二）产业对接的方式

1. 产业配套

产业配套是指围绕产品结构相对复杂的主机企业，生产与主机配套的零部件和产品。产业配套是产业对接的一种重要方式，在我国，有很多欠发达地区都是依靠给周边发达地区的大型企业做配套而发展起来的，在这些地区，政府甚至专门建起一些配套产业园。陕南周边三大中心城市中有许多大型企业，如陕西重汽、西飞集团、西电集团、重庆长安汽车、嘉陵集团等，这些企业的零部件并非全部自产，有相当一部分外协加工，目前甚至有一些来自省外许多地方，陕南企业完全可以利用自身优势提供配套生产，成为他们的配套企业。

2. 产业合作

产业合作是指两地企业通过协议或其他联合方式进行共同研发、采购甚至共享销售网络等以达到扩大市场、提高核心竞争力的目的。产业合作包括企业合作网络、战略联盟、供需链管理、业务外包、虚拟经营等形式。产业合作在国内外企业界已经不是什么新鲜事，特别是有些需要通过规模经济来降低成本的企业更需要合作。陕西过去有很多知名企业，如海燕电视、如意电视、海鸥洗衣机厂等，由于没有重视产业合作形成联盟，最后在市场竞争中被淘汰，足以引以为戒。同样，陕南也曾经有一些知名企业不重视与省内外企业合作，而最终销声匿迹，如汉中的汉江汽车、城固方便面等。

3. 产业转移

产业转移是产业对接的一种主要方式，也是陕南周边中心城市与陕南产业对接的一个趋势。从发展的角度来看，由于生产综合成本的上升和产业升级的需要，陕南周边中心城市的一些劳动密集型产业和资源依赖型产业今后必将向周边地区梯度转移，而陕南恰恰是省内承接关中产业转移的最佳首选地区。因此，陕南要审时度势，及早布局、提前规划，积极承接陕南周边中心城市产业转移。另外，陕南的少数需要利用西安、重庆、成都地理和市场优势开拓国内外市场的企业，也可以通过“飞地”模式，将一部分产能转移到这些城市。

4. 产业互补

通过产业互补，构建完整产业链条，实现深度加工和完整加工，也是产业对接的方式之一。由于陕南经济较为落后，对陕南与周边中心城市而言，更多的应该是陕南周边中心城市企业到陕南去弥补陕南产业链条。一是对陕南的矿产资源加工产业，急需引入中心城市企业的资金和技术延长产业链条，进行深度加工提升产品附加值。二是对陕南的农副产品，需要中心城市企业进行深度开发和营销。三是对陕南今后大力发展的循环经济，急需中心城市的资金和技术构建完整的循环经济产业链条。

第七节　陕南接受周边中心城市经济辐射的对策与建议

一、争取特殊政策倾斜以吸引中心城市经济辐射

陕南是我国集中连片的贫困地区之一，由于资源禀赋不足，加之地理位置偏离省会城市，自身工业基础薄弱，缺乏带动力强的经济增长点，多年来发展动力一直不足，一些主要经济指标与关中、陕北相比，差距不断拉大。经济的突破发展已经成为全省上下面临的一个难题。与此同时，陕南又是我国南水北调中线工程和陕西引汉济渭工程的重要水源区，经济发展中又设置了很高的生态约束条件。而对一个贫困地区来说，既要放开手脚寻求经济突破发展以改善民生，又要比其他地区更注重生态环境保护，这本身就是一对矛盾。从某种程度上可以说，在陕南投资会

增加多重额外成本。因此在这种背景下，如果从国家层面不给予特殊发展政策，陕南将难以吸引投资，从而永远难以走出“贫困化陷阱”。反之，如果针对这一特殊边缘地区，给予陕南发展循环经济吸引外部投资的特殊政策，使之能吸引到周边中心城市的经济辐射，则有可能破解这一难题。如在陕南设立循环经济发展特区（试验区）或者陕南秦巴山区连片特困地区扶贫攻坚示范区等赋予特殊发展政策，或对陕南发展循环经济需要的大量资金由中央财政预算安排专项资金给予支持等。

二、大力改善交通条件打通两地经济辐射通道

中心城市对边缘地的经济辐射效应强弱与两地交通距离、通行时间成正比。研究表明，中心城市以主城为核心，在交通一小时可通达的范围内，会形成一个具有明显聚集效应、具备发展优势的地区。换言之，中心城市的“一小时经济圈”属于强辐射区。一般情况下，如果超过“一小时经济圈”，但在“两小时经济圈”内，仍存在一定的辐射效应，只是相对要弱些；而如果超过“两小时经济圈”，经济辐射效应就非常小。显然，陕南要接受省会城市经济辐射，必须要大手笔改善与省会城市之间的交通条件，应尽早修建西汉高速公路二线、西城高速铁路、西康铁路复线及陕南机场扩建等，缩短两地之间的通行时间，以时间换空间，争取通过形成完善的交通体系，使陕南进入三大中心城市“两小时经济圈”内。同时建议减免各中心城市到陕南之间的过桥、过路费，消灭省际之间的断头路，首先从交通上真正打通中心城市到陕南之间的经济辐射通道。

三、针对不同辐射源制定不同经济辐射接受策略

前面计算表明，目前对陕南三地的经济辐射仍以西安为主。因此，短期内陕南地区，特别是汉中、安康不要对外省省会经济辐射寄予过高期望，要分时序接受周边中心城市经济辐射，当前关键是积极主动融入西安大都市经济圈。首先，陕南三地要力促省政府从统筹区域协调发展

出发，制订促进陕南与西安区域协调互动发展的战略和规划，并用它来引导社会或民间力量发挥作用参与区域发展；其次，陕南地方政府在制订本地发展规划时，要考虑到以陕南的资源与优势产业等有利条件，使陕南成为西安的战略发展腹地、产业转移基地。要认真研究国务院关于西部大开发以及关中—天水经济区的有关规划和政策，提前做好准备，加大与西安之间的交通基础建设力度，规划相关产业发展战略，主动接受其经济辐射。但从长远发展和国家战略角度来看，以重庆、成都和西安为中心的“西三角”经济圈最终将会形成，陕南特别是对汉中、安康，还要提前做好准备接受成、渝等中心城市的经济辐射。另外，由于商洛在三地中具有接受西安辐射的绝对地域优势，而且商洛的部分县区已经被规划到关中—天水经济区中，因此，可以考虑优先发展商洛，通过线面推进带动陕南整体发展。

四、争取将汉中培育成陕南增长极城市

陕南与其他落后地区相比，不仅远离西安、成都、重庆、兰州等省会城市，而且还有秦岭、巴山等天然屏障，其共同作用导致对省会城市经济辐射的强力阻隔，使陕南在某种程度上成为省会城市经济辐射的盲区。因此，在这种不利的地理条件下，加之各省会城市现阶段辐射力本身还不足够强大，陕南迫切需要在本区域内选取并打造一个真正的中心城市作为区域经济增长极，从而带动区域经济发展。而从国外对落后地区的开发经验来看，对于不利于接受中心城市经济辐射的边缘和落后地区，重新培育新的增长极城市是一个可行之策。从经济基础、地理位置、接受辐射和扶贫攻坚等角度对陕甘川六大城市进行了比较分析，研究认为汉中市作为陕甘川省际边缘区增长极城市，具有经济优势、地理优势、空间优势和效应优势，但考虑到目前汉中的经济总量还比较小，城市框架还不够大等，为此，从发挥增长极的拉动辐射作用出发，建议从四个方面着手加快发展速度。一是通过申报成为国家贫困区率先发展试点城

市争取国家优惠政策和资金支持，以此推动汉中城市的快速发展。二是以汉中为中心，加强陕南与周边中心城市的区域合作，引领区域经济协调发展。三是继续改善西安至汉中、成都、重庆等中心城市的交通条件，积极接受中心城市的经济辐射。四是着眼未来重新规划拉大城市整体框架，最终进入全国三线城市之列，成为陕西省第三大城市。

五、通过建立经济协作区促进与中心城市互动

经济协作区通常是指在地域上相邻但隶属于不同行政区的地区，根据各地产业布局、资源分布和自身经济发展的需要，在自愿的基础上，通过制定章程，采取形式多样的横向经济联合与协作方式所建立起的区域性经济协作组织。其本质是变“行政区经济”为“经济区经济”，其内在要求和最终目标是实现区域经济一体化。通过建立经济协作区，突破行政壁垒，强化整体意识，优化资源配置，统筹战略规划，合理科学布局，加强优势互补，最终促进与省外中心城市的经济互动。陕南地处陕、鄂、渝、川、甘边缘地区，如果要加强与周边中心城市的联系与互动，一个重要措施就是与周边地区形成经济协作，构建经济协作区。通过建立经济协作区，实现在交通、旅游、科技、环保等各个领域签署的合作。如在旅游方面，通过联合促销，共同推介，形成区域旅游业联动，促进区域旅游业的共同发展。在基础设施方面，相邻地区增强合作，共同建设铁路、公路，消灭省际、县际“断头路”，共同争取高等级交通通道建设项目过境。

六、积极宣传边缘地优势特色产业吸引经济辐射

相对优势理论指出，任何一个国家或地区都有自己的相对优势产业和产品，并通过分工和贸易获益。作为一个典型的边缘地，陕南虽然自然条件较差，工业基础薄弱，但也有自己的资源和优势特色产业。如汉中的装备制造、有色冶金、新型材料、生物医药和绿色农业，安康的新

型材料、清洁能源、富硒食品、生物制药、丝绸纺织，商洛的新型材料、绿色产业、生态旅游等都具有一定的地域特色和相对发展优势，是当地规划发展的重点和支柱产业。特别是汉中，不仅因气候条件宜人有“西北小江南”之称，还因矿产资源丰富被李四光称为中国的“乌拉尔”。而由于地理位置偏远的原因，这些经济发展优势多数不为外地投资者所熟知。很多外地人甚至认为陕南地处大西北，是黄土高坡或沙漠地区，没有什么资源，缺少投资引力。因此，陕南三地有必要通过多种渠道大力宣传自己的特色优势产业，重视包装招商引资项目，以资源为依托，以项目为载体，以园区为平台，吸引周边中心城市的经济辐射。

七、积极实施人口集中安置与产业集聚发展政策

人口和产业的相对集中是空间集中化和经济活动集中化的前提。陕南单位国土人口密度小，而且居住在自然保护区、生态环境严重破坏地区、生态脆弱区以及自然环境条件恶劣、基本不具备人类生存条件的地区的人口较多，极不利于产业发展。而且陕南经济密度小，山地多平地少，地广人稀，企业分散，因此，为了加剧人口和产业集聚，同时减少交通等基础设施的建设投入，建议积极实施人口集中安置与产业集聚发展政策。一是通过移民政策实现地区人口集中。建议通过移民政策实现地区人口集中，搬离原来的居住地，搬迁到辐射轴线上条件相对更好的城镇、产业园区周围等集中安置。二是引导经济活动向重点开发区集聚。要创新产业转移与集聚思路，引导经济活动向重点开发区集聚。要积极尝试以飞地经济模式集聚特色优势产业发展。

八、转变观念积极谋划融入“西三角”经济圈

陕南的落后不仅体现在经济发展水平上，人的思想观念更为落后。因此，必须转变思想观念积极接受中心城市经济辐射。首先，要增强广大干部群众的危机感和紧迫感，激发出强大的内生动力。要教育和引导

广大干部群众自觉贯彻落实科学发展观，要进一步解放思想，认识到与中心城市的巨大差距，坚决克服小富即安、安于现状的小农意识，克服发展仅凭国家投资、项目单靠上级支持的计划经济思维模式，克服招商引资口号大于行动、形式多于内容的漂浮作风。其次，有意识地选派青年干部到中心城市学习、考察、挂职，把培养锻炼干部与驻点招商有机结合起来，以三大中心城市为目标，实行常年驻点招商。陕南各级干部应认识到，中心城市发展到一定程度将向周边地区实施产业转移是经济规律使然，因此，陕南要提前准备，制定规划，接受三大中心城市辐射，争取早日融入“西三角”经济圈。

第九章　促进省际边缘区接受中心城市经济辐射的对策与建议

如前所述，省际边缘区与中心城市之间的生产要素流动并不对称，换言之，省际边缘地区不利于吸引中心城市的经济辐射，或者说在接受中心城市经济辐射过程中存在一些阻力。因此，促进其接受经济辐射的对策就是通过改变实现经济辐射的软硬件，增加中心城市向其辐射的动力，消除影响辐射的阻力。而对于不同层面，对策侧重点有所不同。从国家层面来讲，重点在于加大基础设施建设和提供相应政策；从省级政府层面来讲，重点在于加强区域协调与合作；对于地方政府来讲，重点在于提前规划和促进企业发展。本章从这三个层面提出了一系列对策建议。

第一节　国家层面的对策与建议

一、加大基础设施建设

基础设施是指为社会生产和居民生活提供公共服务的物质工程设施，是用于保证国家或地区社会经济活动正常进行的公共服务系统。一个国家或地区基础设施的完善程度，是该国家（地区）经济长期稳定发展的关键所在。基础设施主要包括公路、铁路、机场、港口、桥梁等交通运输设施，除此之外，还包含通讯设施、电力基础设施以及服务于科技、教育、文化、卫生等相关部门的各项固定资产。基础设施不但是企事业单位从事生产的物质基础所在，同时，也决定着居民的工作及生活所需，是整个城市主体设施得以有序运作的基础条件。

加强基础设施建设对于省际边缘区交通便利性和信息获得性的提高至关重要，是省际边缘区缩短与中心城市的“交通天堑”和“数字鸿沟”、实现“蛙跳”式发展的硬性基础。从国内外对落后地区开发成功的案例来看，其共同点在于基础设施建设的不断完善，进一步推动了经济的快速发展。但是，完善基础设施，必须要投入大量的资金，而省际边缘区由于经济落后、财政支出困难，缺少这笔庞大的资金。因此，建议从国家层面加大投入基础设施建设资金，改善中心城市对省际边缘区经济辐射的基础条件，促进省际边缘区接受中心城市经济辐射。其中重点是交通和信息化基础设施建设。

（一）加快现代化综合交通运输体系建设

受到一系列因素的影响，如自身发展能力不足、自然条件较差等，省际边缘区的交通运输发展面临着一系列困难：其一，建设和养护的成本偏高。我国省际边缘区有很多属于特困地区，地形地质条件复杂，对于生态保护有着特殊的要求，建设交通设施存在相当大的难度，加大了建设和养护的成本。其二，地方财力不足。部分省际边缘地区的财政自给率严重偏低，财政收入入不敷出，完全依赖于中央财政转移支付和省级政府补助。可用于交通基础建设的地方资金配套能力严重不足，发展交通的资金压力十分沉重。其三，融资难度大。作为省际边缘地区，其所处地理位置偏远，对于交通的实际需求相对偏小，而且不集中。所以，投资建设交通基础设施难以获得高的回报率，在这种情况下，想要吸引社会投资也十分艰难，融资难度大。

交通基础设施建设不但是省际边缘区经济建设的关键所在，也是推动省际边缘区调整产业结构、优化空间布局、加快城镇化进程以及脱贫攻坚的基础保障。必须把交通基础设施建设视为发展省际边缘区经济工作中的重中之重。要充分结合各地区的实际情况，有针对性地解决各项现实问题，推动建设连通内外、覆盖城乡的交通基础设施网络，进一步提升交通对省际边缘区经济社会发展、加快脱贫致富的支撑保障能力。

第一，加快推动建设省际边缘区的对外通道。立足于国家层面，针对对外通道布局做进一步的优化，针对交通运输主干道进行科学规划，加快推动建设国家铁路、机场、高速公路等重点工程，构建完善的交通运输网，加大主干道和中心城市经济枢纽的联系，不断提升主干道的运输水平。第二，加快建设省际边缘区的内部交通网。要加快与国家铁路、公路枢纽之间衔接的规划建设，同时要加快省道、专线（支线）以及主干道联络线的规划建设。以省道为主，打通省际断头路，不断完善区域内交通网，有针对性的建设联结旅游景区、经济开发区等对区域经济发展有重要作用的公路，促进地区经济发展。不断提高省际边缘区县际公路以及通村公路的通行水平、技术水准，大力推进农村客运网络化、通畅化工程，从而形成布局合理、干支科学结合的地区综合交通网。[①]第三，不断推动农村公路建设。着重建设乡村公路和国家干线的衔接，不断强化养护管理，加强农村公路的技术改造，不断提升农村公路的等级标准以及公路网密度，完善省际交界区域公路的通达深度。

（二）加强信息基础设施建设

信息通信基础设施是区域基础设施的重要组成部分，同时也是全面实现社会信息化的基础所在。加快推动建设信息通信基础设施，不但是区域现代化的客观要求，而且，也是有效实现区域经济发展的重要保证。有关统计显示，我国在电信应用方面，无论是固定电话还是移动电话、互联网普及水平方面，均表现为东部沿海地区比中西部地区高，中心城市比省际边缘区高。其原因是多方面的，如收入水平、受教育水平的差距等，但信息通信基础设施落后是最主要的原因。信息基础设施如同市政基础设施一样，具有基础性、公益性的特点。因此，应在政府的主导下集中建设和统一管理。此外，由于信息基础设施的建设和管理具有很

①　何龙斌：《省际边缘区“贫困陷阱”的形成与突破：以陕、鄂、川、甘省际边缘区为例》，《经济问题探索》2016 年第 9 期。

强的专业性，技术更新速度很快，统一的运营管理也有利于顶层设计和统筹建设，并降低整个区域信息化设施的运营维护成本。对于省际边缘区，应由中央政府委派国家信息化主管部门制定信息基础设施的建设规划以及相应的发展原则，集中组织、集中建设、集中管理信息基础设施建设。其中，重点抓好两大工程。

一是信息服务应用工程。完善省际边缘区信息网络服务，加强统筹规划和信息网络建设改造，特别是通信网络枢纽、互联网数据中心、云计算中心等重大信息基础设施建设，促进工业化和信息化的结合。全面推动电子政务发展，构建科学合理的电子政务网络，推动政府部门之间的信息共享，逐步实现“网上审批”“一站式服务”以及档案管理信息化。积极推动电子商务发展，整合省际边缘区“三农”、中小企业、工业园区等信息资源，搭建信息服务平台，实现信息资源共享，为相关信息获取、信息发布和信息交流提供更加方便快捷的渠道。完善信息应用点的设施，选择国内先进应用案例加以示范、推广，推进信息技术有效应用，让信息服务应用落到实处。

二是通信服务提升工程。充分发挥通信的基础设施作用，加大通信“村村通”工程在省际边缘区的实施力度，大力推进基站、光缆等基础设施建设和共建共享，加快自然村通电话、行政村通宽带的进程，不断提高省际边缘区通信服务水平；积极构建综合通信系统，加大光纤、卫星、移动等通信的结合程度。凭借通信网络的全面覆盖，加强对道路交通沿线、自然村以及旅游区的覆盖程度，有效带动和支撑当地经济社会的发展。

二、加大政策支持力度

省际边缘区有很多是落后地区，由于资源禀赋不足，加之地理位置偏离省会城市，自身工业基础薄弱，缺乏带动力强的经济增长点，多年来发展动力一直不足，一些主要经济指标与中心城市相比，差距不断拉大。与此同时，省际边缘区又往往是生态限制开发区和生态低承载地区，经济发展中又设置了很高的生态约束条件。[①]而对这样一些落后地区来说，既要突破发展经济改善民生，又要保护生态环境限制开发，本身就是一对矛盾。从某种程度上可以说在省际边缘区投资会增加多重额外成本。因此，在这种背景下，如果从国家层面不给予特殊发展政策，很多省际边缘区将永远难以走出"贫困化"陷阱。[②]

（一）财政政策

建议对省际边缘区加大国家均衡性财政转移支付的力度，适当提高转移支付比例，增加支付金额，提高省际边缘区基层政府的财政水平。只要是国家财政列支在省际边缘地区的各类建设项目，一律取消对地方财政（尤其是贫困县财政）的配套要求。中央财政有关专项转移支付向省际边缘区内倾斜，在基础设施、产业开发、社会事业、财税金融、土地使用、防灾减灾、招商引资等方面给予重点倾斜。

（二）税收政策

在省际边缘区，对国家鼓励发展的内外资项目和外商投资优势产业项目，进口国内不能生产的自用设备以及按照合同随设备进口的技术及配套件、备件，在政策范围内免征关税。推进资源税改革，按照统一部署，将适宜从价计征的产品改为从价计征，适当提高单位税额标准。制定合理的资源税分成方案，减少中央地方共享税种的中央留成比例。

（三）金融政策

对省际边缘区县级农商行、小额贷款公司、信保公司以及村镇银行等，适当放宽和降低在省际边缘区准入标准；省级金融机构扩大边缘区县市各金融机构贷款审批权限，减少逐级审批环节，简化贷款流程；对于边缘区内符合标准的企业，主动加以引导和支持其发行一系列直接融

① 何龙斌：《省际边缘区接受中心城市经济辐射研究》，《经济纵横》2013 年第 6 期。

② 何龙斌：《省际边缘区"贫困陷阱"的形成与突破：以陕、鄂、川、甘省际边缘区为例》，《经济问题探索》2016 年第 9 期。

资工具，如中期票据、短期融资券、企业债券等，符合条件的企业优先上市融资。

（四）投资政策

国家有关专项建设资金应向省级边缘区倾斜，提高对省际边缘区建设项目的投资补助标准，加大基础设施等领域的投入力度；支持省际边缘区特色优势产业、支柱产业的企业技术改造，支持产业结构优化升级调整项目建设。

（五）产业政策

编制省际边缘区国家级产业综合发展专项规划，通过“顶层设计”，在省际边缘区发展条件较好的地方优先布局、实施一批重点项目，培育经济增长极。全面落实“差别化”产业发展政策，鼓励资源的就地转化，对省际边缘区优势产业及特色产业给予重点扶持。针对承接产业转移制定相应的促进政策，设立省际边缘区承接产业转移基金，积极引导劳动密集型产业向边缘区转移。

三、设立省际边缘区国家综合配套改革试验区

国家综合配套改革试验区的设立，是我国进入21世纪在新的发展阶段为促进地方经济社会发展而推出的一项新的举措。作为试验区，不但具备“经济特区”“经济开发区”以及农村综合改革试验区的内涵，而且，还涉及社会经济生活各大层面的改革，是一项凭借全面体制建设来推动全面改革的系统化工程。中央赋予试验区“先试先行”的权利，而不再对其给予更多的实体优惠政策，作为地方政府，在健全市场经济体制以及探索行政体制的过程中，具备了更大的自主性。因此，地方政府会充分结合当地的实际情况及发展特点，凭借区域性的机制和体制创新，推动面上改革，并不依靠国家政策的优惠。

从2005年6月21日，国家批准上海浦东新区成为我国第一个国家综合配套改革试验区开始，到2013年4月3日，我国已经批准了11个

国家级综合配套改革试验区。但到目前为止，还没有一个针对贫困地区、边缘地区和边界地区设立的试验区。从制度创新的角度看，我国省际边缘区较多，选择一个典型的省际边缘区，设立国家综合配套改革试验区，进行探索性发展也是很有必要的。

从广域角度来看，所谓边缘区域，指的是在广域区域内，其经济发展较为落后，偏离经济增长中心，缺乏采用典型发展模式转入快速增长轨道条件的区域。“非常之地需采用非常之法”，省际边缘区国家综合改革试验区就是一个非常之法，是构建和谐社会的试验田，是实现省际边缘区社会福利最大化的有效路径，也是科学发展观的现实体现。通过设立改革试验区，可对省际边缘区的发展起到有效的带动作用：其一，集聚辐射。凭借特殊的政策和当地的实际发展条件，充分利用经济势能的运作规律，促使改革试验区成为生产要素的集聚中心和区域增长极，进一步推动边缘区域的经济快速发展。其二，结构转换。凭借自身结构的不断优化调整，促使其产品、产业结构与国内外市场有效衔接，进一步培育出具有边缘区域特点的主导产业体系，从而在经济发展过程中保持较高的市场竞争力，扩大市场覆盖率，同时，凭借产业扩散效应及关联效应进一步带动周边地区的经济结构转换。其三，体制示范。改革试验区作为省际边缘区域经济发展的试验田，通过不断地探索、不断地总结完善，逐步发展成为成熟的发展体系，在实践中不断验证，进一步将其成功经验在更大范围内推行，对其他省际边缘区发展起到示范作用。

综上，建议国家选择一个符合条件的省际边缘区作为贫困区中的“特区”，开展综合配套改革试点，通过大力推进行政管理改革和要素市场、投融资体制等领域的改革，创新制度与方法，全面推进试验区基础设施建设、公共服务、扶贫攻坚、特色产业发展、生态建设与环境保护等工作，为全国省际边缘区区域发展发挥示范带动作用。在操作层面上，建议国家给予试验区在项目建设、人才引进、土地管理、金融创新、扶贫攻坚和区域经济一体化等多方面的先行先试优先权和允许试错权。特别是在财政资金、工业用地、金融服务、工业园区、产业转移等方面予以重点支持。[①]

四、支持培育省际边缘区增长极城市

增长极理论认为，经济发展在任何地区都不是同时、并行实现的，而是先在几个条件优越的点上率先发展形成增长中心，最后形成一个或几个“增长极”，再通过增长极带动区域发展。这种现象不仅在经济发达地区存在，在经济相对落后的地区也同样会出现。[②]因此，省际边缘区应当积极发挥自身优势，努力开发自身的增长点，形成增长极并带动其周围地区的发展，降低与发达地区的经济梯度落差，为接受中心城市经济辐射做好准备。

新古典经济学学者相信区域经济发展最终是均衡的，他们认为在完善的市场经济条件下，生产要素在区域间的配置可以实现帕累托最优，即使短期内出现非均衡发展，但从长期来看会回到均衡状态。而佩鲁等增长极理论学者则不以为然，他们认为经济一旦偏离初始均衡，就会继续沿着这个方向发展，除非有外在的反方向力量使它回到均衡状态。作为增长极理论的重要主张，这一点也非常符合省际边缘区与中心城市经济差异存在的现实。[③]省际边缘区是远离政治、经济中心的欠发达地区，其经济发展困难，与中心城市差距越来越大，严重偏离了国家均衡发展的战略目标，与党的十七大提出的“促进区域协调发展，缩小区域发展差距”不相一致，也成为我国经济发展中的一个难点问题。因此，在当前国家实施经济均衡发展战略的大前提下，通过“外在的反方向力量”培育省际边缘区增长极城市，带动整个地区经济发展，对全国经济的均

① 何龙斌：《省际边缘区“贫困陷阱”的形成与突破：以陕、鄂、川、甘省际边缘区为例》，《经济问题探索》2016年第9期。

② 何龙斌：《省际边缘区接受省会城市经济辐射研究》，《经济问题探索》2013年第8期。

③ 王瑜：《增长极理论与实践评析》，《商业研究》2011年第4期。

衡发展具有现实意义。[①]

在省际边缘区培育区域增长极，最快捷的方法是依托省际边缘区现有区域中心城市，争取国家政策支持进一步发展现已“鹤立鸡群”的区域中心城市，提高其“中心性”和“辐射力”。依托现有区域中心城市的主导优势产业，建立多元化多层次的产业链，通过极化中心城市带动周边地区共同发展。[②]增长极城市是经济空间内能够对整个区域产生巨大辐射作用的“推进型单元”，是区域经济差异和非均衡增长的体现，并不是所有的省际边缘区城市都能成为经济增长极，只有极少数城市能成为经济增长极城市。省际边缘区增长极城市的选择原则：一是要具有区域中心性大城市发展的潜力和经济基础，二是要尽可能地处省际边缘区的地理中心位置，三是相对最近的省会城市仍难以接受其经济辐射，四是对区域扶贫攻坚的带动效应要明显。如对于陕、川、甘省际边缘区，建议选择并培育汉中作为增长极城市，中央政府在交通建设、产业发展和城市规划上给予一定的政策支持，使之加速发展尽快成为陕、川、甘省际边缘区名副其实的经济中心、第一大城市，对周边经济发展形成辐射带动作用。[③]

第二节　省级政府层面的对策与建议

一、共同争取国家特殊政策支持

省际边缘区的经济发展问题，本质上是一个由行政区经济向经济区经济转变的问题。但由于我国省际边缘区大多属于欠发达地区、自然条件恶劣地区，如果没有国家特殊的支持政策则很难发展。因此，边缘区

---

① 何龙斌：《省际边缘区增长极城市培育研究：以陕西省汉中市为例》，《陕西理工学院学报》(社会科学版)2014 年第 3 期。

② 何龙斌：《省际边缘区接受省会城市经济辐射研究》，《经济问题探索》2013 年第 8 期。

③ 何龙斌：《省际边缘区增长极城市培育研究：以陕西省汉中市为例》，《陕西理工学院学报》(社会科学版)2014 年第 3 期。

各省要转变发展观念，打破行政区经济的藩篱，树立发展经济区经济的思路，联手拿出省际边缘区发展的整体方案来，共同争取实质性的国家政策支持。

根据区域经济学理论，传统的农业社会应依照实际地域分工对经济区域加以划分，而在当代工业社会和信息社会，则应该以城市为中心对经济区域加以划分。从我国目前的实际情况来看，以地方经济利益为基础，建立的行政区经济依然存在，但依照经济区或者城市经济区来对经济的发展加以组织和规划是现实的客观要求。这种要求体现了世界经济发展的一般规律，也是我国社会主义市场经济体制改革和区域经济协调发展的应有内容。相对于行政区而言，经济区指的是以专业化的地区经济作为特色，依托于中心城市，在流通及生产等领域密切合作，自身具备较强集聚效应的经济综合体。从空间结构层面来看，作为经济区，应具备三个基本构成因素：第一，经济中心。经济区的经济发展核心就是经济中心，作为经济中心，其集聚辐射效应对其发展起到了关键性的作用。从形态上来看，作为经济中心，通常是以大城市、城市组的形态呈现。第二，经济腹地。简单来说，就是经济中心的集聚辐射范围以及其可以推动经济发展的范围，而这一点，是经济中心得以长期稳定发展的基础所在。第三，经济联系。经济联系不但包含经济区内的技术合作、商品流通以及人才的流动等，而且，还包含通讯、交通网络。通常而言，经济区内经济联系程度和其一体化程度成正比。

从以上三个要素来看，省际边缘区具有发展经济区经济的基础条件，但建设任重道远，必须各省联手拿出省际边缘区发展的整体方案，共同争取实质性的国家政策支持。如为加快地处陕西、重庆、四川边界的秦巴山区的经济发展，促进这一省际边缘区接受中心城市经济辐射，各省级政府层面应积极谋划和推动构建秦巴山区经济协作区和“西三角”经济圈，打破省际地域界限，联手将省际边缘区的区域发展战略提升为国家战略，争取被中央政府列入国家规划并给予特殊发展政策。

二、加强省际边缘区经济协调

促进省际边缘区接受中心城市经济辐射，必须加强省际边缘区域经济协调。对于省级政府，要着手两大工作：一是建立区域发展协调机构，其主要职责是制定省际边缘区区域经济与社会发展的总体战略和发展规划，构建区域合作新机制和区域经济发展的责权利机制，协调区域内产业分工合作，整合区域内经济资源。通过建立省际边缘区省市联席会议制度，定期研究解决省际边缘区经济发展的相关重大问题。二是推动建立省际间经济发展协调机制，如产业转移统筹协调机制、重大承接项目促进服务机制等，引导和鼓励中心城市产业向省际边缘区有序转移。其中，重点建立鼓励企业跨区域发展的利益协调机制。鼓励大型企业进行跨区域兼并、收购、强强联合，扩大市场占有率，同时积极扶持中小企业发展，推动企业合理分工、协调发展。加快地方金融机构体系建设，拓宽企业融资渠道，支持企业跨地区发展，解决企业跨区融资难题。特别值得一提的是，省际边缘区要建立内部利益协调机制。边缘区内不同地区之间在接受中心城市经济辐射时存在不同程度的经济发展竞争，如项目、资金、政策的争夺。随着竞争程度的加剧，有损省际边缘区区域利益的负面效应也逐渐显现。因此，省际边缘区内部应尽快建立或完善利益协调机制，减少各自的利益损失，变无序竞争为有序竞争，从竞争走向合作。

三、加强合作，推动区域经济一体化

省际边缘区的经济辐射源可能并不是本省中心城市或者不限于本省中心城市，因此，为促进省际边缘区接受中心城市的经济辐射，必须克服行政辖区惯性思维的束缚，打破省际壁垒，树立一体化发展理念，按照资源、市场、利益共享的原则，开展多层次、多领域、全方位的交流与合作，推动区域经济一体化。重点有两个方面：一是需要建立一个统一开放的市场体系。建立统一开放的市场体系，有利于各种生产要素的自由流通。市场体系依靠发达的交通设施和通讯设施，把区域市场联结成一个统一体，各种经济实体在一个公平公正、自由竞争的市场大环境下，高效配置稀缺资源，提高经济效益。二是需要建立一个统一协调的市场机制。建立统一协调的发展机制，可以在区域大市场范围内协调各地方政府、企业的行为，使区域内的市场主体进行充分、有效、公平的市场竞争，防止市场竞争被各地方行政权力和垄断实力扭曲，从而实现大市场范围内的资源有效配置。因此，省级政府要联手加快推进市场一体化进程，真正消除各种制度性障碍和行政壁垒，推动资金、技术、人才等各种生产要素在区域内自由流动，实现优化配置。省级政府要按照一体化发展的思路，联手加强顶层设计，编制省际边缘区一体化发展的相关规划，明确各地功能定位与产业分工，指导城市布局与基础设施建设，并从财政政策、投资政策、项目安排等方面形成具体措施。重点推进省际边缘区交通一体化、信息一体化、旅游一体化、环保一体化，共同打造招商引资平台、信息共享平台、科技开发平台，推动形成高效益的产业链和产业集群。

四、推动中心城市与省际边缘区城市经济互动

互动，意为相互作用、相互影响。区域之间的互动，是各空间节点之间的相互作用与影响，具体表现为货物和人口的流动、资金的往来和信息流动等。经济互动是经济辐射最直接的表现形式，加强经济互动就是加强生产要素的流通，也就是加强经济辐射。省级政府要积极推动中心城市与省际边缘区城市经济互动，一是产业互动。产业互动是区域经济发展中依据市场规律而实现的产业互补、互利、互促的一种经济合作与竞争行为，是区域经济互动发展的最主要方式。通过产业互动，特别是引导中心城市向省际边缘区进行产业的科学合理转移，可以促进产业升级和区域经济一体化，形成合理分工、优势互补、错位发展的产业分

布格局。二是商品互动。推动中心城市与省际边缘区建立商业流通的互动平台，提高商品流通效率，可以以连锁超市、商场、大卖场、专卖店为载体，推动两地商业网络建设，加大两地商贸交流的深度和广度。[①]三是旅游、文化互动。推动两地依托各自旅游景点，共同规划与开拓旅游市场，共同宣传、共同促销、共同开发建设贯穿两大区域的旅游产品。四是技术、人才互动。推动两地创新技术与人才互动机制，加强技术合作和人才流动。

五、引导省际边缘区实现产业集聚、人口集中

省际边缘区的地理特征决定了其经济活动的分散，而经济活动的分散又瓦解了边缘区形成区域规模经济的可能性，这对吸引中心城市经济辐射极为不利。因此，省级政府必须制定相关规划和政策引导省际边缘区实现产业集聚、人口集中。一是引导经济活动向重点开发区集聚。省际边缘区经济密度小，山地多平地少，地广人稀，企业分散，不利于产业集聚，因此要创新产业转移与集聚思路，引导经济活动向重点开发区集聚。要积极尝试以土地集约型“飞地经济”模式集聚特色优势产业发展，克服工业布局分散、资源浪费严重的现象。二是通过制定移民政策实现地区人口集中。省际边缘区单位国土人口密度小，而且有一部分居住在自然保护区、生态环境严重破坏地区、生态脆弱区，甚至还有一些居住在自然环境条件恶劣、基本不具备人类生存条件的地区，极不利于产业发展。因此，为了加速人口和产业集聚，同时减少交通等基础设施的建设投入，建议通过制定移民政策实现地区人口集中，搬离原来不适于生存的居住地，搬迁到辐射轴线上条件相对更好的城镇或产业园区周围等区域集中安置。[②]

① 何龙斌：《关中—天水经济区与陕南经济互动发展对策》，《陕西理工学院学报》(社会科学版)2012 年第 1 期。

② 何龙斌：《省际边缘区“贫困陷阱”的形成与突破：以陕、鄂、川、甘省际边缘区为例》，《经济问题探索》2016 年第 9 期。

第三节　地方政府层面的对策与建议

一、转变观念积极主动接受辐射

省际边缘区的落后不仅体现在经济发展水平上，人的思想观念更为落后。因此，省际边缘区地方政府必须转变思想观念，变被动发展为主动发展，积极接受中心城市经济辐射。首先，要教育和引导广大干部群众解放思想，认识到与中心城市的巨大差距，坚决克服小富即安、安于现状的小农意识，克服发展仅凭国家投资、项目单靠上级支持的计划经济思维模式，克服发展经济口号大于行动、形式多于内容的漂浮作风，彻底领会与中心城市加强联系的重要性和必要性。[①] 其次，要组织干部群众学习国家相关经济理论与产业政策，有意识地选派青年干部到中心城市和发达地区学习、考察、挂职，把培养锻炼干部与驻点招商有机结合起来，以中心城市为目标，实行常年驻点招商。[②] 总体来看，省际边缘区在接受中心城市经济辐射的硬环境上不占优势，因此必须通过打造优于其他地区的软环境来进行弥补。如率先树立“创全国建设服务型政府典范”理念，打造成真正的服务型政府。[③]

二、提前制定规划接受经济辐射

中心城市发展到一定程度将向周边地区实施产业转移是一个正常的经济现象，因此，省际边缘区地方政府要提前准备，制定规划，接受中心城市经济辐射。一是要根据辐射理论，选择好辐射源，研究辐射源城市的有关发展规划和政策，制定优先发展与辐射源城市之间的交通基础

① 皮晓鹏：《重庆产业转移存在的主要问题及对策》，《经济研究导刊》2008 年第 12 期。

② 何龙斌：《关中—天水经济区与陕南产业对接研究》，《新西部（理论版）》2011 年第 12 期。

③ 何龙斌：《西部欠发达地区产业转移承接力的评价与培育：以陕南三市为例》，《延安大学学报》（社会科学版）2010 年第 5 期。

设施建设规划。二是规划相关产业发展战略，实施合理的区域布局与产业分工，为承接辐射源城市产业转移做好准备。省际边缘区地方政府要研究中心城市为了产业结构调整、产业优化升级和“腾笼换鸟”的需要，拟定移出的产业清单，再根据自身发展定位与发展基础，制定引资和承接产业转移的规划，实现对中心城市转移产业的科学承接和精准承接。[①]

三、创新方式加强与中心城市互动

创新是落后地区打破循环累积机制走出贫困陷阱的重要手段。省际边缘区地方政府要积极地创新方式，探索接受中心城市经济辐射新模式，把加强与中心城市的互动、合作提高到一个新的水平。可以提请省级政府出面协调，主动与中心城市开发区，特别是高新技术产业开发区开展合作。积极探索通过委托管理、投资合作等多种形式与中心城市合作共建产业园区，通过租赁经营或股份经营等方式，在省际边缘区现有的工业园区和经济开发区内设立“园中园”和“区中区”；通过“飞地经济”模式联合建立异地产业园区，打破县区行政区划限制，解决位于限制开发区的地方发展空间不足难题，“飞入地”与“飞出地”按生产要素投入比例分享利益，实现优势互补、互利共赢。[②]

四、积极为企业打造服务平台

企业是经济发展的主体，省际边缘区地方政府要积极为本地企业打造服务平台，推动以企业为主体接受中心城市经济辐射。多年来，各地搭建了不少企业产品推介平台，如“投资贸易洽谈会”“商品交易博览会”等活动，对推进本地企业走出去和招商引资起到了一定作用。省际边缘

① 陈栋生：《东西互动、产业转移是实现区域协调发展的重要途径》，《中国金融》2008 年第 4 期。

② 曹玉书：《东西互动要有新举措》，《招商周刊》2007 年第 23 期。

区地方政府应继续办好这些展会，发挥更大的平台作用。与此同时，要积极搭建两大平台：一是科技和人才交流平台，通过技术转让、重大项目联合攻关、合作办学等多种形式促进中心城市与省际边缘区技术、人才交流，为本地企业提供技术与人才引进服务。二是互动信息交流平台，通过提供企业商品供求、经济合作以及招商引资等重要信息，推动本地企业与中心城市互动，加强经济联系。

五、注重建设产业配套体系

承接产业转移是接受经济辐射的重要手段，而新一轮产业转移大都是以产业链条为纽带的整体配套转移。通过对国内承接产业转移的案例进行研究可以发现，具有完善的产业配套体系的地区往往能吸引来产业转移，也留得住企业。是否具有产业配套体系，已经成为很多企业迁移时考虑的首要因素。因此，建议省际边缘区地方政府借鉴东部地区以及国外的成功经验，制定区域经济发展的产业集群策略，提升产业配套能力。[①] 要围绕省际边缘区主导产业、龙头企业和招商引资产业方向，促进上、下游相关产业发展，建设相关的产品与原料批发市场、人力资源市场、技术市场、咨询培训服务市场等专业市场。

六、发展特色产业吸引投资

省际边缘区大多没有大而强的工业产业，但是大多都有特色产业，这些产业具有一定的比较优势，也是有市场竞争力的产业，可以取得高于平均水平的经济效益，是对中心城市资金最有吸引力的产业。建议省际边缘区地方政府根据当地实际情况，选择具有明显优势的特色产业，尽快制定出特色产业发展战略，实施重点突破。通过特色优势产业吸引投资，形成规模经济，并进一步做大做强特色产业。值得一提的是，很

① 何龙斌：《基于产业生态学视角的陕南承接东部地区产业转移对策》，《陕西理工学院学报》（社会科学版）2010 年第 3 期。

多省际边缘区具有丰富的旅游资源，旅游产业也是特色产业之一，是推动落后地区经济发展和实施扶贫的重要突破口。完全可以通过引进中心城市资金开发旅游资源，兴办旅游经济实体，使旅游产业成为一些省际边缘区的支柱产业。

附 录

促进省际边缘区接受中心城市经济辐射的主要对策建议要点简表

对策建议层面	对策建议分类	主要对策建议要点
中央政府	加大基础设施建设	①加强省际边缘区对外通道建设。强化主通道与中心城市经济圈的联系，提升主通道交通运输能力。②加强省际边缘区内部公路网络建设。有重点地建设一批连接重要资源开发地与旅游景区、对经济发展有突出作用的公路。③加强信息服务应用工程和通信服务提升工程建设。
	加大政策支持力度	①提高转移支付系数，增加转移支付额度。凡中央财政列支在省际边缘地区的各类建设项目，一律取消对地方财政的配套要求。②制定合理的资源税分成方案，降低中央地方共享税种的中央留成比例。③积极支持和引导省际边缘区内符合条件的企业发行短期融资券、中期票据、中小企业集合票据、企业债券等直接融资工具，符合条件的企业优先上市融资。④支持省际边缘区特色优势产业、新兴产业的企业技术改造，支持产业结构优化升级调整项目建设。⑤编制国家级产业发展规划，布局、实施一批重点项目，引导产业向省际边缘区转移。
	设立改革试验区	①对于试验区建设在项目建设、资源整合、人才引进、金融创新、土地管理、扶贫攻坚和区域经济一体化等多方面的先行先试优先权和允许试错权。②在财政资金、工业用地、金融服务、工业园区、产业转移等方面予以重点支持。
	培育增长极城市	科学选择并培育省际边缘区增长极城市，中央和省政府在交通建设、产业发展和城市规划上给予一定的政策支持，使其对周边形成辐射带动作用。

续表

对策建议层面	对策建议分类	主要对策建议要点
省级政府	共同争取国家政策	各省要联手拿出省际边缘区发展的整体方案来，共同争取实质性的国家政策支持。
	加强经济协调	①建立区域利益协调机构，综合制定省际边缘区全区域的经济发展和现代化建设的总体战略。②推动建立省际间经济发展协调机制，如产业转移统筹协调机制、重大承接项目促进服务机制等，引导和鼓励中心城市产业向省际边缘区有序转移。
	加强经济合作	①破除限制资本、技术、产权、人才、劳动力等生产要素自由流动和优化配置的各种体制机制障碍。②编制省际边缘区一体化发展的相关规划，明确各地功能定位与产业分工，指导城市布局与基础设施建设。
	加强经济互动	①产业互动。②商品互动。③旅游、文化互动。④技术、人才互动。
	引导产业集聚人口集中	①引导经济活动向重点开发区集聚。②通过移民政策实现地区人口集中。
地方政府	转变思想观念，提前制定规划	①必须转变思想观念，积极接受中心城市经济辐射。②要提前准备，制定规划，接受中心城市经济辐射。③重点做好承接辐射源城市产业转移准备工作。
	加强区域互动，打造合作平台	①可以通过委托管理、投资合作等多种形式与中心城市合作共建产业园区。②建设科技和人才交流平台以及两地企业互动信息交流平台。③继续办好交易会、洽谈会等合作平台。
	建设产业配套体系，发展特色产业	①围绕省际边缘区主导产业和产业发展定位，打造产业链，形成产业配套体系。②根据当地实际情况，选择具有明显优势的特色产业，尽快制定出特色产业发展战略，实施重点突破。

参考文献

［德］克里斯泰勒著:《德国南部中心地原理》，常正文、王兴中等译，商务印书馆 1998 年版。

［美］H.N. 沙伊贝等著:《近百年美国经济史》，中国社会科学出版社 1983 年版。

［美］J.T. 施莱贝克尔著:《美国农业史》，农业出版社 1981 年版。

［美］保罗·克鲁格曼、茅瑞斯·奥博斯法尔德:《国际经济学（第四版）》，海闻、蔡荣、郭海秋等译，中国人民大学出版社 1998 年版。

［美］贝阿德·斯蒂尔著:《美国西部开发纪实 1607—1890》，光明日报出版社 1988 年版。

［美］吉尔伯特·C. 菲特、吉姆·E. 里斯著:《美国经济史》，辽宁人民出版社 1981 年版。

［美］雷·艾伦·比林顿著:《向西部扩张：美国边疆史》，商务印书馆 1991 年版。

［美］塞缪尔、埃利奥特、莫里森等著:《美利坚共和国的成长》，天津人民出版社 1980 年版。

［美］斯蒂格里茨:《经济学》，姚开建等译，中国人民大学出版社 1997 年版。

［日］田中角荣著:《日本列岛改造论》，商务印书馆 1972 年版。

《中国城市发展报告》编委会编:《中国城市发展报告（2012）》，中国城市出版社 2013 年版。

安树伟著:《行政区边缘经济论》，中国经济出版社 2004 年版。

茶红旺著:《区域经济理论新探与中国西部大开发》，经济科学出版社 2008 年版。

陈秀山、张可云编著:《区域经济理论》，商务印书馆 2005 年版。

费孝通著:《乡土中国》，三联书店 1984 年版。

郭荣朝著:《省际边缘区城镇化研究》，中国经济出版社 2006 年版。

郝寿义等著:《区域经济学》，经济科学出版社 2004 年版。

候景新著:《落后地区开发通论》，中国轻工业出版社 1999 年版。

黄绍湘著:《美国史纲（1492—1823）》，重庆出版社 1987 年版。

骆玲、曹洪著:《高速铁路的区域经济效应研究》，西南交通大学出版社 2010 年版。

上海财经大学区域经济研究中心:《中国区域经济发展报告：同城化趋势下长三角城市群区域协调发展》，上海财经大学出版社 2012 年版。

世界银行:《2009 年世界发展报告：重塑世界经济地理》，清华大学出版社 2009 年版。

他山之石编写组编著:《他山之石：国外欠发达地区开发启示》，中国林业出版社 2000 年版。

王磊、赵大新等著:《大开发：世界各国开发落后地区实录》，北京图书馆出版社 2000 年版。

王忠锋著:《边缘地与经济协调发展》，中国社会科学出版社 2012 年版。

魏后凯著:《区域经济发展的新格局》，云南人民出版社 1998 年版。

杨开忠著:《迈向空间一体化》，四川人民出版社 1993 年版。

杨鹏著:《通道经济：区域经济发展的新兴模式》，中国经济出版社 2012 年版。

尹虹潘:《对城市吸引区范围界定的理论分析》，《财经研究》2005 年第 11 期。

余邴雕著:《日本经济新论》，吉林大学出版社 1999 年版。

曾菊新著:《现代城乡网络化发展模式》，科学出版社 2001 年版。

张可云著:《区域大战与区域经济关系》，民主与建设出版社 2001 年版。

周起业、刘再兴、祝诚、张可云等编著:《区域经济学》，中国人民大学出版社 1989 年版。

朱传耿、仇方道、孟召宜等:《省际边界区域协调发展研究》，科学出版社 2012 年版。

安虎森:《增长极理论评述》,《南开经济研究》1997 年第 1 期。

曹玉书:《东西互动要有新举措》,《招商周刊》2007 年第 23 期。

陈栋生:《东西互动、产业转移是实现区域协调发展的重要途径》,《中国金融》2008 年第 4 期。

陈红儿:《区域经济发展中的专业市场功能分析》,《山东矿业学院学报》(社会科学版) 1999 年第 3 期。

陈先强:《武汉城市圈经济辐射效应研究》,《湖北社会科学》2011 年第 12 期。

杜中明、唐继发:《北京和上海地区的经济辐射强度比较》,《生产力研究》2012 年第 1 期。

冯德显、贾晶、巧旭宁:《区域性中心城市辐射力及其评价：以郑州市为例》,《地理科学》2006 年第 3 期。

冯革群、丁四保:《边境区合作理论的地理学研究》,《世界地理研究》2005 年第 1 期。

高丽娜:《泛长三角核心区中心城市经济辐射半径的界定》,《区域经济》2006 年第 3 期。

高云虹、王美昌:《省际边缘区县域经济差异及其空间特征分析：以赣州市为例》,《经济地理》2011 年第 5 期。

郭荣星:《省际边界对中国经济发展的影响：N 维空间经济模型的应

用》,《系统工程理论与实践》1995年第4期。

国务院扶贫办、国家发改委:《大别山片区区域发展与扶贫攻坚规划(2011年—2020年)》。

国务院扶贫办、国家发改委:《六盘山片区区域发展与扶贫攻坚规划(2011年—2020年)》。

国务院扶贫办、国家发改委:《秦巴山片区区域发展与扶贫攻坚规划(2011年—2020年)》。

国务院扶贫办、国家发改委:《武陵山片区区域发展与扶贫攻坚规划(2011年—2020年)》。

何丹、王梦珂、杨犇:《省际边缘城市的发展路径研究:以阜阳市为例》,《地域研究与开发》2012年第5期。

何龙斌:《“西三角”中心城市对周边地区辐射力的比较与启示:以陕南为例》,《开发研究》2012年第1期。

何龙斌:《关中—天水经济区与陕南产业对接研究》,《新西部(理论版)》2011年第12期。

何龙斌:《关中—天水经济区与陕南经济互动发展对策》,《陕西理工学院学报》(社会科学版)2012年第1期。

何龙斌:《基于产业生态学视角的陕南承接东部地区产业转移对策》,《陕西理工学院学报》(社会科学版)2010年第3期。

何龙斌:《陕甘川省际边缘区增长极城市研究》,《开发研究》2014年第4期。

何龙斌:《省际边缘区“贫困陷阱”的形成与突破:以陕、鄂、川、甘省际边缘区为例》,《经济问题探索》2016年第9期。

何龙斌:《省际边缘区接受省会城市经济辐射研究》,《经济问题探索》2013年第8期。

何龙斌:《省际边缘区接受中心城市经济辐射研究》,《经济纵横》2013年第6期。

何龙斌:《省际边缘区经济地理特征与经济景观重塑》,《陕西理工学院学报》(社会科学版)2016 年第 4 期。

何龙斌:《西安对陕南的经济辐射力测度评价与提升对策》,《安康学院学报》2012 年第 3 期。

何龙斌:《西部欠发达地区产业转移承接力的评价与培育:以陕南三市为例》,《延安大学学报》(社会科学版)2010 年第 5 期。

胡钧、施九青:《中国新型城镇化与个人的全面而自由的发展》,《改革与战略》2014 年第 2 期。

贾若祥、侯晓丽:《山东省省际边界地区发展研究》,《地域研究与开发》2003 年第 2 期。

柯善咨:《扩散与回流:城市在中部崛起中的主导作用》,《管理世界》2009 年第 1 期。

柯善咨:《中国城市与区域经济增长的扩散回流与市场区效应》,《经济研究》2009 年第 8 期。

孔云峰著:《文明古国的雄风》,黑龙江人民出版社 1998 年版。

雷朝阳、陈永秀:《我国城市经济辐射力研究综述》,《广西社会科学》2010 年第 1 期。

雷朝阳、徐雪琴等:《省会中心城市经济辐射力的研判:以南昌市为例》,《萍乡高等专科学校学报》2010 年第 10 期。

冷志明、易夫:《省际边界区域中心城市的构建:怀化个案》,《人文地理》2008 年第 3 期。

冷志明:《中国省际毗邻地区经济合作与协同发展的理论基础及运行机制研究》,《科学经济社会》2007 年第 2 期。

李碧宏:《基于"钻石"理论的武陵山区农业产业集群发展研究》,《重庆师范大学学报》(哲学社会科学版)2012 年第 5 期。

梁斌、孙久明:《从城市空间相互作用理论看浦东、浦西的协调发展》,《财经研究》1991 年第 1 期。

刘崇献:《北京与上海经济辐射能力差异探析》,《北京社会科学》2005年第4期。

刘君德、舒庆:《中国区域经济的新视角:行政区经济》,《改革与战略》1996年第5期。

刘牧、韩广富:《集中连片特殊困难地区扶贫攻坚面临的问题及对策》,《理论月刊》2014年第12期。

刘乃全、陶云、张学良:《中国区域经济增长协整分析与区域政策选择:兼论"中部塌陷"现象》,《财经研究》2006年第4期。

刘宁宁、沈正平、施同兵、简晓彬:《省际边缘区经济发展问题与对策研究:以苏鲁豫皖交界地带为例》,《现代经济探讨》2007年第8期。

刘玉亭、张结魁:《省际毗邻地区开发模式探讨》,《地理学与国土研究》1999年第4期。

刘镇意、雷磊:《基于断裂点理论的辽宁省城市经济辐射力研究》,《北方经贸》2012年第3期。

卢鹏飞:《关于构建秦巴山区经济协作区的战略思考》,《决策导刊》2011年第5期。

罗贞礼:《边缘区域国家综合配套改革试验区建设的战略意义与发展目标》,《赣南师范学院学报》2007年第2期。

马述强:《50年和10000项:透视意大利南方开发计划(一)》,《光明日报》2000年3月9日。

马述强:《巨额投入十年免税:透视意大利南方开发计划(二)》,《光明日报》2000年3月10日。

孟德友、陆玉麒:《基于引力模型的江苏区域经济联系强度与方向》,《地理科学进展》2009年第5期。

孟可强、陆铭:《中国的三大都市圈:辐射范围及差异》,《南方经济》2011年第2期。

南平、姚永鹏、张方明:《甘肃省城市经济辐射区及其经济协作区研究》,《人文地理》2006 年第 2 期。

牛华勇:《中心城市对周边经济圈经济辐射力比较分析:基于北京和上海经济圈的案例》,《广西大学学报》(哲学社会科学版)2009 年第 2 期。

牛华勇:《中心城市对周边经济圈经济辐射力比较分析》,《广西大学学报》(哲学社会科学版)2009 年第 4 期。

牛慧恩、孟庆民:《甘肃与毗邻省区区域经济联系研究》,《经济地理》1998 年第 3 期。

彭洁、冯明放:《陕南移民搬迁安置点选择的影响因素分析》,《安徽农业科学》2011 年第 36 期。

皮晓鹏:《重庆产业转移存在的主要问题及对策》,《经济研究导刊》2008 年第 12 期。

浦承嵩、李红:《都市圈经济辐射效应的协方差分析:以上海都市圈为例》,《经济研究导刊》2010 年第 2 期。

仇方道、佟连军、朱传耿、杨如树:《省际边缘区经济发展差异时空格局及驱动机制:以淮海经济区为例》,《地理研究》2009 年第 2 期。

尚正永、白永平、张小林、钟业喜:《丘陵山地省际边界区域协调发展研究:以粤闽湘赣边界区域为例》,《山地学报》2010 年第 5 期。

时省、赵定涛、魏玖长:《中国省会城市极化与扩散效应研究》,《中国科技论坛》2012 年第 4 期。

孙庆龄、冯险峰、肖潇:《武陵山区植被净第一性生产力的时空格局及其与地形因子的关系》,《地球信息科学学报》2014 年第 6 期。

唐继发:《城市的三次产业结构与辐射效应强度:北京上海地区的经济辐射强度比较》,《国家发展和改革委员会第七届中青年干部经济研讨会论文集》,2009 年 9 月。

唐小波:《西方空间相互作用模型评析》,《北京教育学院学报》1994 年第 2 期。

王辉龙:《发展经济学视角下的京沪扩散效应差异分析》,《北京社会科学》2006年第2期。

王洁玉:《基于断裂点理论的中心城市空间影响范围变化研究》,《河北省科学院学报》2010年第1期。

王宁、王录仓:《西安与兰州空间相互作用初步研究》,《国土与自然资源研究》2008年第3期。

王素芳:《区域性中心城市经济辐射力研究:以重庆市为例》,西南大学,硕士学位论文,2010年。

王玺:《北京与上海经济辐射力差异的原因分析》,《北京市经济管理干部学院学报》2010年第9期。

王印传、马帅、曲占波、王海乾:《省际边界城镇发展研究:首都经济圈省际边界城镇类型探讨》,《城市发展研究》2014年第1期。

王瑜:《增长极理论与实践评析》,《商业研究》2011年第4期。

吴晓蓉:《西三角经济圈:一个文献综述》,《改革》2010年第3期。

熊正贤:《城市综合实力定位与辐射范围的测算:以重庆涪陵区为例》,《统计与信息论坛》2009年第1期。

徐辉、彭萍:《基于引力模型的江西省经济区划与协调发展研究》,《地理科学》2008年第2期。

许政、陈钊、陆铭:《中国城市体系的“中心—外围模式”:地理与经济增长的实证研究》,《世界经济》2010年第7期。

杨杰:《湘鄂渝黔交界地区边缘经济形成的原因、特征及其对策探析》,《安徽农业科学》2009年第7期。

尹虹潘:《对城市吸引区范围界定的理论分析》,《财经研究》2005年第11期。

余凤鸣、张阳生、周杜辉、杜忠潮:《基于ESDA-GIS的省际边缘区经济空间分异:以呼包鄂榆经济区为例》,《地理科学进展》2012年第8期。

余振宇:《城市经济引力模型分析》,《内蒙古科技与经济》2003年第

4 期。

张虹鸥、叶玉瑶等:《珠江三角洲城市群城市流强度研究》,《地域研究与开发》2004 年第 6 期。

张敏、顾朝林:《近期中国省际经济社会要素流动的空间特征》,《地理研究》2002 年第 3 期。

章嘉琳著:《变化中的美国经济》,学林出版社 1987 年版。

赵雪雁、江进德、张丽、侯成成、李昆阳:《皖江城市带城市经济联系与中心城市辐射范围分析》,《经济地理》2011 年第 2 期。

郑长德:《中国少数民族地区空间结构的非经济性与优化对策研究》,《第十一届全国区域经济学学科建设年会暨生态文明与区域经济发展学术研讨会论文集》,2012 年 10 月。

钟高峥:《湘鄂渝黔边多省际边缘生态区域协同研究:基于主体功能区划视角》,《贵州民族研究》2010 年第 3 期。

朱传耿、王振波、仇方道:《省际边界区域城市化模式研究》,《人文地理》2006 年第 1 期。

朱传耿、王振波、于涛方:《省际边缘区的就业空间结构模式及动力机制:以淮海经济区为例》,《世界地理研究》2006 年第 3 期。

朱道才、陆林等:《基于引力模型的安徽城市空间格局研究》,《地理科学》2011 年第 5 期。

朱虹、徐琰超、尹恒:《空吸抑或反哺:北京和上海的经济辐射模式比较》,《世界经济》2012 年第 3 期。

朱其现:《交通通道:通道经济的基本载体分析》,《广西民族师范学院学报》2010 年第 3 期。

朱翔、徐美:《湖南省省际边界中心城市的选择与培育》,《经济地理》2011 年第 11 期。

Boudeville, J. R., *Problems of Regional Economic Planning*, Edinburgh University Press,1966.

Friedmann, J. P., *A General Theory of Polarized Development*, New York, The Free Press,1972.

I.S.Lowry, *A Model of Location*, Santa Monica Rand Corporation, 1964.

Krugman, P., *Development, Geography and Economic Theory*, Cambridge, MIT Press, 1995.

Krugman, P., *Geography and Trade, Cambridge*, MIT Press,1991.

Losch,A., *Die Raumliehe Ordnung der Wirtschaft*, New Haven Yale University Press,1944.

Myrdal,G., *Economic Theory and Underdeveloped Region*, London Duckworth,1957.

Richardson, H., *Regional and Urban Economics*, London Penguin Books,1978.

Siebert, H., *Regional Economic Growth: Theory and Policy*, International Textbook Company,1969.

Stiller, S., "Integration in the German–Polish Border Region–Status Quo and Current Developments" , 43rd *Congress of the European, Regional Science Association, Peripheries, Centres and Spatial Development in the New Europe*, 2003.

E.G.Ravenstein, "The Law of Migration" , *Journal of the Statistical Society*, Vol.48.1885.

Gaile, G L, "The Spread–backwash Concept" , *Regional Studies*, Vol.14,1980.

Hanson,G.H.U, "S–Mexico Integration and Regional Economics: Evidence from Border City Pairs", *Journal of Urban Economics*, Vol.50,2001.

Henry,M.S., B.Schmitt, K. Kristensen, D.L. Barkley and S. Bao, "Extending Carlino Mills Models to Examine Urban Size and Growth Impacts on Proximate Rural Areas" , *Growth and Change*, Vol.30,1999.

Krugman,P., "What's New about New Economic Geography?", *Oxford Review of Economic Policy*, No.2, 1998.

Perroux, F., "Economic Space: Theory and Applications" , *Quarterly Review of Economics*, No.1 , 1950.

Prebisch R., "The Economic Development of Latin America and its Principal Problems" , *United Nations Economic Commission for Latin America*, No.7, 1950.

Raymond Vernon, "International Investment and International Trade in the Product Cycle" , *The Quarterly Journal of Economics*, No.2,1966.

Richardson, H.W., "Growth Pole Spillover: The Dynamics of Backwash and Spread" , *Regional Studies*, Vol.41 , 2007.

Sehiff, M & Winters,L., "Regional Cooperation and the Role of International Organizations and Regional Integration" , *World Bank Policy Research Working Paper*, 2002.

Stouffer,S.A., "Intervening Opportunities: A Theory Relating Mobility and Distance" , *American Sociological Review*, No.5,1940.

Williamson, J. G. ,"Regional Inequality and the Process of National Devel opment: A Description of the Patterns" , *Economic Development and Cultural Change*, Vol.13,1965.

责任编辑:吴炤东
封面设计:王欢欢

图书在版编目(CIP)数据

省际边缘区接受中心城市经济辐射研究/何龙斌 著. —北京:人民出版社,
2018.10
ISBN 978-7-01-019595-7

Ⅰ.①省…　Ⅱ.①何…　Ⅲ.①城市经济-经济发展-研究-中国　Ⅳ.①F299.21

中国版本图书馆 CIP 数据核字(2018)第 169781 号

省际边缘区接受中心城市经济辐射研究
SHENGJI BIANYUANQU JIESHOU ZHONGXIN CHENGSHI JINGJI FUSHE YANJIU

何龙斌　著

人民出版社 出版发行
(100706　北京市东城区隆福寺街 99 号)

北京中科印刷有限公司印刷　新华书店经销

2018 年 10 月第 1 版　2018 年 10 月北京第 1 次印刷
开本:710 毫米×1000 毫米 1/16　印张:19.25
字数:260 千字

ISBN 978-7-01-019595-7　定价:77.00 元

邮购地址 100706　北京市东城区隆福寺街 99 号
人民东方图书销售中心　电话 (010)65250042　65289539